초심 상담실무자를 위한

집단상담의 실제

| 권경인 · 김지영 · 김민향 공저 |

Group Counseling Practice for Beginner Counselors

학지사

🌱 머리말

집단은 살아 있는 유기체이다. 집단상담이 어떻게 내담자들을 도울 수 있는지 우리는 지난 시간 여러 형태로 경험해 왔고 연구로 확인해 왔다. 그럼에도 불구하고 집단상담자들은 집단상담이 어렵거나 힘겹다고 한다. 개인상담에 비해 상담자가 감당해야 할 과제가 많은 것은 사실이다. 집단상담만의 치료적 효과를 촉진하고 성과를 구현해 낼 수 있는 전문가들을 양성하는 것이 현재 절실한 필요이다. 이를 위해 체계적이고 실제적인 집단상담자 지도자 교육과정이 필요하다는 생각을 했다. 긴 시간 요구조사 및 문헌 고찰, 전문가 면담, 다양한 교육방법론에 대한 탐색과 연구를 통해, 각 집단상담자들의 발달에 맞는 집단상담 실무 과정의 개발 과정을 밟아 왔다. 이상의 결과를 바탕으로 연구진들과 함께 초심-중급-숙련 초기 단계의 집단상담자 교육 프로그램을 개발하였다. 먼저 이 책에서는 초심 상담실무자를 위한 집단상담의 실제를 다루고자 한다.

이 책은 총 열 장으로 구성되어 있다. 각 장에서는 집단상담자로서 꼭 알아야 할 핵심적인 이론 내용과 함께 다양한 사례 및 문제를 제시하여 독자들이 읽고, 생각해 보고, 연습해 볼 수 있도록 구성하였다.

제1장에서는 집단상담자에게 필요한 자질 및 인간적 특성에 대해 알아보고 초심 집단상담자로서 자신의 불안을 이해하고 대처할 수 있는 방법 등을 다루었다. 다양한 도전과 함께 여러 가지 어려움을 가장 많이 경험하는 시기의 초심 집단상담자라면 불안과 두려움은 자연스럽게 일어날 것이다. 누구나 경험할 수 있는 발달적 측면의 어려움과 심리·정서적 특성을 살펴보는 것은 초심 시절의 필연적인 좌절을 극복할 수 있는 지혜가 될 것

이다.

제2장에서는 집단상담 사전 준비 과정에서 고려해야 할 사항을 확인하고 집단상담 홍보 및 집단원 선발 방식, 사전 오리엔테이션 등에 대해 다루었다. 집단상담의 성과를 높이고 집단의 효율적인 진행을 위해서 집단역동을 잘 이해하고 활용해야 한다. 집단역동에 영향을 미치는 요인으로 사전 계획을 중점적으로 살펴보는 것은 초심 집단상담자가 효과적으로 집단을 시작하는 데 다양한 전략을 제공해 줄 것이다.

제3장에서는 집단상담을 시작하는 데 있어 중요한 집단상담자의 역할을 알아보고, 초기 단계에서 활용할 수 있는 다양한 웜업 활동에 대해 다루었다. 초심 집단상담자가 다양한 웜업 활동 등을 숙지하고 활용한다면 집단 시작의 긴장과 두려움을 낮추는 데 도움이 될 것이다. 다양한 집단원에게 활용할 수 있는 웜업 활동은 참고 자료에 구체적으로 제시하였다.

제4장과 제5장에서는 집단상담에서 사용할 수 있는 기본 기술에 대해 다루었다. 관찰, 질문, 초점 맞추기, 해석, 피드백, 참여 유도, 지금-여기 상호작용 촉진, 즉시성, 연결하기, 자기 개방의 기본적인 개념에 대한 이해뿐만 아니라 실제적인 적용을 할 수 있는 다양한 사례를 제시하였다.

제6장에서는 집단원에 대한 사례개념화의 한 측면인 개인 내적 역동에 대한 이해와 개입에 대해 다루었다. 집단역동의 수준은 개인상담에서 주요하게 다루는 개인의 심리 내적 역동, 집단원 간의 상호작용으로 인해 일어나는 역동, 집단 전체로서의 역동의 세 가지 수준으로 개념화된다. 이 장에서는 집단 내 개별 집단원들의 생각, 감정, 태도, 행동에 초점을 맞춘 심리 내적 역동에 대한 설명 및 이를 다루기 위한 방법에 대해 제시하였다.

제7장에서는 집단상담에서 가장 많이 활용되는 대표적인 기법인, 빈 의자 기법과 두 의자 기법에 대해 다루었다. 본 기법을 활용할 수 있는 세부적인 단계에 대한 구체적 설명뿐만 아니라 집단에서 일어날 수 있는 다양한 사례를 통하여 실제적인 개입에 대해 심도 있게 고려해 볼 수 있도록 하였다.

제8장에서는 다루기 어려운 집단원의 유형 중 소극적 참여, 습관적 불평, 의존, 집단상

담자에 대한 공격에 대해 다루었다. 어려운 집단원의 개념 및 어려운 집단원이 발생하게 되는 다양한 원인, 어려운 집단원으로 인한 문제점 등에 대해 살펴보았다. 또한 어려운 집단원을 대하는 집단상담자의 태도와 지침을 제시하여 실제 집단상담 장면에서 유용하게 활용할 수 있도록 하였다.

제9장에서는 집단상담 종결 단계의 특징 및 종결 단계에서 이루어져야 할 과제 등에 대해 다루었다. 종결 단계에서 활용할 수 있는 다양한 집단상담 활동, 집단상담 평가 시 활용할 수 있는 척도 및 질문지 등을 제시하였다. 또한 종결 단계에서 나타날 수 있는 어려운 상황을 사례로 제시하고, 실질적으로 집단상담자가 어떻게 다루어야 할지 구체적인 설명을 담아내었다.

제10장에서는 집단상담의 기초적인 윤리와 슈퍼비전에 대해 다루었다. 집단상담 운영 중 경험할 수 있는 윤리적 딜레마로 비밀보장, 전문역량, 상담관계, 상담료 지불 문제에 대해 구체적으로 제시하였다. 또한 초심 집단상담자의 역량을 강화하기 위한 방법 중 하나인 슈퍼비전에 대해 알아보고 각 학회에서 요구하는 집단상담 슈퍼비전 양식을 제시하였다. 구체적인 예시를 통하여 효과적으로 집단상담 슈퍼비전 보고서를 작성하는 방안에 대해 최종적으로 안내하였다.

이 책에서 제시하고 있는 실습 훈련은 혼자서도 할 수 있지만 가능하다면 다양한 소집단의 형태로 나누어 연습하길 추천한다. 실제적인 경험 학습을 시도하고, 집단 내에서 서로 피드백을 주고받는다면 학습의 효과를 극대화할 수 있을 것이다.

어느 집단원의 이야기처럼 집단상담은 수백 년을 살아온 나무 같기도 하고, 어떤 연애보다 깊은 소통이기도 하고, 확장된 나와 네가 만나는 참 만남이기도 하고, 한 번도 타자에게 보이지 못한 상처를 내어놓고도 소멸되지 않는 진귀한 경험을 하는 곳이기도 하다. 많은 이들로부터 함께 받는 합의적 타당화와 연약함을 드러내고도 불쌍함을 당하지 않는 가장 사실적 삶의 현장이기도 하다. 나는 그곳에서 여러 사람이 살아나는 것을, 삶의 새로운 국면으로 전환하는 것을, 온기와 위로를 공급받고 자립의 힘으로 자생하는 방법을 내재화하는 것을 목격했다. 이런 집단상담을 많은 상담자들이 이끌어 가길 바란다.

그래서 그들이 사람을 살리는 일로써 집단상담을 더 많이, 잘 활용할 수 있기를 기대한다. 특별히 자신에게 초점화되고 전문가로서 비어 있는 불안을 다루는 데 어려움을 겪는 초심 집단상담자들이 보다 구체적인 전문가로 자라가는 실제적 전략을 가질 수 있기를 기대한다.

이 책이 만들어지기 위해 함께 했던 김지영 선생, 김민향 선생에게 고마움을 전한다. 이들의 수고는 여기에 세세히 기록하기 어렵다. 수많은 경험 속에 우리를 상담자로 자라가도록 함께 했던 집단원들은 보이지 않는 이 책의 저자이기도 하다. 좋은 책이 될 수 있도록 함께 해 주신 학지사 김진환 대표님께도 마음 깊은 감사를 드린다.

2024년 5월

대표 저자, 권경인

차례

○ 머리말 _ 3

제1장
초심 집단상담자의 불안 및 두려움 다루기   13

1. 집단상담자의 인간적 자질 _ 15
  1) 집단상담 대가의 특성 / 16   2) 집단상담자의 인간적 특성 / 18
2. 초심 집단상담자 _ 22
  1) 초심 집단상담자의 정의 / 22   2) 초심 집단상담자의 특성 / 22
  3) 초심 집단상담자의 불안 관리의 중요성 / 25

제2장
집단상담 사전 준비   31

1. 집단 프로그램의 준비 _ 34
2. 고려해야 할 기본 사항 _ 35
  1) 집단의 대상과 구성 / 36   2) 집단원 선발 방법 / 36
  3) 집단의 규모 / 36   4) 집단 회기의 수 / 37
  5) 모임의 시간과 주기 / 37   6) 장소 및 환경 / 38

3. 집단의 구성 _ 38

　　1) 집단의 동질성과 이질성 / 38　　　2) 집단의 개방성과 폐쇄성 / 39

　　3) 집단원의 요인 / 40

4. 사전 홍보 _ 41

5. 집단원 선발 _ 46

　　1) 사전 선발 / 46　　　　　　　　2) 집단 과정에서의 조정 / 48

6. 사전 오리엔테이션 _ 50

7. 집단상담에서의 개인 목표 및 집단 방향의 설정, 전체 회기 계획 _ 59

8. 집단상담 시 필요한 양식 _ 59

　　1) 경험 보고서 / 59　　　　　　　2) 회기 보고서 / 61

제3장
집단상담 시작하기(Warm-up 활동 실습) 　　　　　　　67

1. 집단 시작 단계에서 집단상담자의 역할 _ 71

　　1) 집단 구조화하기 / 71　　　　　2) 집단원 소개하기 / 73

　　3) 신뢰로운 분위기 조성하기 / 74

2. 집단상담 활동 _ 79

　　1) 개념과 목적 / 79　　　　　　　2) 집단상담 활동의 유형 / 80

　　3) 집단을 시작하는 활동 / 81

제4장
집단상담 기본 기술 1 　　　　　　　87

1. 집단상담 기본 기술 _ 89

　　1) 국내 초심 상담자의 집단상담 기술에 대한 교육 요구 / 89

　　2) ASGW의 집단상담자 훈련 기술 기준 / 90

2. 집단상담자 개입 기술 _ 99

1) 관찰 / 99   2) 질문 / 103

3) 초점 맞추기 / 107   4) 해석 / 112

5) 피드백 / 115

제**5**장
집단상담 기본 기술 2   131

1. 참여 유도하기 _ 133

1) 정의와 목적 / 133   2) 활용 시 유의 사항 / 134

2. 즉시성 _ 138

1) 정의와 목적 / 138   2) 활용 시 유의 사항 / 138

3. 지금-여기 상호작용 촉진 _ 138

1) 정의와 목적 / 138   2) 활용 시 유의 사항 / 139

4. 연결하기 _ 147

1) 정의와 목적 / 147   2) 활용 시 유의 사항 / 148

5. 자기 개방 _ 151

1) 정의와 목적 / 151   2) 활용 시 유의 사항 / 152

제**6**장
개인 내적 역동에 대한 이해와 개입   159

1. 집단역동의 개념 _ 161

2. 집단역동의 수준 _ 162

1) 개인 내적 역동 / 162   2) 대인 간 역동 / 162

3) 전체로서의 집단역동 / 163

3. 개인 내적 역동 다루기 _ 163

  1) 개인 내적 역동의 예 / 163

  2) 개인 내적 역동의 내용적 측면과 과정적 측면 / 164

  3) 집단원의 개인 내적 역동에 미치는 요인 / 164

4. 집단상담에서 어려운 개인 내적 역동: 반–집단 역할 _ 165

5. 개인 내적 역동을 다루는 방법 _ 166

6. 개인 내적 역동을 다루기 위한 사례개념화 _ 168

제**7**장
빈 의자 기법과 두 의자 기법의 활용   179

1. 빈 의자 기법 _ 181

  1) 빈 의자 기법의 정의 / 181   2) 빈 의자 기법의 장점 / 181

  3) 빈 의자 기법에서의 고려 사항 / 182   4) 빈 의자 기법의 활용 단계 / 183

2. 두 의자 기법 _ 199

  1) 두 의자 기법의 정의 / 199   2) 두 의자 기법의 장점 / 200

  3) 두 의자 기법에서의 고려 사항 / 200   4) 두 의자 기법의 활용 단계 / 201

제**8**장
다루기 어려운 집단원   223

1. 어려운 집단원 _ 225

2. 어려운 집단원 발생 원인 _ 226

  1) 개인적 역동 및 특성 / 227   2) 집단상담자의 역량 및 실수 / 227

  3) 집단 내 상호 주관성의 영향 / 228   4) 집단 전체의 역동 / 228

3. 어려운 집단원을 분석(개념화)하는 틀 _ 229

4. 어려운 집단원의 기능 _ 229

　　1) 부정적 기능 / 229　　　　　　　2) 긍정적 기능 / 230

　　3) 종합적 기능 / 230

5. 어려운 집단원의 기본적인 개입 방안 _ 231

　　1) 어려운 집단원을 대하는 집단상담자의 태도와 일반적 자질 / 231

　　2) 어려운 집단원에게 접근하는 방식 / 233

6. 어려운 집단의 유형 _ 237

　　1) 소극적 참여(침묵) / 237　　　　2) 의존적 행동 / 244

　　3) 습관적 불평 / 249　　　　　　　4) 집단상담자에 대한 공격 / 253

제9장
종결 다루기   263

1. 종결 단계의 특징 _ 265

　　1) 집단원의 복잡한 감정 / 265　　　2) 소극적 참여 / 265

2. 종결 단계에서의 집단 발달 과제 _ 266

　　1) 집단 경험의 검토와 요약 / 266　　2) 집단원의 성장과 변화 평가 / 266

　　3) 이별 감정 및 미해결 과제 다루기 / 267　　4) 작별 인사하기 / 268

3. 종결 단계의 촉진 전략 _ 269

　　1) 행동 변화 실습 / 269　　　　　　2) 피드백 주고받기 / 269

　　3) 변화 다짐하기 / 270

4. 집단상담 평가 방법 _ 270

　　1) 집단상담자 평가 / 270　　　　　2) 집단원 평가 / 271

　　3) 집단 프로그램 평가 / 271

제**10**장
집단상담 기초 윤리 및 슈퍼비전   299

1. 집단상담 윤리 _ 301

   1) 집단상담 관련 윤리강령 / 301

2. 초심 집단상담자의 윤리적 딜레마 _ 304

   1) 비밀보장 / 304   2) 전문 역량 / 309

   3) 상담관계 / 311   4) 상담료 지불 문제 / 315

3. 집단상담 슈퍼비전 _ 328

   1) 집단상담 계획서 / 331   2) 집단상담 회기 보고서 / 331

   3) 집단상담 슈퍼비전 사례 보고서 양식 / 335

   4) 주요 학회 집단상담 사례 보고서 양식 / 338

부록
집단상담 시작 활동(Warm-up) 모음   359

활동 모음 1. 「자기소개를 통한 친밀감 및 신뢰감 형성」_ 360

활동 모음 2. 「자기 개방을 통한 친밀감 및 신뢰감 형성」_ 371

활동 모음 3. 「신체 활동을 통한 친밀감 및 신뢰감 형성」_ 388

○ 참고문헌 _ 401

○ 찾아보기 _ 411

제1장

초심 집단상담자의
불안 및 두려움 다루기

들어가며

• 내가 생각하는 집단상담자의 자질은 무엇이라고 생각하나요?

• 초심 집단상담자로서 경험하는 불안과 어려움은 무엇인가요? 그에 대한 대처 전략은 무엇인가요?

집단상담은 비교적 건강한 개인들을 대상으로 이들 간의 역동적 상호작용을 통해 자기 이해와 수용, 자기 성장과 변화를 추구하는 상담 경험이다. 집단원은 집단 안에서 자기를 진솔하게 개방하고 상호작용함으로써, 자신과 타인에 대한 이해와 신뢰를 확대해 나간다. 이러한 경험을 효과적으로 촉진하기 위해서는 전문적으로 훈련받은 집단상담자의 운영 능력이 필요하다. 이때, 전문적 기술뿐만 아니라, 집단상담자가 어떤 사람인지는 집단상담의 성공에 중요한 변수가 된다(Corey, Corey, & Corey, 2019). 즉, 집단상담자는 집단상담의 촉진에 필요한 기본적 태도와 품성을 갖추고 있어야 한다는 것이다(정성란 외, 2019).

이 장에서는 집단상담자의 자질에 대해 살펴볼 것이다. 집단상담에 입문하는 초심 상담자로서 자신을 비추어 보고, 자기 안의 있는 자질을 새롭게 발견하여 성장시킬 수 있는 기회가 되길 바란다. 집단상담자의 또 다른 자질인 전문적 · 윤리적 특성은 이후 장부터 상세히 다루고자 한다.

우리는 괜찮은 집단상담자가 되기 위해 막 한 발을 뗴었다. 그러나 집단은 많은 집단원이 참여하는 만큼 그 성패에 영향을 주는 수많은 변수가 존재한다. 때문에 노련한 상담자라 할지라도 집단의 성공을 쉽게 확신하기 어렵다. 따라서 많은 초심 상담자가 첫 집단상담을 시작하기도 전에 불안과 염려로 그다음 걸음을 뗴길 주저한다. 이 장의 후반부에서는 초심 집단상담자의 특성을 살펴보고자 한다. 그리고 불안 속에서도 집단상담자로 성장하기를 멈추지 않을 방법에 대해 함께 살펴보고자 한다.

1. 집단상담자의 인간적 자질

집단상담자의 인격적 특성이 중요한 이유는 그 특성에 따라 똑같은 이론과 기법이라 할지라도 집단원과 집단 과정에 다르게 영향을 미칠 수 있기 때문이다. 집단상담자의 인간적 특성의 중요성은 오래전부터 중요하게 인식되어 왔으며, 집단 성과에 미치는 영향

역시 여러 학자들의 임상적 경험을 통해 확인되었다.

1) 집단상담 대가의 특성

먼저 집단상담 대가의 경우를 살펴보자. 이제 막 집단상담을 시작한 초심 상담자에게 집단상담 대가의 특성은 닿을 수 없는 먼 나라 얘기로 느껴질 수 있다. 그러나 그들도 처음에는 우리와 같은 초심자였음을 기억하자. 무엇이 그들로 하여금 괜찮은 집단상담자로서 성장하게 하였는지 살펴보는 일은 집단상담자가 되려는 우리에게 많은 시사점과 영감을 줄 것이다. 다음은 집단상담 대가에 관한 연구에서 도출된 이들의 인간적 특성이다(권경인, 2008).

🌱 집단상담 대가의 인간적 특성(권경인, 2008)

- 자기 개방에 대한 두려움이나 꺼림이 매우 적다.
- 다양성에 대해 호감이 있고, 이를 추구한다.
- 위험 감수 경향이 높다.
- 서두르지 않는 기다림의 명수가 된다.
- 인간에 대해 깊이 신뢰한다.
- 수용력이 놀라울 정도로 높다.
- 깊은 공감 능력이 있다.
- 깊이 있는 진정성을 가진다.
- 유연함과 융통성을 가진다.
- 무거움과 아픔을 생산적으로 처리하도록 돕는 유머가 있다.
- 다양하고 강렬한 감정에 대한 두려움이 적다.

실습 1
대가의 어깨 위에 서서

☞ 우리는 집단상담 대가의 인간적 특성(권경인, 2008)에 대해 살펴보았다. 그들의 특성
  에 비추어 집단상담자로서 나의 자질을 생각해 보자.

1. 대가의 특성과 가장 유사한 나의 강점은 무엇인가?

_____

_____

_____

_____

_____

_____

_____

2. 대가의 특성과 가장 거리가 있는 나의 특성은 무엇인가?

_____

_____

_____

_____

_____

_____

_____

2) 집단상담자의 인간적 특성

정성란 등(2016)은 여러 학자들(강진령, 2011; 노안영, 2011; 이형득 외, 2002)이 제안하는 공통 요소를 묶어 집단상담자의 인간적 특성 8가지를 제안하였는데, 그 내용은 다음과 같다.

① 사랑과 관심
- 집단원에 대한 무비판적 · 무조건적 존중과 소중히 여기는 마음이 있음
- 집단상담을 그 자체로 즐겁고 보람 있는 일이라는 내적 가치를 지향함

② 자기 수용
- 집단상담자 자신의 성격, 태도, 문제 등에 대한 인식과 이해가 있음
- 집단상담자가 자신의 목표, 동기, 한계, 강점, 문제, 가치관, 정체성, 문화적 시각 등을 명확하게 자각하는 것을 말함
- 개인적 문제가 해결되지 않은 상담자가 집단을 이끌어 가는 것은 위험하며, 집단원의 특성과 문제에 대한 자각을 촉진시키기 어려울 수 있음

③ 개방성
- 집단상담자의 솔직한 자기 개방은 집단원들에게 모델링이 되며, 집단 분위기를 편안하고 진솔하게 만듦
- 집단상담은 개인상담에 비해 훨씬 개방적이고 노출된 장면임. 집단상담자가 자신의 실수나 약점에 대해 진솔하게 개방하는 것은 집단분위기 조성과 집단원의 자기 개방에 대한 동기를 부여할 수 있음
- 이때 개방성은 자기 개방뿐만 아니라 자신과는 다른 유형의 삶과 가치에 대해 기꺼이 수용하는 자세도 포함함

④ **용기**
- 집단상담자의 용기는 진실한 모습으로 집단원과 상호작용하는 것으로, 집단에서 실수나 실패할 가능성에 구애받지 않고 새로운 행동을 모험적으로 시도하는 것임
- 실수나 실패했을 때에도 그것을 은폐하거나 왜곡하는 대신 솔직히 인정하고 받아들일 수 있는 용기가 필요함
- 이를 위해 집단상담자는 일상에서 자기 격려를 통해 자신에게 용기를 불어넣으며, 자연스레 타인을 격려하는 습관을 형성하는 것이 필요함
- 또한, 자기에 대한 끊임없는 성찰을 통해 자신의 욕구와 느낌을 있는 그대로 진솔하게 표현하는 용기를 가지도록 해야 함

⑤ **긍정적 변화에 대한 믿음**
- 집단에 대한 깊은 신뢰와 믿음을 가지고 집단원을 대하는 것을 말함
- 인간의 삶은 변화하고 변화는 긍정적이라는 믿음을 토대로, 문제보다 가능성에 더 많은 초점을 두며 집단원 개인이 스스로 문제를 해결할 수 있는 능력이 있다는 사실에 주목할 수 있어야 함

⑥ **돌보려는 마음**
- 집단원을 존중하고 신뢰하며 소중히 여기는 것을 말함
- 집단원의 성장과 자아실현을 도우려는 마음을 먹고 그렇게 행동하는 것임
- 집단상담자는 집단원에 대한 자신의 반응을 깊이 탐구하여 집단원에 따라 필요한 돌봄의 형태를 제공하는 것이 필요함
- 예컨대, 돌보려는 마음이 있는 집단상담자는 참여를 주저하는 집단원은 참여할 기회를 주고, 문제를 직면시킬 때도 공포와 저항을 강화하지 않는 방식으로 함

⑦ **창의성**
- 사고의 다양성과 독창성을 말하는 것으로, 폭넓은 경험과 탄력적 자아의식을 통해

여러 문제에 대한 민감한 감수성을 가짐

－창의성이 있는 집단상담자는 집단에서 일어나는 무질서, 모순, 불균형을 다룰 때, 같은 방법을 되풀이하는 대신 새로운 방법과 기술을 독창적으로 활용하길 원함

－이를 위해 유머가 풍부한 집단상담자와 함께 집단을 이끌거나, 집단에서 약간의 거리를 유지하며 집단상담을 진행하는 것이 창의적 관점을 갖는 데 도움이 됨

⑧ 지혜

－이치를 빨리 깨우치고 사물을 정확히 처리하는 정신적 능력으로, 사리를 분별하여 집단의 문제를 적절히 처리함

－지혜로운 집단상담자는 자신의 감정을 잘 조절하고, 적극적 경청과 공감을 바탕으로 상대의 관점에서 문제를 이해하려고 노력함

실습 2
'집단상담자로서 나' 살펴보기

1. 내가 경험한 좋은 집단상담자의 모습이나 집단상담을 떠올려 보고, 집단상담자에게 필요한 자질이 무엇인지 작성해 보자.

_____

_____

_____

_____

_____

_____

2. 자신이 가진 장단점을 잘 개발하면 괜찮은 집단상담자가 될 수 있다. 집단상담자가 되기에 적합한 나의 모습을 3가지 적고 그 이유를 찾아보자.

   (*익숙한 장점뿐만 아니라 집단에서 잘 활용될 수 있는 나의 약점에도 새롭게 주목해 보자.)

(1) _____

이유: _____

_____

(2) _____

이유: _____

_____

(3) _____

이유: _____

_____

2. 초심 집단상담자

1) 초심 집단상담자의 정의

초심 상담자는 대체로 교육수준, 상담경력, 슈퍼비전 경험을 기준으로 정의한다(김계현, 문수정, 2000; 손진희, 2002; 심흥섭, 1998). 선행연구를 통해 종합한 초심 집단상담자의 기준은 다음과 같다(권경인 외, 2012; 김미옥, 2008; 김은수, 권경인, 2017; 이미선, 권경인, 2009; 임한나, 2009; 조수연, 2017; Brown, 2010).

- 학력: 석사 졸업 이하
- 자격증: 상담심리사 2급(한국상담심리학회), 전문상담사 2급(한국상담학회) 이하
- 경력: 집단상담 실습이나 실무 경력 2년 이하 또는 집단의 운영 수 3개 이하

2) 초심 집단상담자의 특성

(1) 일반적 특성
- 집단을 재미있게 진행하려고 노력함
- 집단 진행에 있어 더욱 신중하고, 순차적이며 조심성이 있음
- 집단원을 있는 그대로 수용해 주고, 집단원의 강점, 긍정적인 측면을 찾으려 함
- 집단 상황에 몰입하지 못하고 집단 운영에 있어 유연성이 부족함
- 집단 과정에 대한 지식과 기술이 부족하며 집단 과정에 과도하게 개입함(집단원들이 말할 때마다 반응을 보이고자 함)
- 이론과 기법을 실제 집단 장면에서 어떻게 적용하여야 하는지 잘 알지 못함
- 상황에 따라 목표를 설정하거나 적절한 개입이 어려움

- 주도적이지 못하고, 집단원 간의 상호작용을 촉진하는 데에 어려움을 경험함
- 어려운 집단원(예: 독점하는 집단원)을 다루는 데 있어 해당 집단원과 다른 집단원들의 행동을 관찰함으로써 정보를 수집하는 기초 단계의 생각에 대부분 머물러 있음
- 집단 과정에서 집단 전체의 흐름과 역동을 읽고 해석하기보다는 한 명의 집단원 혹은 집단원 간의 세부적인 모습을 관찰하는 데 머물러 있음
- 집단원의 비판, 평가, 부정적인 반응에 방어적 태도를 보임
- 불안하고 복잡한 상황에서 과도한 자기 개방, 자기 노출을 활용함
- 집단 과정이나 집단 자체에 집중하기보다는 자기 생각과 감정에 집중하는 경향이 높으며, 문제 상황에서 어떻게 할 줄 몰라 자신에 대한 관찰에 집중함

(2) 정서적 특성

- 집단을 진행하는 데 있어 경험의 부족으로 인한 불안과 긴장, 부담감, 막막함을 경험함
- 불안으로 인한 높은 자의식은 상황을 객관적으로 보기보다 자신의 내면에 초점을 두고 살펴보는 자기 몰입적 특성을 갖게 함
- 불안과 긴장, 집단에 대한 부담감 등의 부정적인 정서와 집단상담에 대한 기대와 환상과 같은 긍정적 정서의 양가감정을 경험함
- 자신이 맡은 집단에 대해 완벽하게 수행하고 싶은 욕구로 자신에게 더 큰 부담을 지우게 됨. 이로 인해 집단을 부자연스럽게 이끌고 집단 전체를 경직되게 만들 수 있음
- 집단상담자로서 전문적인 모습을 보여야 한다는 책임감을 가짐
- 집단 운영을 잘해서 집단원들에게 좋은 경험을 줘야겠다는 부담감을 지님
- 집단상담의 진행이 원활하지 못할 때, 집단상담자의 역량문제라고 생각하고 자책하고 좌절감을 느끼거나, 회의감, 무기력감을 경험함
- 전문성이 없다고 생각하며 두려움을 가짐
- 경력, 자신감 부족으로 스스로 능력과 자질이 없다고 여기는 무능력감을 경험함
- 잠재적인 문제들에 압도당함(어느 시점에 개입해야 하는지, 배운 대로 할 수 있을지, 집

단원을 잘 감당할 수 있을지 지나치게 걱정을 많이 함)
- 집단원으로 인해 자신에게 불편한 감정이 생길 때(다루기 어려운 집단원, 역전이 유발 집단원, 부정적 평가 집단원) 대처하는 것에 어려움을 경험함

(3) 초심 집단상담자가 직면하는 문제 및 쟁점

앞서 살펴보았듯이, 초심 집단상담자는 집단을 운영하는 데 여러 가지 어려움과 난관에 부딪힌다. 마지막으로 초심 집단상담자가 직면하게 되는 문제에 대한 자기 대화를 살펴보자(Corey, Corey, & Corey, 2019).

- 어떻게 집단상담을 잘 시작할 수 있을까?
- 어떤 기법을 사용해야 할까?
- 집단이 활동을 개시하도록 기다려야 할까?
- 집단에서 어떤 일이 시작되면 그것을 완수할 방법을 알고 있는가?
- 집단원들 중에 어떤 사람을 싫어하게 되면 어떻게 될까?
- 실수하면 어떻게 되는가?
- 집단원들에게 해를 끼치지 않을까?
- 침묵이 길어지면 어떻게 할까?
- 너무 빨리 말하거나 너무 길게 말하는 집단원을 저지해야 할까?
- 어떤 집단원이 전혀 참여하지 않는다면 어떻게 해야 할까?
- 집단원들이 나에게 도전하거나 나를 싫어한다면 어떻게 하는가?
- 집단에서 얼마만큼 개인적인 방식으로 참여하고 자신을 관여시켜야 하는가?
- 집단상담자로서 나의 불안과 슬픔을 숨겨야 하는가?
- 집단에서 내가 감정적으로 관여하고 울게 된다면 어떻게 할까?
- 집단이 사람들의 변화를 돕고 있는지 어떻게 알 수 있는가?
- 어떻게 동시에 여러 사람들과 작업할 수 있는가?

이외에도 초심 집단상담자는 집단상담을 생각할 때, 여러 가지 생각과 감정이 올라올 수 있다. 하지만 잊지 말아야 할 것은 집단상담을 운영하는 중 어느 정도의 두려움과 불안은 일상적이라는 사실이다. 초심 집단상담자뿐만 아니라 경험이 많은 상담자 역시 그렇다. 자신의 불안을 전혀 느끼지 않도록 통제하고 완벽해지려는 유혹에서 벗어나 자신에게 활기를 북돋아 주기 위해 당신의 불안을 이용하도록 노력하라.

운전하기, 피아노 연주하기 등과 같은 다른 기술도 초심자를 위한 몇 번의 교육과 훈련으로 완벽해지기를 기대하는 사람이 없는 것처럼 뛰어난 집단상담자가 되는 것도 마찬가지이다. 처음에 운전을 배울 때도 자동차에 대해 알고, 운전 원리에 대해 배우는 이론은 실습으로 이어지기가 어렵고, 익숙해질 때까지 많은 시간과 노력이 필요하다. 계속되는 노력으로 마침내 성공을 경험한 사람들은 점진적으로 발전하는 것에 대한 인내심을 가지고 있다(Corey, Corey, & Corey, 2019).

3) 초심 집단상담자의 불안 관리의 중요성

집단상담은 국내외적으로 정신건강 및 심리치료 분야에서 치료적 접근으로 광범위하게 활용되고 있다. 따라서 상담자는 개인상담 분야뿐만 아니라 집단상담에 있어 교육과 훈련이 절실히 필요한 실정이다.

집단상담의 성과에 중요한 영향을 미치는 요인 중 하나로 상담자 요인을 들 수 있다. 집단상담의 치료적 요인들을 구현하고 집단상담 과정과 성과에 긍정적 영향을 미치기 위해서는 집단상담자가 적절한 전문적 자질을 갖추는 것이 매우 중요하다. 특히, 집단상담자는 개인상담과 구별되는 독특한 특성과 역할, 즉 집단의 발달 단계의 흐름을 이해하고 집단의 역동 등을 활용하여 개입할 수 있는 전문적인 안목과 인간적 자질을 지녀야 한다. 다양한 발달적 과제를 담당해야 하는 집단상담자 발달 초기는 전체적인 전문성의 발달과정 중에서도 집단상담의 지속 여부를 결정짓는 매우 중요한 시기다(권경인, 김창대, 2007).

그렇다면 초심 집단상담자는 전문가로 성장해 나가는 데 어떤 교육을 받길 원할까? 초심 집단상담자 85명을 대상으로 집단상담자 교육 프로그램 요소에 대한 요구조사를 한 결과, 초심 집단상담자는 집단상담 프로그램 계획, 집단상담 기술뿐만 아니라 '경험 부족으로 인해 자기에게 귀결되는 불안'을 다루고 싶은 요구가 많았다(권경인, 김지영, 엄현정, 2020). 그 자세한 내용을 살펴보면 다음과 같다.

- 초심으로 경험하는 예측 불안, 막막함 점검하기
- 경험 부족으로 인한 자신감 부족 다루기
- 평가받는 것에 대한 두려움 다루기
- 불안 감소를 위한 자가진단 및 자기 돌봄 방법 찾기
- 초심 집단상담자의 긴장 완화, 마음 안정화를 위한 활동하기

처음 발걸음을 뗀 어린 아기가 여러 번 넘어지고 주저앉듯이 처음 집단상담을 운영하는 초심 집단상담자 또한 넘어지고 실수할 때가 있을 것이다. 만약 어린 아기가 엉덩방아 찧는 것이 두렵다고 걷기를 포기한다면 어떻게 될까? 상담자 또한 자신이 다루기 힘든 복잡한 상황이나 도전을 직면하는 것을 불안해하고 피하게 된다면 성급한 마무리를 하게 되고, 성급한 마무리를 반복하다 보면 거짓 발달을 이루게 된다. 즉, 불안은 자기 성찰에 있어 부정적인 역할을 하게 된다(Skvholt & Ronnestad, 1995).

다양한 도전과 함께 여러 가지 어려움을 많이 경험하는 시기의 초심 집단상담자라면 누구나 경험할 수 있는 발달적 측면의 어려움과 심리 · 정서적 특성을 살펴보는 것이 필요하다. 이를 통해 초심 시절의 필연적인 좌절을 극복할 수 있는 지혜를 얻게 될 것이다. 따라서 제1장에서는 선행연구를 통해, 초심 상담자 및 초심 집단상담자의 특성에 대해 알아보고, 초심 집단상담자로서 자신의 불안과 두려움을 회피하지 않고 점검해 보는 시간을 갖고자 한다.

실습 3
나의 불안 다루기

[활동 1] 자기 이해: '불안과 나'

☞ 불안은 삶의 일부이고, 상담자 경험의 일부이며, 초심 집단상담자에게는 특히나 중요
하고 두드러지는 특징적 경험이다. 초심 집단상담자로서의 불안과 두려움을 이야기
하기 전에 먼저, 개인적인 삶과 상담자로서 자신의 경험을 탐색해 보자.

1. 개인적 삶에서 불안의 경험
- 살면서 불안을 경험한 순간을 떠올려 보자. 나의 불안은 무엇에 대한 것이었는가?
- 그때 나의 불안은 어떤 모양이었는가? 나는 불안을 어떤 방식으로 경험하였는가?
- 내가 그때 그렇게 불안했던 이유는 무엇인가?
- 무엇이 나의 불안에 영향을 미쳤는가?
- 똑같은 상황이라면 지금도 비슷하게 불안을 느낄 것인가?
- 불안이 나에게 어떻게 영향을 미쳤는가? 나의 일, 학업, 관계에 어떤 영향을 미쳤는가?
- 불안했던 나에게 그래도 도움이 될 만한 것이 있었다면 무엇인가?

2. 상담자로서 불안의 경험
- 상담자로서 불안을 경험했던 때를 한번 떠올려 보자. 그때 나의 불안은 무엇에 대한
  것이었는가?
- 불안은 상담자인 나에게 어떤 영향을 미쳤는가?
- 어떤 도움이 있었다면 상담자로서 불안을 덜 느꼈을 것인가? 혹은 불안을 견디는 것
  이 좀 덜 힘들었을 것인가?
- 상담자로서 불안을 느꼈던 때를 떠올리면 어떤 마음과 생각이 드는가?

3. 유사점과 차이점

- 개인적인 불안과 상담자로서의 불안의 경험을 비교할 때, 비슷한 점은 무엇이고 차이점은 무엇인가?

4. 정리

- 불안에 대한 경험을 나누면서 어떤 생각과 느낌이 들었는가? 무엇을 알아차렸는가?
- 불안에 대해 어떻게 생각하는가? 불안에 대해 무엇을 배웠는가?
- 앞으로 불안과 어떤 방식으로 관계 맺기를 원하는가?

[활동 2] 초심 집단상담자의 불안 다루기

☞ 우리의 불안은 집단상담 이론과 기법에 대한 이해나 집단상담 경험의 부족 등에 따른 현실적 불안일 수 있다. 또는 '집단상담'이나 '상담자로서의 나'에 대한 비합리적 사고나 기대에 따른 불안일 수도 있다. 초심 집단상담자로서 내가 가진 불안의 내용과 그 속성을 점검해 보자. 그리고 이를 다루기 위한 구체적이고 현실적인 대안을 생각해 보자(* 준비물: 종이, 펜).

활동지: 초심 집단상담자 불안 관련 역기능적 사고 기록지
(* 아래 [표]와 활동 TIP 을 참고하여, 준비한 종이에 아래 항목을 채워 봅시다.)

1) 상황	2) 정서	3) 자동적 사고	4) 대안적 반응	5) 결과	6) 행동

활동 TIP

1) 상황: 초심 집단상담자로서 불안감이 느껴지는 구체적인 상황은 무엇인가?

2) 정서: 그 상황을 떠올릴 때, 발생하는 나의 정서는 무엇인가? 그 강도(1~100)는?

3) 자동적 사고: 그 상황을 떠올릴 때, 어떤 생각이 들었는가?

4) 대안적 반응: 자동적 사고의 효용과 타당성 점검하기

　① 이러한 생각을 뒷받침할 증거는 무엇인가? 반대하는 증거는 무엇인가?

　② 또 다른 설명이 존재하는가?

　③ 일어날 수 있는 가장 최악의 일은? 최선의 일은? 가장 현실적인 결과는 무엇인가?

　④ 자동적 사고를 믿음으로써 나타나는 효과는 무엇인가?

5) (대안적 반응의) 결과

　① 이제 각각의 자동적 사고를 얼마나 믿고 있는가?

　② 지금 어떤 감정을 느끼고, 그 강도는 어느 정도인가?

　③ 적응적인 대안 사고를 정리하면 무엇인가?

6) 행동: 불안감에도 불구하고, 집단상담을 시작하기 위해 지금-내가 할 수 있는 행동은 무엇인가?

　지금까지 우리는 집단상담에 대해 이해하고 선행연구를 통하여 초심 집단상담자로서 누구나 갖게 되는 특성에 대해 살펴보았다. 특히, 초심 집단상담자의 정서적 특성 중 '불안', '두려움'에 대해 회피하지 않고 직면하여 다루는 것은 우리가 집단상담자로서 한층 더 성장해 나가는 데에 도움이 될 것이다.

제 2 장

집단상담 사전 준비

집단상담자는 집단상담의 성과를 높이고 집단의 효율적인 진행을 위해서 집단역동을 잘 이해하고 활용해야 한다. 집단역동은 집단에서 일어나는 모든 것을 의미할 정도로 다양하지만 이번 장에서는 집단역동에 영향을 미치는 요인 중 하나인 사전 계획(preplanning)을 중점적으로 살펴보고자 한다. 집단역동은 집단이 함께 모이기 이전부터 시작되기 때문이다. 성공적인 집단 운영을 위해서는 사전에 체계적인 계획과 준비가 필요하다.

사전 준비 과정에서 집단상담자는, ① 집단상담의 목적과 필요성에 맞는 프로그램을 준비하고(목적의 명료성), ② 기본적인 고려 사항을 염두에 두어 ③ 집단을 어떻게 구성할지(집단 세팅: 시간, 규모, 이질성 vs 동질성 등) 정해야 한다. 그리고 ④ 참여자 모집을 위한 홍보를 통해 참여자를 모집하고, ⑤ 집단 참여에 적절한 집단원을 선발하여야 한다. 마지막으로, ⑥ 사전 오리엔테이션 실시와 ⑦ 집단 방향 및 회기 계획 마련, ⑧ 계약서와 동의서(미성년자의 경우), 회기 보고서 등 집단 운영 전반에 필요한 양식을 준비해야 한다.

🌱 집단 사전 계획에 포함되는 요인들(Gladding, 2012)

목적의 명료성	집단이 무엇을 달성하고자 하는가
환경	주변 환경
시간	집단 만남의 시간
규모	얼마나 많은 사람이 포함되는가
구성원	동질성인지 이질성인지
목표	기대되고 계획된 결과들
참여	자발적이거나 강제적 참여(비자발적 참여)
개방성	참신한 생각과 행동에 대한 고려
위험 감수	새로운 생각과 행동에 참여하기
태도	집단원들과 집단상담자들이 과제와 타인들을 어떻게 받아들이는가

1. 집단 프로그램의 준비

집단을 운영하기로 했다면 먼저, 소속 기관이나 잠재적 대상에게 현시점에 집단상담이 필요한 이유가 무엇이며, 그에 맞는 집단이 무엇인지 구체화해야 한다. 이를 위해 대상에게 맞는 집단의 주제와 목적을 설정하고, 이를 달성하기 위한 구체적인 목표를 설정해야 한다. 목표는 집단 전 과정을 마친 후 또는 회기별로 집단에 참여함으로써 기대할 수 있는 바를 구체적으로 설정하는 것이 좋다. 집단의 목표가 정해지면 이를 달성할 수 있는 세부 활동들을 구성한다.

집단 활동을 계획할 때에는 집단의 목적, 집단원의 요구와 특성, 집단상담자의 특성과 역량, 집단 과정에 대한 관점 등을 고려하여 구성해야 한다. 특히, 구조화된 집단상담의 경우 집단 목표를 미리 구체화함으로써 상담 진행을 위한 과정 계획을 수립하고, 회기 목표의 설정과 준비 등을 구체적으로 실행할 수 있다. 구조화 집단의 경우, 집단상담자는 집단 과정에 대한 총체적인 틀을 준비하고 있어야 한다(전체 목표, 회기별 목표, 회기별 준비물, 회기별 내용 등 포함). 유의해야 할 점은 전체 회기에 대한 계획은 구체적으로 설정하되, 집단원들의 역동과 변화에 따라서 상황에 적절한 진행과 조정이 가능해야 한다는 것이다.

그러나 초심 집단상담자의 경우, 집단상담 프로그램을 스스로 개발하기가 쉽지 않을 수 있다. 이보다는 운영하고자 하는 집단의 주제와 대상에 대해 검증된 프로그램을 수집하고, 자신의 상황에 맞게 적절히 변용하는 것이 더욱 효율적일 수 있다. 이를 위해 다음

학술연구정보서비스	www.riss.kr
한국상담심리학회	www.krcpa.or.kr
한국상담학회	www.counselors.or.kr
한국청소년상담복지개발원	www.kyci.or.kr

과 같은 학술논문이나 학술 정보가 담긴 인터넷 사이트를 통해 집단상담 프로그램의 제목이나 핵심어를 검색해 보는 방법이 있다.

집단상담 프로그램의 다양한 활동 요소는 아래의 출처를 통해 확인하는 것도 도움이 된다.

- 구체적 개입 방식이 있는 국내외 학술논문과 보고서
- 진행된 집단 프로그램에 대한 결과 보고서
- 대상별, 개입 방식별 프로그램의 메타분석 학술논문 보고서
- 프로그램 전체나 일부 활동을 소개한 책
- 정부 기관, 지역상담 기관에서 발간한 보고서
- 프로그램 개발자와의 직접적 접촉
- 학술회의나 워크숍 발표 자료
- 인터넷 자료
- 공공기관에서 실시하는 프로그램 매뉴얼
- 상업화된 프로그램 매뉴얼
- 집단 활동이나 수련 활동에 대한 정부기관(심성 수련, 청소년 수련기관, 시민교육기관 등)의 보고서

2. 고려해야 할 기본 사항

집단상담자는 집단을 형성하는 데 있어 구체적으로 다음과 같은 기본 사항을 고려해야 한다. Jacobs, Schimmel, Masson과 Harvill(2016)은 집단 구성 시 집단원의 구성과 선발, 집단 크기, 집단의 폐쇄성과 개방성, 집단 회기 수, 집단 장소, 모임의 시간과 빈도 등에 대해 고려해야 한다고 보았다. 그의 제안에 따라 기본적인 고려 사항을 살펴보도록 한다.

1) 집단의 대상과 구성

집단상담자는 집단의 목적에 따라 대상을 선정하되, 집단원의 연령, 학년, 성별, 교육수준, 성숙도, 문제 유형과 관심사, 성격특성, 직업 등 다양한 요소를 고려하여 집단을 구성한다. 이때, 대상 집단의 전체 인원을 모두 집단원으로 구성할지, 자발적인 자원이나 선발에 의해 구성해야 하는지를 생각해 보아야 한다. 예를 들어, 한 반의 인원을 모두 집단원으로 구성할지, 아니면 참여를 원하는 사람만 포함할지를 결정해야 한다. 이에 대한 절대적인 기준은 없으며, 보통 집단의 목적, 시간, 세팅을 고려한다. 또한, 한 집단에 서로 다른 연령, 배경을 가진 집단원으로 구성할지 아니면 동질적인 집단원으로 따로 구분할지 고려해야 한다. 이는 '집단의 구성'에서 자세히 살펴보도록 하겠다.

2) 집단원 선발 방법

기관에서 집단을 할 경우, 집단상담자가 직면하는 가장 큰 문제 중 하나는 집단상담자들이 집단원을 선택할 기회가 없는 것이다. 때로는 이로 인해 집단원이 되지 않아야 할 사람들이 집단에 포함되기도 한다. 그러므로 집단상담자가 집단원 선발 권한을 갖도록 애를 써야 한다. 모든 집단이 모든 사람에게 적합하지 않다는 것을 염두에 두어야 한다(Corey, Corey, & Corey, 2019). 선발이 가능하고 타당할 경우 집단상담자는 몇 가지 사항을 고려해야 한다. 이는 '집단원 선발'에서 자세히 다루도록 하겠다.

3) 집단의 규모

집단 크기는 구성원의 성숙도, 집단상담자의 경험, 집단의 유형, 탐색할 문제나 관심의 범위, 집단원의 요구 등에 따라 다를 수 있다. 집단이 너무 크면 집단원들이 자신의 이야기를 개방하기가 망설여질 것이고 함께 나눌 시간이 부족할 것이다(Jacobs et al., 2016). 집단의 규모가 증가할수록 집단의 응집력과 집단원들의 만족감을 저하한다는 연구 결과도 있다(Munich & Astrachan, 1983). 반면, 집단이 너무 작으면 집단은 잘 기능하지 못하는 경향이 있다. 초등학생 집단을 제외하고, 집단원이 5명 이하일 경우, 각 집단원이 느끼는 참여나 기여에 대한 부담이 과중할 수 있다(Gladding, 2012). 보통 집단원 간에 원만한 상호작용이 가능할 수 있는 7~8명이 이상적이다(이장호, 강숙정, 2016).

4) 집단 회기의 수

집단상담자는 어느 정도의 기간 동안 집단을 몇 번 운영할지를 정해야 한다. 대부분 집단은 일정한 회기 동안 실시된다. 일반적으로 집단원에게 언제까지 자신의 과업을 완수해야 하는지에 대해 생각할 수 있도록 회기 수를 제한하는 것이 좋다. 회기 수는 학기의 기간, 집단상담자의 가능 여부, 집단원들의 욕구, 교육 정보의 양과 같은 것에 의해 정해질 수 있다. 집단원들이 만나면서 회기의 수를 결정하도록 하는 경우도 있다. 집단의 지속 기간은 집단의 목적과 구성원의 성숙도, 외적 요건에 따라 단기 집단의 경우 8~30회기 정도까지 가능하다. 보통 12~20회기 정도이며, 모든 집단원이 전 회기 동안 참여하게 된다. 장기집단은 보통 1년 혹은 2~3년(혹은 훨씬 더 길게) 동안 집단작업에 참여할 것을 권장한다. 집단상담을 시작할 때 집단상담 기간과 종결일을 정하고, 매회 예정된 시간에 시작하고 종료하도록 한다.

5) 모임의 시간과 주기

모임 시간은 집단원들이 다른 활동 때문에 참여가 어려운 시간을 피하는 것이 좋다. 특히, 집단이 학교나 기관, 병원에서 이루어진다면 모임 시간은 가능한 매일 일과에 방해가 적은 시간으로 정해야 한다. 집단상담자의 일정도 고려해야 한다. 모임 시간뿐만 아니라 집단이 얼마나 자주 만날지도 결정해야 한다. 이는 집단의 종류, 목적, 집단원과 집단상담자의 가능 여부(availability)에 달려 있다. 대다수의 집단은 집단원들 간의 유대감을 유지하고 편안한 속도와 리듬을 가질 수 있도록 일주일에 1번 정도 운영한다.

Yalom의 경우, 일주일에 2~3번 모이는 집단이 집중력과 응집력, 집단원에 대한 중요성을 높인다고 하였다. 그러나 이는 집단원에게 요구되는 시간문제 때문에 현실적으로 어려울 수 있다. 집단 회기는 너무 길거나 너무 짧지 않아야 하며, 2시간 이상의 회기는 집단원들이 피곤하거나 흥미를 잃어버리도록 만들 수 있다. 이상적인 시간으로 1시간에서 1시간 30분 정도 제안하지만, 현재 한 회기에 소요되는 집단상담의 시간은 보통 90~120분 정도로 진행되는 경우가 많다.

6) 장소 및 환경

집단상담 장소는 집단원의 수, 연령, 주된 활동 프로그램에 따라 다르다. 일반적으로 집단원들이 집단 과정에 몰입하는 데 방해가 되지 않을 정도로 정돈되고, 조용하고 편안한 공간이 적절하다. 그리고 외부로 쉽게 노출되지 않는 사생활이 존중되는 느낌을 제공하는 곳이어야 한다(이형득 외, 2002; Gladding, 2012).

최근에는 대면 집단 외에 비대면 집단 역시 현장에서 많이 활용되고 있다. 이 경우, 집단상담자가 집단원의 참여 환경을 통제할 수 없다. 따라서 집단상담자는 집단원들이 비대면 상황에서도 집단에 안전하게 참여하고 몰입할 수 있도록 장소에 대한 가이드를 사전에 제공할 필요가 있다. 또한, 휴대전화, 인터넷 사용 환경 등 집단원의 참여를 방해할 만한 환경 요인에 대한 집단의 규칙을 분명히 하는 것이 필요하다.

3. 집단의 구성

1) 집단의 동질성과 이질성

집단을 구성할 때는 집단 구성원의 동질성 수준을 고려해야 한다. 동질집단과 이질집단의 효과성은 집단원의 사회적 성숙도, 성별, 지적 능력, 교육수준, 성격 차이, 문제 영역, 사회경제적 수준 등의 요인과 관련된다. 동질집단의 경우, 공통된 특성을 기반으로 빠르게 응집성과 소속감이 발달하기 때문에 출석률이 좋고, 공감하기 쉬우며, 집단 내 갈등이 적다. 따라서 특정 쟁점을 통해 작업할 때 매우 효과적일 수 있으나 집단원 간의 다양한 관점이나 갈등을 통한 깊이 있는 작업으로 들어가지 못해 피상적 관계에 머물며 필요한 행동의 변화를 더디게 할 수 있다.

이질집단의 경우, 다양한 성격과 대인관계 양식을 가진 사람들로 구성된다. 이들 간에 응집력이 형성되면 그 역동과 상호작용의 활성화로 더 깊이 있는 만남을 시도할 수 있다. 또한, 집단원들의 지평을 넓히고 개인 간의 상호작용을 활발하게 하는 데 도움이 된다. 반면, 집단 구성의 다양성으로 인해 다양한 관계 경험과 역동을 마주하게 되어 집단 도입 단계에서는 집단원뿐 아니라 집단상담자도 적응에 어려움이 있을 수 있다. 서로에 대한 신뢰와 응집력이 형성되지 않으면, 집단에 대한 안전감을 느끼지 못하고, 서로에 대한 불편함으로 집단이 갈등 단계에 계속 머물러 집단 진행이 비효율적일 수 있다.

초심 집단상담자라면 동질집단을 구성하여 이질집단에서 발생할 수 있는 어려움을 사전에 차단하는 것이 더욱 효율적일 수 있다. 좀 더 다양한 경험과 수련이 축적된 후 이질집단을 진행할 때, 집단원과 집단상담사 모두에게 훨씬 생산적일 수 있기 때문에 무리해서 진행하기보다 경험 쌓기에 주력하는 것이 필요하다.

2) 집단의 개방성과 폐쇄성

개방집단은 새로운 집단원들에게 수시로 개방되어 집단원의 구성이 집단 진행 중 달라질 수 있는 집단 형태로, 집단원은 각자의 상담목표에 도달할 때까지 집단 참여가 가능하다. 기존 집단원은 새로운 상호작용을 하고 다른 관점의 피드백을 받으며, 새 집단원은 모방을 통해 집단의 과정과 집단기술을 배울 수 있는 장점이 있다. 반면, 집단원의 들어오고 나감에 따라 집단 분위기가 흐트러지기 쉬우며, 새로 합류한 집단원의 경우 집단 과정에 관여한 수준과 발달 단계의 차이 때문에 내외적 갈등을 경험하기 쉽다.

개방집단을 계획하는 경우, 대부분의 집단원이 1~2회기만 참석할 수 있음을 예상하여 프로그램을 기획하고, 이러한 특성을 집단원들에게 사전에 안내할 필요가 있다. 다시 말해, 집단상담자는 집단원들에게 각 회기가 서로를 만날 수 있는 유일한 회기가 될 수 있음을 상기시키는 것이 필요하다(Corey, 2017). 또한, 개방집단의 신뢰성과 응집성을 유지하기 위해 적어도 몇 회기는 참여하겠다는 서약을 하거나, 2회기 연속 무단결석을 불허하는 등의 보안 사항을 도입하는 것도 도움이 된다(강진령, 2019a).

폐쇄집단은 처음부터 동일한 집단원을 종결 시까지 유지하는 집단으로, 대체로 기간과 회기의 수가 정해져 있다. 따라서 집단 과정의 안정성과 일관성이 있고, 집단원 간에 응집력이 높다는 장점이 있다. 이러한 점에서 집단상담자가 운영하기에 개방집단보다 폐쇄집단이 비교적 수월한 면이 있다. 다만, 집단 진행 중 새로운 집단원을 모집하지 않기 때문에 결원이 많아질 경우, 집단작업의 동력을 잃을 수 있다. 따라서 참여자 모집 시, 정해진 기간에 가능한 한 모두 참여할 수 있는 사람을 모집하는 것이 중요하다.

3) 집단원의 요인

집단 구성과 관련해 연령, 성별, 가족 또는 커플의 참여 등 집단원의 개별 요인에 관한 이슈를 살펴보면 다음과 같다(김영경, 2018). 연령은 다양할수록 원가족의 교정적 재현에 유용하다. 그러나 한두 명의 연령이 다른 집단원과 급격하게 차이가 날 경우, 그들이 집단에 진정으로 관여되기까지 많은 시간과 에너지가 소모될 수 있다. 특히, 아동ㆍ청소년의 경우, 어른들이 보는 관점과 다르게 성인보다 또래집단 내에서도 저학년과 고학년의 차이를 분명하게 구분하고 있다. 따라서 이들을 함께 섞기보다는 동일 연령대로 구분하여 구성하는 것이 상호작용과 역동을 활용하는 데 유익하다.

성별과 성비의 구성이 집단역동에 미치는 영향 역시 고려하여야 한다. 예를 들어, 집단에서 한 명의 성별이 다를 경우, 해당 집단원이 그 성을 대표하는 역할을 해야 할 것 같은 책임감을 가질 수 있을 뿐만 아니라, 이성에 대한 집단원들의 전이를 모두 감당하는 부담을 떠안을 수 있다. 청소년의 경우, 이성에 대한 호기심이 강한 시기이므로, 이성집단을 구성할 경우 이성인 집단원에 대한 관심에 집중하느라 자신의 진솔한 면과 마주하기에 어려울 수 있다.

집단을 구성할 때, 가족이나 커플 등 이미 관계를 맺은 사람들이 집단원의 일부로 참여할 수 있다. 커플이나 가족 대상의 집단이 아니라면 이러한 구성은 지양하는 것이 효율적이다. 먼저, 그들 자신이 현실 관계로 인해 집단에서 진솔한 자기 개방이 어려울 수 있다. 또한, 가족이나 파트너로부터 집단 밖의 정보가 과도하게 제공됨으로써, 집단으로부터 자신에 대한 새로운 관점을 얻는 데 방해가 될 수 있다. 집단 역시 그들 간의 친밀감으로 인해 전체 응집력의 형성과 역동에 다양한 영향을 주고받을 수 있다.

이 밖에도 집단원의 성숙도, 교육수준, 문제의 유형과 관심사, 성격특성과 직업 등 집단원의 다양한 특성이 집단의 목적이나 집단역동에 미칠 영향 등을 고려해 적절히 배치할 필요가 있다.

4. 사전 홍보

집단상담을 운영하기 위해 많은 준비를 했다고 하더라도 집단원이 없다면 집단상담을 진행할 수 없다. 집단상담자는 준비한 집단상담의 목적과 특성에 맞는 집단원을 모집하기 위한 홍보 업무를 수행해야 한다. 집단상담의 대상이 될 수 있는 사람들에게 집단상담의 목적과 목표를 잘 전달하여 집단상담이 필요한 이들이 참여할 수 있도록 다양한 홍보 방법을 통해 적극적으로 참여자를 모집하여야 한다. 다음은 집단상담을 홍보하는 방법의 예시다.

🌱 집단상담 홍보 방법(예시)

- 홍보 포스터
- 유인물 및 가정통신문
- 소셜네트워크서비스(SNS)를 통한 홍보 방식 등
- 전화 혹은 개별 대면, 기관 방문
- 인터넷 공지, 메일링

홍보 방법이 정해지면 매체의 특성에 맞는 홍보 자료를 제작하여야 한다. 집단상담 홍보물에는 집단의 주제와 목표, 내용, 참여 대상, 일시와 장소, 등록 절차, 비용 등을 명시해야 한다. 이때, 집단 참여에 필요한 정보가 쉽게 파악될 수 있도록 주요 정보를 간명하게 작성하는 것이 필요하다.

상담 현장에서는 홍보 전략의 문제로 집단상담 신청자가 부족하여 운영에 어려움을 겪는 경우가 많다. 예를 들어, 집단상담자가 '정서 인식, 정서 수용, 정서적 감수성 개발' 등의 제목으로 집단을 홍보하여도 기대만큼 신청자가 모집되지 않을 수 있다. 무엇이 문제일까? 구성이 좋은 프로그램이라도 이러한 상황은 일어날 수 있다. 집단상담의 목적과 대상자의 요구에 맞는 내용을 담으면서도 참여 대상자들을 주목시키고 이들의 흥미를 끄는 홍보 디자인이나 문구가 활용되었는지 검토할 필요가 있다.

또한, 긍정적 방식으로 집단을 홍보하는 것도 중요한 전략이 될 수 있다. 즉, '우울증', '발표 불안'과 같은 문제 중심의 표현보다는 '자기 계발'과 같은 목표 중심의 용어를 사용하는 것이 효과적이다. 이를 통해 잠재적 집단원들의 저항을 낮추고 동기를 높이는 데 도움이 된다. 이때, 홍보를 위해 집단 성과에 대한 비현실적인 기대를 하게 만드는 약속은 하지 않도록 주의해야 한다. 집단에 대한 정확한 정보를 통한 그림을 제시하여야 한다.

이 밖에 집단 참여를 희망하는 사람들에게 제공되어야 할 정보는 다음과 같다(ASGW, 2008). 다음 목록은 집단상담자가 집단상담 사전동의서를 작성할 때에 참고할 수 있다.

🌱 집단 홍보와 집단 구성원 모집을 위한 지침(ASGW, 2008)

- 집단의 목적과 목표에 대한 진술
- 집단 참여에 대한 기대
- 집단 참여에 따르는 잠재적 결과
- 집단 참여에 따르는 잠재적 위험과 유익함
- 집단에서 제공될 수 있는 서비스와 제공될 수 없는 서비스에 대한 현실적 기술
- 가능한 개입 방법을 포함한 집단상담자의 이론적 지향

- 특정 집단을 지도할 수 있는 집단상담자의 자격 요건

- 집단상담자의 교육과 훈련 및 자격 요건

- 집단 구성원과 집단상담자의 역할 기대

- 집단 구성원과 집단상담자의 권리와 책임

- 집단에 들어오고 나가는 행위에 관한 방침

- 의무적으로 참여하는 경우 집단의 방침과 절차

- 비밀 유지와 비밀 유지 예외 사항

- 문서 기록 절차와 외부인에게 정보를 공개하는 것과 관련된 방침

- 집단 밖에서의 교류나 집단원들 간의 사적인 관계 형성이 갖는 함축적 의미

- 비용, 취소 방침, 집단 밖에서 집단상담자와 의사소통 방법을 포함한 집단 실행 방안

실습 1
집단상담의 운영 및 홍보 계획 수립하기

1. 운영하고 싶은 집단의 주제와 대상을 떠올려 보고, 아래 질문을 참고하여 집단상담 운영 계획을 간략히 작성해 보자.

영역	운영계획
주제와 목적	• 집단의 주제는 무엇인가? • 집단의 목적과 목표는 무엇인가?
집단 활동	• 구조화 정도는 어느 정도인가? • 주요 활동은 무엇인가? 등등
집단 일정	• 기간과 회기의 수는 어떻게 할 것인가? • 한 회기는 몇 시간으로 할 것인가? • 얼마나 자주 모일 것인가?
집단 크기	• 집단원의 수는 몇 명으로 할 것인가?

집단 구성	• 이질집단 또는 동질집단으로 할 것인가? • 개방집단 또는 폐쇄집단으로 할 것인가? • 기타 집단 구성에서 무엇을 고려할 것인가?
모임장소	• 대면 집단 또는 비대면 집단으로 할 것인가? • 어떤 환경과 조건을 갖춘 장소로 할 것인가?

2. 위 집단을 효과적으로 홍보할 수 있도록 구체적인 홍보 계획을 세워 보자.

고려 사항	예시	내용
홍보 대상	예) 학생, 보호자, 교사 등	
핵심 메시지	예) 흥미와 참여를 높이는 집단 제목 또는 홍보 문구	
홍보 일정	예) 홍보 시점, 주기, 빈도 등	
홍보 경로	예) 교내 게시, 메일링, SNS	
홍보물 유형	예) (웹)포스터, 가정통신문, 블로그 글, 카드 뉴스 등	
기타	이 밖에 고려해야 할 사항에는 무엇이 있을지 생각해 보자(예: 예산).	

5. 집단원 선발

1) 사전 선발

집단원 선발은 집단의 특성과 목적에 적합한 참여자를 선별하는 과정이다. 집단원 구성은 집단상담의 과정과 성과에 많은 영향을 미치게 된다. 집단상담 진행 시 잠재적으로 어려움을 초래할 수 있는 사람을 선발하는 경우, 그 개인이나 집단원들의 성장, 그리고 집단 활동에 장애가 될 수 있기 때문이다. 따라서 모집하는 집단에 적합하지 않은 신청자가 있다면 집단상담이 아닌 더 적합한 서비스를 안내하는 과정이 필요할 수 있다.

집단원 선발에서 가장 중요한 기준은 '신청자가 이 집단상담을 통해 도움을 받을 수 있는가'를 판단하는 것이다. 이를 위해 집단상담자는 신청자의 가정 배경, 아동기, 청소년기를 비롯한 여러 발달 영역에 대해 자세히 알아보고, 집단상담에 응하고자 하는 동기와 관심도 및 특별히 도움을 받고자 하는 문제들(주 호소문제)에 대해 잘 살펴보아야 한다.

> ❧ **사전 면담을 통해 집단원 선별 시 고려할 점(김영경, 2018)**
>
> - 집단원의 집단상담 참여 목적이 집단상담 목적과 부합하는가?
> - 집단상담을 통해 참여자가 특별히 도움을 받고자 하는 문제에 도움을 받을 수 있는가?
> - 집단상담을 중도 탈락하지 않고 종결 회기까지 갈 수 있는가?
> - 약물중독이나 정신증 등으로 인해 상호작용에 있어 어려움이 있는가?

집단원을 선발하는 방법에는 여러 가지가 있다. 이 중 개별 인터뷰는 가장 많은 시간이 필요하지만 가장 좋은 선발 방법이다. 예비 집단원과 미리 접촉하는 기회이기도 하며, 개별 면접을 통해 집단원이 효과적으로 집단에 적합한지 평가할 수 있다. 또한, 예비 집단원에게 집단의 내용, 과정, 규칙을 미리 알려 줄 수 있다.

서면으로 선발하는 방법도 있는데, 적절한 질문이 담긴 서면 양식을 통해 집단원이 집단에 적절한지 결정할 수 있다. '집단상담 신청서'를 작성하게 하거나, 'This is me'와 같이 간단한 자서전을 쓰도록 하는 방법도 서면 선발의 한 방법이 될 수 있다.

 이 밖에 의뢰자에 의한 선발도 있다. 집단상담자가 교사, 다른 치료자, 병원 직원과 같은 의뢰자에게 집단과 집단 목표, 집단원에 관해 소개하는 것으로 집단원의 유효성에 대해 알 수 있게 한다(Jacobs et al., 2016).

 다음의 질문 목록은 개별 인터뷰나 서면을 이용한 선발 시 활용할 수 있는 질문이다.

🌿 선발 면담 시, 활용할 수 있는 질문들(Jacobs et al., 2016)

- 당신은 왜 이 집단에 참여하기를 원하는가?
- 당신이 집단에 기대하는 것은 무엇인가?
- 이전에 집단에 참여한 적이 있는가? 있다면 무엇이 좋았는가?
- 집단이 당신의 염려와 걱정을 어떻게 도와주길 원하는가?
- 당신은 집단에 도움이 될 수 있다고 생각하는가?
- 집단이나 집단상담자에 대해 질문이 있는가?
- 이 집단에서 당신과 함께 참여하길 원하지 않는 사람이 있는가?

 미성년자 집단원을 선발할 경우, 별도로 고려해야 할 사항이 있다. 아동·청소년 집단의 경우, 참여 당사자뿐 아니라 그들의 부모나 보호자들이 참가 여부에 적합한 결정을 내리도록 집단 진행에 대한 정확한 정보를 제공하고, 부모나 법적 보호자의 문서화된 승인서를 받아 두는 것이 좋다(천성문 외, 2019).

 아동의 경우, 통상 부모와 보호자를 통해 집단원으로 선발된다. 이들과의 인터뷰나 서면 보고 등으로 아동의 성장사, 가족관계, 부모의 양육 태도, 현재 학교의 환경과 관계 등을 파악한다. 이 과정에서 아동의 현재 기능 수준과 장단점을 분석해 아동의 문제를 파악할 수 있다(정원철 외, 2019).

청소년의 경우, 집단상담에 참여하고자 하는 희망자를 면담하여 성격과 적응 수준, 동기 수준을 살피고, 집단에 대한 기대가 집단의 특성과 목표에 부합하는지를 파악한다. 청소년의 지적 수준, 성격적 차이, 현재 당면한 문제 등을 고려하여 집단을 동질적으로 구성할지를 결정하는 것이 필요하다(정원철 외, 2019). 일반적으로 청소년 집단은 동질한 특성을 가진 구성원을 선발하는 것이 좋은데, 이는 청소년들의 집단 참여와 응집력을 높이고, 자기 삶의 위기에 대해 집중적이고 개방적으로 탐색하는 것을 가능하게 한다.

2) 집단 과정에서의 조정

불가피하게 집단상담 시작 전에 집단원 선발이 어려운 경우도 있다. 이러한 경우, 참여자로 하여금 2~3회기의 집단상담을 먼저 경험하게 한 후, 집단에 남을 것인지, 떠날 것인지를 상담자와 논의하는 방법도 고려할 수 있다(김영경, 2018). 이 경우, 집단 참여 여부를 결정하는 과정에서 불필요한 오해나 갈등이 발생하지 않도록, 집단원들에게 그에 관한 오리엔테이션을 분명히 제공하는 것이 필요하다.

한편, 집단원 선발에 여러 노력을 기울였음에도 불구하고, 집단 진행 과정에서 집단에 적합하지 않은 집단원이 발견될 수 있다. 만약, 본인뿐만 아니라 집단 전체에 잠재적인 해를 입힐 가능성이 있거나, 집단 과정에 중대한 비효율을 가져올 것으로 판단된다면 집단상담자는 집단 중간에라도 집단원에 대한 재정비를 해야 한다.

집단상담자는 개별 면담을 통해 해당 집단원의 참여 중단에 대해 충분히 논의하고, 개인상담과 같이 집단원에게 보다 적합한 대안을 함께 찾아야 한다. 최종적으로 집단 참여를 중단하기로 합의하였다면, 집단에서 이별할 수 있도록 당사자와 집단원 간에 이별을 표현할 수 있는 장을 마련해 주는 것이 필요하다(김영경, 2018). 이 과정을 통해 집단을 나가는 사람은 집단에서 배제된다는 소외감, 수치심, 불쾌감 등을 덜 수 있고, 집단원들 역시 누군가를 밀어낸 것 같은 죄책감이나 미안함, 자신 또한 배제될 수 있다는 불안감 등을 다룰 수 있다. 이러한 회기 운영을 통해 집단원은 자신의 이야기를 집단 안에서 건강하게 표현할 수 있게 되고, 집단을 보다 신뢰하고 안전한 곳으로 느낄 수 있게 된다.

실습 2
집단원 선발 면담

1. 집단원 선발을 위한 '면담 질문지'를 만들어 보자.

☞ 집단원을 선별하기 위해서는 집단신청자가 ① 집단 목적에 부합되는 욕구와 목적
을 가지고 있는지, ② 집단 과정을 방해하지 않고 적절히 참여할 수 있는지, ③ 집
단 경험에 의해 자신의 안녕이 위협받지 않을 사람인지를 확인하여야 한다(강진령,
2019a). 앞서 제시된 질문 예시(Jacobs et al., 2016) 등을 참고하여, 집단에 적합한 참
여자를 선발하기 위한 질문의 내용과 순서를 정리해 보자.

> (예시) 참여 기대: 이 집단을 통해 얻고자 하는 점은 무엇인가?

〈질문지〉

_____

_____

_____

_____

_____

_____

2. '집단원 선발 면담' 실습하기
   ① 2인 1조로 집단상담자, 지원자 역할을 정해 선발 면담을 진행한다.
   ② 역할을 바꿔서 진행 후, 상호 피드백을 주고받는다.
   ③ 1~2팀을 대표로, 선발 면접 역할극 진행 후 전체 구성원의 피드백을 나눈다.
   ④ 토론: 면담 실습을 하면서 느낀 경험을 나눈다.

6. 사전 오리엔테이션

사전 오리엔테이션은 집단 시작에 앞서 집단 참여자들에게 집단상담에 대한 기본적 안내를 하기 위한 모임을 말한다. 이를 통해 집단원들은 집단을 이해하고, 서로를 알게 되면서 집단원으로서 안정감과 신뢰감을 가질 수 있다. 또한, 집단원들이 집단상담에 참여했을 때 자신이 기대하는 바를 이룰 수 있을지, 그리고 적극적으로 참여할 수 있을지에 대해 탐색하는 데에도 도움을 준다.

사전 오리엔테이션을 진행하는 것은 많은 노력이 필요하지만, 집단을 진행할 시, 기대이상의 많은 이익을 준다. 만일 모든 집단원이 참석하는 사전 오리엔테이션이 현실적으로 어렵다면, 집단의 첫 회기에서라도 오리엔테이션을 반드시 실시하는 것이 좋다. 실제 집단 과정에서 일어나는 많은 저항이 적절한 오리엔테이션을 주지 못한 결과인 경우가 많다(Corey, Corey, & Haynes, 2012).

사전 오리엔테이션에서는 집단의 목적과 목표를 명료화하기, 집단상담에 대한 집단원의 기대 탐색, 집단 과정에 관한 정보 제공, 비밀보장의 필수적인 요구 사항과 비밀보장의 한계 설명, 집단의 기본 규칙 수립, 집단 진행과 관련된 집단원의 궁금증을 풀어 주기 등을 다루게 된다. 이때, '집단상담 계약서', '집단상담 동의서(본인/보호자)' 등을 함께 준비하여야 한다.

다음은 오리엔테이션에서 집단상담자가 집단원에게 알려 주어야 할 내용이다.

🌱 사전 오리엔테이션 안내 사항(Gazda, 1971)

- 집단상담 절차와 기본 접근 안내
- 집단상담자의 역할
- 집단원의 역할과 집단 참가로 인해 경험할 수 있는 위험

- 집단원들이 경험할 수 있는 불편 사항
- 집단 참가 결과 집단원들이 기대할 수 있는 사항
- 집단에 참가하는 것의 대안으로서 집단원들이 고려할 수 있는 다른 방안
- 집단원은 언제라도 집단 과정에 대해 질문할 수 있는 권리
- 집단원은 언제든지 집단상담의 참가를 취소할 수 있다는 보장과 참가를 거절할 수 있다는 보장

　　오리엔테이션에서는 집단 규칙을 설정하여야 한다. 집단 규칙은 충분한 이유 없이 깨져서는 안 되는 것으로 집단상담자에 의해 명확히 정해져야 하며, '집단 동의서' 또는 '집단 계약'의 형태로 문서화하는 것이 바람직하다. 집단원들이 반드시 지켜야 할 규칙에는 비밀보장, 참석 및 시간 엄수, 술이나 약물복용 금지, 신체적 폭력 금지 등의 내용이 포함된다(김창대 외, 2011).

　　집단 규칙 외에 집단 규범도 오리엔테이션에서 이야기되어야 한다. 집단 규범은 그 집단에서 바람직하다고 생각되는 역할 혹은 표준적이라고 생각되는 태도나 행동 양식을 의미한다. 집단 규범은 집단상담자가 집단원들과 논의를 거친 후에 이를 명시화하는 것이 바람직하다. 집단 규범은 집단의 목표 달성에 중요한 역할을 하는 것이므로, 명시화하여 지킴으로써 집단원들이 좀 더 의미 있고 성장 지향적인 상호작용을 할 수 있도록 해야 한다. 집단 규범은 일반적인 행동 지침으로 구성되어 있으며, 집단상담자와 집단원 간의 상호 협력으로 형성된다.

　　다음은 사전 오리엔테이션에서 다루어야 할 집단의 규칙과 규범의 예다(강진령, 2019b; 정성란 외, 2013; Corey et al., 2012).

집단상담 규칙/규범(예시)

- 비밀보장의 의무 및 비밀보장 한계를 인식한다.

  −집단에서 알게 된 내용을 집단 밖에서 이야기하지 않도록 한다. 다만, 집단의 특성상 비밀
  보장의 한계를 인식하고, 비밀보장의 원칙이 파기되는 상황도 발생할 수 있음을 미리 알려
  준다.

- 시간 약속을 지키고 모든 회기에 출석한다.

  −지각이나 결석은 전체 집단에 영향을 주는 것이므로 집단원은 모든 집단 모임에 출석해야
  한다. 불가피한 조퇴, 결석 등을 할 경우, 사전에 동의를 구하도록 한다.

- 집단 목적에 따라 적극적으로 참여한다.

  −집단상담에 참여하는 주된 목적은 사교적 만남이 아니라 '자기 이해와 자기 개방, 자기 성
  장'을 지향하기 위한 것임을 분명히 한다. 개인적이고 의미 있는 내용을 서로 나누고, 경험
  활동과 평가 활동(경험 보고서 작성 등)에 참여하고, 개인적인 행동 변화에 힘쓰는 등 집단
  상담에 적극적으로 참여하도록 한다.

- 나와 너의 이야기를 한다.

  −집단상담 장면에서 불필요한 제삼자의 이야기나 사적인 잡담 혹은 지적인 토론을 하는 것
  이 아니라 지금−여기, 나/너/우리, 느낌과 행동에 초점을 두고 이야기하도록 한다. 옆 사람
  과 속삭이지 않고, 할 말이 있으며 집단 전체와 나눈다.

- 피드백을 주고받는다.

  −너의 말이나 행동이 나에게 미친 구체적인 영향을 즉시성 있게 피드백하도록 한다.

- 지지적 의사소통을 한다.

  −집단상담 과정에서 다른 집단원에 대한 평가/판단/비판/충고 반응을 제한하며, 경청/수
  용/공감을 통한 지지적 의사소통을 더욱 많이 나누도록 한다.

- 술이나 약물, 폭력적 행동, 성관계 등 비윤리적 행동을 금지한다.

  −집단상담에 참여하는 과정 중에 술, 담배, 약물, 파괴적이거나 폭력적인 행동을 금지한다.
  집단원은 집단이 지속되는 동안 집단 내의 다른 사람과 성관계를 가져서는 안 된다.

• 혼자서 독점하지 않는다.
  - 집단상담 장면에 집단원이 골고루 참여할 수 있도록 하며, 혼자서 장면을 독점하지 않도록
    한다.

• 집단 중 딴짓을 하거나, 휴대전화 등을 사용하지 않는다.
  - 집단상담에 참여할 때는 집중하고, 휴대전화의 전원을 끄도록 한다.

• 시설을 깨끗하게 사용하고, 정리 정돈한다.
  - 집단상담실을 사용할 때는 깨끗하게 사용하고, 사용 후에는 정리 정돈을 하도록 한다.

실습 3
집단상담 오리엔테이션 실습

1. 오리엔테이션 실시 계획하기

☞ 집단원 모두를 대상으로 오리엔테이션을 진행하고자 한다.

1) 사전 오리엔테이션에서 다루어야 할 항목들을 나열해 보고, 어떠한 순서로 진행할
   지 정리해 보자.

_____

_____

_____

_____

_____

_____

_____

2) 항목별로 어떻게 설명할 수 있을지 포함해야 할 내용 요소를 메모해 보고, 구체적
   인 스크립트를 정리해 보자.

항목	내용 요소	어떻게 말할 수 있을까?
예) 인사 및 소개	집단 및 집단상담자 소개 사전 오리엔테이션 모임 이유	

마무리		

2. 오리엔테이션 실습하기

① 3팀(아동, 청소년, 대학생 및 성인 집단)으로 나누어서 집단상담자와 집단원 역할 선정하기

② 집단상담 오리엔테이션 실습 진행 후 피드백 나누기

③ 토론하기(오리엔테이션 진행 시 경험한 어려움을 서로 나누기)

참고 자료: 사전 오리엔테이션(예시)*

* 제시할 내용이 많은 경우에는 메일로 집단상담이 시작되기 전, 미리 안내할 수 있다. 본 예시는 위클리
  집단, 단기집단, 폐쇄형 집단에 대한 안내 자료다.

[참여]

1. 여러분은 이 집단상담에 20주간 참여하게 됩니다. 매주 미리 약속된 시간에 같은
   장소에서 만나게 될 것입니다.

[비용]

1. 여러분은 먼저 4회기의 집단상담 비용을 첫 번째 집단 모임에서 지불합니다. 그 후
   에도 동일하게 4회기를 기준으로 집단상담 비용을 새로운 텀이 시작되기 전, 지불
   해 주시기 바랍니다.
2. 폐쇄형 집단상담의 경우 집단원이 고정된 형태로 진행되기 때문에 여러분이 병이
   나 다른 일로 참여하지 못한다 하더라도 집단상담 비용을 지불해야 합니다.
3. 집단상담이 진행되는 동안 개인적인 이유로 자문 및 개인상담 회기가 필요하다면
   그 회기가 진행될 때 지불합니다.
4. 부득이하게 집단을 그만두게 될 경우, 집단상담이 시작되기 5일 전까지 환불이 가
   능합니다.

[비밀보장]

1. 집단원 간의 비밀보장은 매우 중요합니다. 여러분이 경험한 것에 대해서 집단 밖의
   사람들과 이야기하는 것은 괜찮지만, 다른 집단원의 이름이나 집단원의 특징을 알
   수 있을 만한 세부 사항은 밝히지 않아야 합니다. 이를 통해 각 집단원의 사생활에
   대한 권리를 존중할 수 있습니다.

2. 저는 집단에서 일어나는 어떤 일도 비밀을 지킬 것입니다.

3. 저는 여러분이 개별적인 자문 시간에 나와 나눈 이야기에 대해서 비밀을 지킬 것입니다만, 그 이야기 역시 필요할 경우, 집단 전체와 나눌 수 있도록 여러분을 독려할 것입니다.

[참석]

1. 집단상담의 효과를 위해서 여러분은 가능한 한 빠지지 않고 참석하는 것이 중요합니다. 만약 당신이 집단에 부득이하게 참석이 어려운 경우, 미리 저나 다른 집단원에게 알려 주시기 바랍니다. 가능한 한 일찍 알려 주시기 바랍니다.

2. 각 집단모임을 시작할 때 여러분은 약속 시간에 맞게 도착하여 끝마칠 때까지 참석해 주시기 바랍니다. 만약 여러분이 부득이한 사정으로 제시간에 올 수 없다면 결석을 하는 것보다 늦게라도 오는 편이 더 좋습니다.

3. 술을 마시거나 심신에 영향을 미칠 수 있는 다른 약을 복용한 상태로 집단에 참석해서는 안 됩니다.

4. 집단 내에서 폭력은 어떠한 이유로도 용납될 수 없습니다.

[종결]

1, 만약 여러분이 집단을 그만두는 것을 고려하고 있다면, 최종 결정을 내리기 전에 저나 집단에 이야기할 것을 권합니다.

2. 집단원들은 집단에서 친밀한 관계성을 발전시킵니다. 따라서 당신이 그만두기로 결정했을 때 당신을 위해서나 집단 전체를 위해서 그들의 감정이 처리될 충분한 시간을 갖는 것이 중요합니다. 이는 종종 집단경험의 중요한 일부가 되기도 합니다. 그러므로 집단을 그만둘 의사가 있다는 것을 최소한 3주 전에 알려 줄 것을 바랍니다.

[자문]

- 집단원들은 집단에 대한 활용을 높이기 위해 한 달에 한 번 30분 동안 저와 개인적
으로 자문 시간을 갖습니다. 여러분은 보다 긴 시간 동안 또는 필요한 만큼의 부가적
자문을 요청할 수 있습니다.

---

* Earley(2004)가 제시한 사전 오리엔테이션 양식을 한국적 상황에 맞게 각색 및 수정함.

7. 집단상담에서의 개인 목표 및 집단 방향의 설정, 전체 회기 계획

집단에 참여한 개인적 목적과 목표가 분명할 때, 집단 내 행동이 구체적으로 검토될 수 있고, 어느 정도의 성장이나 변화를 가져왔는지에 대한 결과도 평가할 수 있다. 목표는 상담 기간 안에 달성될 수 있도록 가시적·구체적·조작적으로 진술되어야 한다. 또한, 면접 시 설정된 목표는 전 집단 과정을 통해 주기적으로 재고, 평가, 조정될 필요가 있다.

집단상담에서는 집단원 개개인의 목표뿐만 아니라 개인의 집합체인 집단의 목표 설정도 중요하다. 집단상담자는 집단의 목적, 집단원들의 목표와 특성, 집단상담자의 특성 등을 고려하여 집단의 방향을 설정하여야 한다. 이렇게 함으로써 집단 전체의 방향과 개별 회기의 목표와 활동 등이 구체화되어 집단 운영 준비에 도움을 받을 수 있다.

8. 집단상담 시 필요한 양식

1) 경험 보고서

매 회기가 끝난 후에 집단원들에게 그날의 집단 경험에 대한 일기를 써서 다음 모임 때 제출하게 하면 많은 효과를 가져올 수 있다. 가능하면 집단 경험이 끝난 직후에 쓰는 것이 솔직한 느낌이나 생각을 담을 수 있어서 더욱 효과적이다. 경험 보고서는 그날의 집단 경험이 시작되기 전, 경험 도중, 경험이 끝난 후 또는 경험 보고서를 작성하는 전 과정을 통해 일어났던 혹은 일어나고 있는 자신의 여러 가지 느낌과 집단 경험을 통해 얻은 지적인 학습에 대하여 작성하게 하는 것이다. 보통 A4용지 1매 정도 기록하게 하되, 여백에 집단상담자가 도움이 될 만한 피드백을 써서 다음 모임 때 집단원에게 돌려준다.

🌱 **집단원들이 집단 경험을 이해하도록 돕는 데 사용할 수 있는 질문들**(Corey et al., 2019)

- 이 집단에서 나는 어떻게 나 자신을 보고 있는가?
- 집단 안에 있는 것에 대해 나는 어떻게 느끼는가?
- 집단 안의 다른 사람들에 대해 나는 어떤 반응을 하고 있는가?
- 집단 안에 있는 것에 대한 나의 초기 두려움과 걱정은 무엇인가?
- 집단 회기에서 나는 어떻게 시간을 활용하기를 가장 원하는가?
- 이 집단에서 배우고 싶거나 경험해 보고 싶은 것은 무엇인가?

○회기	일시: 202○년 ○월 ○일 ○○시 ○○분~○○시 ○○분(○○분)
집단 주제	
나에 대해 발견한 것	
다른 집단원에 대해 발견한 것	
집단 전체에 대해 발견한 것	
자기 성찰	

2) 회기 보고서

매 회기 집단상담 종료 후 집단상담자는 집단을 평가하고 점검하는 시간을 갖고, 집단 및 집단원을 이해하기 위해 회기 보고서를 작성한다. 다음은 집단상담 때 활용할 수 있는 회기 보고서의 양식이다.

○회기	일시: 202○년 ○월 ○일 ○○시 ○○분~○○시 ○○분(○○분)
참석자	
회기 주제	
준비물	
회기 평가 및 개선안	
다루어졌던 주제 (내용, 과정 쟁점)	
집단원의 저항 및 대응	
진행 중 전환에 대한 상세한 기술	
회기 평가	

참고 자료: 대상별 집단상담 오리엔테이션(예시)

【아동용】 친구 사귀기 집단상담_ 오리엔테이션

🌵 이렇게 진행됩니다

1. 나의 친구 관계 특성과 친구 사귀기 기술을 배울 수 있습니다.

2. 한 회기에 40분씩, 일주일에 두 번 만납니다(요일, 시간 안내).

3. 한 달 동안, 총 8번 함께 만납니다.

🌱 이렇게 참여합니다

1. 나는 이 프로그램의 주인이니까, 모든 활동에 적극적으로 참여합니다.

2. 시간 약속을 잘 지킵니다.

3. 친구에게 상처 주는 말을 하거나 놀리지 않습니다.

4. 친구에게 장난치거나 때리지 않습니다.

5. 자리에서 일어나 돌아다니지 않습니다.

6. 상담실 안의 물건을 부수지 않습니다.

7. 원한다면 누구든지 이야기할 수 있습니다.

8. 친구들이 이야기할 땐 잘 듣고, 끼어들지 않습니다.

9. 결석하지 않습니다.

10. 쉿! 친구들의 이야기를 밖에서 함부로 하지 않습니다.

11. 궁금한 점이 있다면 선생님께 질문합니다.

[청소년용] 자아정체감 집단상담_ 오리엔테이션

🌵 이렇게 진행됩니다

1. 자아정체감의 개념을 이해하고 나의 고유성 확립을 목적으로 합니다.

2. 한 회기에 90분씩, 일주일에 한 번 만납니다(요일, 시간 안내).

3. 다양한 집단상담 활동을 통해 나에 대해 이야기하는 방식으로 진행됩니다.

🌱 이렇게 참여합니다

1. 참여하기로 마음먹은 이상, 모든 활동에 적극적으로, 열심히, 진지하게 참여합니다.

2. 선생님과 친구들이 이야기할 때 잘 듣습니다. (끄덕끄덕)

3. 서로의 다름을 인정하고 다른 친구들의 이야기에 비판이나 평가하지 않습니다.

4. 다른 친구가 이야기할 때, 말을 중간에서 자르거나 끼어들지 않습니다.

5. 친구에게 공격적인 행동(화내기, 욕설하기, 때리기, 시비걸기 등)을 하지 않습니다.

6. 시간 약속을 잘 지킵니다.

7. 결석하지 않습니다.

8. 휴대전화는 활동에 필요한 경우를 제외하고 사용하지 않습니다.

   (집단상담이 시작됨과 동시에 잠시 이별합니다.)

9. 집단상담에서 알게 된 친구들의 이야기를 다른 곳에서 이야기하지 않습니다.

10. 솔직하게 이야기합니다.

11. 과거의 이야기보다 지금 여기에서 느껴지는 감정을 이야기합니다.

12. 할 말이 있는 경우, 조용히 손을 들어 표현합니다.

13. 시작하기 전에 미리 화장실 다녀오기, 물 마시기 등을 합니다.

[[대학생 · 성인용] 의사소통 향상 집단상담_ 오리엔테이션

🌵 이렇게 진행됩니다

1. 의사소통 특성 이해 및 효과적인 의사소통 기술 습득을 목적으로 합니다.

2. 일주일에 90분, 총 8주간 집단상담이 진행됩니다.

3. 본 프로그램은 반구조화 프로그램으로 구조화된 집단 활동과 자신의 이야기를 자유롭게 나누는 비구조화 집단 활동의 두 가지 방식으로 진행됩니다.

🌱 이렇게 참여합니다

1. 집단 밖에서의 체면, 고정관념을 내려놓고 있는 그대로의 내 모습으로 편안하게 참여합니다.

2. 타인의 이야기보다 솔직한 나 자신에 대해 이야기를 하도록 합니다.

3. 집단 밖이나 과거 속의 사건보다 '지금-여기에서' 나와 집단으로 집중합니다.

4. 얘기할 차례를 기다리기보다 적극적으로 참여합니다. (12시간은 생각보다 짧습니다. 많은 참여자분들이 시간 부족을 아쉬움으로 토로했어요.)

5. 관찰자가 아니라 능동적 참여자가 되십시오.

6. 나의 의사소통 양상을 이해하고 경험하는 기회를 가지도록 합니다.

7. 다른 사람의 이야기를 들으면서 궁금한 점이 있다면 주저하지 않고 표현합니다. 그 사람이 자신에 대해 더 많은 것을 느끼고 생각해 볼 수 있답니다.

8. 자신의 생각보다 '지금-여기'에서의 느낌이나 마음의 흐름에 집중합니다.

9. 자신의 느낌, 감정을 솔직하게 말하는 사람이 잘 참여하는 사람입니다. 때론 눈물이 나거나 혼란스러울 때도 있지만 괜찮습니다.

10. 불가피한 사정으로 참석하지 못할 때는 집단상담자에게 미리 연락해 주세요.

11. 프로그램 과정의 80% 이상 참여 시 수료증이 수여됩니다. 3번 이상 결석하지 않도록 유의해 주세요.

12. 자신이 하고 싶은 이야기는 감당할 수 있을 정도까지 이야기하면 됩니다.

13. 다른 집단원에게 충고를 하거나 판단, 평가하거나 조언하지 맙시다.

14. 성숙한 피드백을 주고받읍시다.

> **TIP** "○○님이 ~하는 것을 들으니(보니), 저는 ~ (어떤 생각/어떤 느낌)이 들어요." 부정적인 피드
> 백을 줄 때는 대안을 말해 주세요.

15. 집단에서 들은 다른 사람의 이야기를 집단 밖에서 화제로 삼지 않습니다(비밀유지).

16. 결석 없이 끝까지 참석해 주세요.

[비대면] 집단상담_ 오리엔테이션

☞ 비대면 집단상담 운영 시, 집단상담 프로그램의 기본적인 소개 및 규칙 등에 대한 안내는 대면 집단상담과 동일하나, 참여 시 유의점에 대해 추가 언급해야 한다.

🌱 이렇게 참여합니다

1. 접속 시 실명이 노출될 수 있으니 유의하여 주세요. (오픈채팅방 등을 미리 개설하여 미리 별칭을 짓도록 합니다.)

2. 안전한 집단상담이 진행되도록 이동 중에 참여하지 않고, 독립되고 조용한 공간에서 접속합니다.

3. 음소거를 하지 않습니다.

4. 비디오를 끄지 않습니다.

5. 비밀보장의 원칙에 의해 녹화나 녹음 등 어떤 기록도 허용하지 않습니다.

6. 집단상담에 집중하고 딴짓을 하지 않습니다(휴대전화 무음 처리).

7. 참여하기 어려울 때는 갑자기 나가는 방식보다 집단상담자 또는 집단원에게 양해를 구하고 나가도록 합니다(채팅방 활용 등).

제3장

집단상담 시작하기
(Warm-up 활동 실습)

학습목표

1. 집단 시작 단계에서 집단상담자가 달성해야 할 과업들을 알 수 있다.

2. 집단응집력을 높이기 위한 집단상담자의 개입 전략을 생각해 볼 수 있다.

3. 집단을 효과적으로 시작하기 위한 활동 기술(Warm-up)을 실습해 볼 수 있다.

들어가며

- 집단상담자로서 집단상담 시작 단계에서 어떠한 어려움을 경험했나요?

- 집단 시작 단계에서 집단상담자가 해야 할 일은 무엇인가요?

- 내가 알고 있는 집단상담 시작 활동(Warm-up)에는 무엇이 있나요?

집단의 시작은 중요하다. 집단을 어떻게 시작하느냐는 집단의 첫인상뿐만 아니라 이후 집단원의 참여와 집단 과정에 여러 영향을 미칠 수 있다. 집단의 문을 여는 일은 집단상담자 고유의 역할이다. 낯선 장면에 들어온 집단원들은 집단상담자의 안내를 기다릴 뿐이다. 집단상담자는 집단의 초기 단계에 이루어야 하는 과업이 무엇이며, 이를 위한 자신의 역할을 잘 알고 있어야 한다. 일반적으로 집단 시작 단계에서 집단상담자가 수행해야 할 일은 다음과 같다.

◈ 집단 시작 단계의 주요 과업
- 집단 구조화(집단 규칙 및 오리엔테이션)
- 집단원 소개하기
- 집단상담자 역할 설명하기
- 신뢰로운 분위기 형성하기
- 집단원의 기대 및 두려움, 불안 다루기
- 집단원의 참여와 적절한 자기 개방 촉진하기
- 지속적으로 일어나는 감정과 반응 지각하기
- 목표 구체화하기

집단을 시작하는 회기는 집단상담자뿐만 아니라, 집단원에게도 부담이 되는 시간이다. 집단원들은 집단에 바로 몰두하기 어렵다. 그들은 망설이고 경계하거나, 무언가 일어나길 바라는 태도로 그 자리에 있을 수 있다. 집단상담자는 시작 단계에서 집단이 가지는 특성을 예상하고, 이러한 반응을 적절히 다루어 나가야 할 필요가 있다. 다음은 집단 시작 단계에서 집단원들이 경험하는 어려움의 예다.

◈ **집단 초기, 집단원들이 경험하는 어려움**(Corey et al., 2004)

- 집단이 나를 이해할 수 없거나, 거절될까 두려움
- 집단원이 나를 공격하거나, 그들로부터 상처받을 것이 두려움
- 집단이 내가 차별, 억압, 편견을 경험했던 다른 집단들과 다를지, 혹은 그들과 마찬가지로 나를 대하진 않을지 염려함
- 나의 문화나 가치가 존중되지 않거나 이해받지 못하는 것은 아닐지 걱정함
- 나의 내밀한 문제를 개방해도 될지, 혹은 개방하라는 압력을 받게 되진 않을지 염려함
- 다른 사람들에 의해 판단되는 것에 두려움을 느낌. 특히 내가 그들과 다르다면 더욱 걱정됨
- 내가 감당하기 어려운 어떤 것을 내 안에서 발견하게 될까 두려움
- 정서적으로 무너져 내리고 울음을 참지 못할 것 같은 두려움
- 집단을 통해 목표하는 나의 변화를 가까운 사람들이 좋아하지 않을 것 같아 고민됨

　집단상담자에게는 집단을 시작할 때 겪는 낯섦과 긴장을 해소하고, 집단이 서로를 신뢰하고 수용하는 분위기를 형성할 수 있는 역량과 기술이 요구된다. 이를 통해 형성된 라포와 응집력은 이후 진행될 본격적인 집단작업의 토대가 되기 때문이다.

　이 장에서는 집단 시작 단계의 과업을 달성하기 위해 요구되는, ① 집단상담자의 역할과 ② 이를 위해 활용할 수 있는 집단상담 활동을 소개할 것이다. 집단 운영이 아직 낯선 초심 집단상담자의 경우, 자신의 역할을 명확히 알고, 익숙하게 활용할 수 있는 시작 활동(Warm-up)을 갖는 것은 많은 도움이 된다. 이는 집단 시작의 긴장과 두려움을 낮출 뿐만 아니라, 효과적인 시작을 동력 삼아 이후 집단 운영에 보다 자신감을 가질 수 있을 것이다. 집단원들 역시 구조화된 활동을 통해 집단 안에서 자신의 역할에 대한 방향성을 갖고 첫발을 내딛을 수 있다. 활동에 참여하는 과정을 통해 자발성과 친밀감, 신뢰 등을 자연스럽게 형성하며 집단에 안착할 수 있다. 이를 위해 집단 시작 시, 집단상담자의 역

할과 상담자 자신과 집단원의 특성에 맞는 집단상담 활동을 선택하고, 활용하는 방법을 알아보자.

1. 집단 시작 단계에서 집단상담자의 역할

1) 집단 구조화하기

집단의 첫 회기는 집단의 목적과 방향, 상담자에 대한 간략한 소개의 말로 시작할 수 있다. 집단을 시작할 때, 집단원들이 알아야 할 필수 사항을 간결하게 전달하여야 한다. 이때, 너무 많은 정보를 주지시키려 노력하지 않아도 된다. 오히려 집단 과정에서 경험적으로 집단의 목적과 집단원의 역할 등을 체득할 기회를 얻는 것이 효과적일 수 있다.

다음은 집단을 시작할 때, 집단상담자가 할 수 있는 진술의 한 예다. 초심 집단상담자는 각자 자신의 집단과 대상 특성에 맞추어 시작하는 말을 개발하여 익숙하게 사용할 수 있도록 할 필요가 있다.

◈ **집단 시작을 위한 진술(예시)**

집단상담자:

(집단의 목적과 상담자 소개) 여러분, 만나서 반갑습니다. 저는 상담자 ○○○입니다. 이 집단은 여러분이 중요한 관계에서 반복되는 관계의 어려움을 이해하고, 더 좋은 대인관계를 맺기 위해 어떠한 변화를 시도해 볼 수 있을지 함께 찾아가는 집단입니다. 집단을 시작하기에 앞서 저를 간단히 소개하겠습니다. (상담 경력, 집단상담 경험 등 간략히 소개)

(집단원의 역할 안내) 우리가 자신의 어려움이나 변화의 방향을 스스로 찾기가 쉽지 않을 때가 있지요. 이번 집단상담에서는 각자가 대인관계에서 겪는 어려움을 진솔하게 나누고, 여기 있는 집단원 모두가 서로를 비추는 거울이 되어서 우리 자신을 더욱 잘 이해할 수 있도록 돕게 될 것입니다. 이때, 서로의 이야기를 듣고 피드백을 나눌 텐데, 이때 조언이나 충고, 평가하기보다, 상대방의 이야기를 듣고 '지금-여기'에서 느껴지는 감정이나 생각을 나누는 방식이 되기를 기대합니다. 이것이 어떤 방식인지는 차차 같이 경험해 보겠습니다.

(프로그램 소개) 앞으로 5주에 걸쳐 매주 수요일 오후 3시에 이 장소에서 만납니다. 진행되는 5번의 만남에서 우리가 무엇을 하게 될지 나누어 드린 프로그램 표를 보면서 간략히 설명하겠습니다.

집단을 구조화하는 과정에서 집단의 규칙과 규범을 명확하게 설명하는 것 역시 중요하다. 사전 오리엔테이션에서 이를 소개했더라도 집단의 첫 시작뿐만 아니라, 각 회기 과정 중에도 집단상담자는 반복하여 실천을 요구할 수 있다. 다만, 집단의 시작부터 집단의 규칙과 규범을 일일이 언급하거나 장황하게 설명하는 것은 집단원들에게 위협적으로 느껴질 수 있다. 반면, 불명확하고 형식적인 설명 역시 적절하지 않다. 집단상담자는 집단 규칙과 규범을 지켜야 하는 이유를 다시 한번 강조하고, 그 내용의 핵심을 부드러운 어조로 소개하는 것이 필요하다. 필요하다면, 집단 서약서를 문서화하여 집단 규칙을 함께 읽고 서약하는 방식을 활용할 수 있다.

◈ 집단의 규칙과 규범을 언급하는 진술(예시)

집단상담자: 나누어 드린 집단 서약서를 함께 읽어 볼까요? 구름님부터 순서대로 하나의 항목씩 돌아가며 읽어 주세요.

구름: 첫째, 집단 참여 시간을 잘 지키고 지각하지 않는다. 불가피하게 불참하게 될 경우 집단원들에게 미리 공유한다.

햇님: 둘째, 집단에서 나온 이야기는 반드시 비밀을 유지한다.

······ (중략) ······

집단상담자: 네, 좋습니다. 집단의 규칙을 잘 지키는 것은 우리가 서로를 신뢰하고 함께 작업해 나가는 데에 매우 중요한 전제입니다. 예를 들어, 우리가 서로의 비밀을 지키지 않는다면 누구도 진솔하게 자기를 꺼내놓을 수 없을 겁니다. 무엇보다 비밀을 지키지 않은 자신이 집단을 신뢰하기 가장 어려울 거예요. 그럼 집단에서 기대했던 것들을 얻어 갈 수 없을지도 모릅니다. 집단의 규칙을 잘 지킨다는 것은 우리가 집단에 참여한 목표를 이루고, 이 시간을 잘 활용하는 데 정말 중요한 일입니다. 그래서 다시 한번 잘 지켜 주시길 당부 드립니다. 함께 읽은 집단규칙을 지킬 것을 약속하시는 분은 나누어 드린 서약서에 서명해 주시겠어요.

2) 집단원 소개하기

집단원이 자신의 깊은 이야기를 개방하고, 서로의 이야기에 귀 기울이기 위해서는 서로를 신뢰하는 것이 필요하다. 첫 회기의 자기소개는 집단에 처음 참여하면서 오는 어색함을 줄이고, 다른 집단원에 대한 관심과 친밀감을 높이는 데에 도움이 된다. 자기소개 방법으로 구조화된 집단 활동을 활용할 수 있다. 어떤 활동을 선택할 것인가를 집단 크기, 회기 수, 집단의 목적 등을 고려하여 선택할 수 있다. 자기소개에 활용할 수 있는 구조화된 활동은 이 장 후반부에 자세히 다루도록 하겠다. 다음은 자기소개를 시작하는 집단상담자 진술의 예다.

◈ **자기소개하기 진술(예시)**

집단상담자: 잠시, 앞에 놓인 명찰에 집단에서 불리고 싶은 별칭을 적어 봅시다. 대인관계
　　　향상 집단인 만큼 관계 속 지금 내 모습이나 변화하고 싶은 내 모습을 떠올리며 별칭
　　　을 지어 봐도 좋습니다.

(시간을 갖고, 모두 별칭을 적은 후) 지금부터 자기소개 시간을 갖겠습니다. 소개할 때는 자
신의 별칭과 의미, 집단에 참여하게 된 동기와 기대를 이야기하시면 됩니다. 정해진 순서는
없습니다. 원하시는 분부터 이야기해 볼까요?

(자발적으로 시작하는 사람이 없는 경우) 서로를 잘 모르는 상태에서 나를 소개하기가 쉽
지 않은 일이죠. 처음 시작이니 제 오른쪽에 앉은 '나무'부터 시작해 보시겠어요?

3) 신뢰로운 분위기 조성하기

집단응집력은 집단 내에서 함께 있다는 느낌, 또는 공동체라는 느낌을 의미한다(Corey
et al., 2012). 집단 초기에는 집단원들이 공동체감을 형성할 만큼 서로를 잘 알지 못한다.
따라서 자기 이야기를 할 때도 개인적 측면보다 공적인 수준에서 자신을 드러낸다. 그러
나 응집력이 형성될수록 집단은 점차 자신의 더 깊은 내면의 갈등과 고통을 이야기할 수
있고, 집단 안에서 갈등을 경험하고 위험을 감수할 수 있다. 이러한 응집력은 주로 초기
단계에 형성되지만, 집단의 초기부터 마지막 단계까지 치료적 요인으로서 매우 중요하
다. 다음은 집단에서 응집력이 지니는 가치다(Earley, 2004).

◆ **집단응집력의 가치**

• 개인상담에서의 치료적 동맹과 유사한 역할을 하며, 치료적 변화 과정의 여러 측면을 지지, 촉진, 강화함으로써 상담의 다른 부분이 근거할 수 있는 기반을 형성한다.

• 신뢰감이나 돌봄, 연약함을 드러내기 등의 능력을 키우는 데 특히 유효하다.

• 집단의 안전감을 강화함으로써 집단원들이 건강한 행동을 실험해 보는 데 필요한 위험 감수 능력을 증진시킨다.

• 집단원들이 서로가 주고받는 피드백을 진지하게 받아들일 수 있는 개연성을 높인다.

• 집단의 참여를 높이고 탈락의 가능성을 줄인다.

• 집단원끼리 정서적으로 깊이 관여하도록 하고 변화를 촉진하는 대인관계 요인을 제공한다. 깊은 관여는 깊은 접근을 유발하고 그렇게 함으로써 치료적 변화 과정이 촉진된다.

집단응집력이 형성되면, 집단원들은 종종 집단에 오는 것을 기대하고, 두렵더라도 그들이 다루어야 할 느낌이나 주제가 있다면 개방하고 참여하여 그것을 다룬다. 또한, 안전하고 수용적인 분위기를 형성하는 데 전념한다. 즉, 소속감이나 유대감을 나누며 응집력이 강한 집단에서는 집단원들의 반응이 서로에게 해가 되기보다는 오히려 치료적으로 작용하는 것이다.

신뢰로운 분위기를 조성하여 집단응집력을 촉진하는 집단상담자의 태도에는 주의집중과 경청, 공감, 진솔성, 비언어적 행위의 이해, 자기 개방, 존중, 공감적인 직면이 있다 (Corey et al., 2012). 또한, 집단 내 응집력을 높이기 위해서 집단상담자는 지금-여기에 초점을 맞추고, 현재 경험을 적극적으로 표현할 수 있도록 안내해야 한다. 이를 위해 집단원들의 자기 개방을 격려하거나, 집단상담자가 적절한 자기 개방을 통해 집단원들의 역할을 모델링할 수 있다. 또한, 집단원의 말에 긍정적 어조와 수용적 태도, 강점에 초점을 맞춘 피드백을 함으로써 자기표현을 격려하고 수용적 분위기를 조성할 수 있다. 다음을 통해 집단응집력이 형성된 집단과 그렇지 못한 집단을 비교하여 살펴보자(강진령, 2019a).

◈ 집단 초기, 응집력을 보여 주는 지표

- 집단 참여의 자발성
- 모임 시간의 엄수 정도
- 상호 신뢰할 수 있는 집단 분위기 조성을 위한 노력의 정도
- 다른 집단원에 대한 수용 · 지지 · 경청, 보살피려는 노력의 정도
- '지금-여기'의 원칙에 따라 다른 집단원에 자발적 · 즉각적인 반응을 하는 정도

◈ 집단응집력에 문제가 있음을 나타내는 지표

- 집단원들이 모험 시도를 꺼린다.
- 집단 규칙과 규범이 존중되지 않는다.
- 비밀유지 원칙이 잘 지켜지지 않는다.
- 안전감을 느끼지 못하는 집단원이 나타난다.
- 집단원들이 솔직한 감정 표현과 반응을 피한다.
- 집단에서 주로 안전하고 피상적인 내용만이 다루어진다.
- 지각, 조퇴, 또는 무단결석하는 집단원이 생긴다.
- 자기 개방이 줄고, 주로 강압적으로 이루어진다.
- 집단원들이 사소한 언사에도 공격받는 것처럼 민감한 반응을 보인다.
- 집단원끼리 말을 함부로 하거나, 다른 집단원을 배려하지 않는다.

다음은 집단응집력을 촉진하고자 하는 집단상담자에게 도움이 될 만한 몇 가지 제안들이다(Corey et al., 2019).

◈ **집단응집력을 촉진하기 위한 방법**

- 모든 집단원이 적극적으로 참여하도록 초대한다.
- 집단상담자는 적절한 자기 개방을 통해 집단 안에서 위험을 감수하는 행동을 촉진할 수 있다. 이때, 상담자의 자기 개방은 현재 집단 안에서 일어나는 일에 대한 자신의 반응과 같이 집단의 목적과 초점을 벗어나지 않는 선에서 이루어질 필요가 있다.
- 집단의 목표와 개인의 목표를 집단원과 집단상담자가 협력하여 결정한다.
- 집단원이 자신이 원하는 주제를 얘기하도록 하고, 집단원 간의 상호작용을 촉진한다. 이를 위해 서로에 대해 반응하도록 질문하기, 피드백과 공유 권장하기, 집단 상호작용에 가능한 많은 집단원을 참여시키는 방법을 찾는 등의 개입을 고려해 볼 수 있다.
- 집단에서 갈등이 일어났을 때, 집단원들이 갈등을 인식하고 공개적으로 다룰 수 있도록 돕는다. 갈등을 수용하고 정직하게 집단의 긴장을 다룰 수 있다.
- 집단이 집단 안에서 일어나는 자신의 생각, 감정, 반응을 표현할 수 있도록 한다. 이때, 긍정적 반응뿐만 아니라 부정적 반응 모두 표현하도록 격려한다.

> **실습 1**
> **집단응집력**

☞ 다음은 집단 초기, 집단응집력을 저해할 수 있는 상황이다. 다음 상황을 읽고 아래 질문에 대해 함께 생각해 보자.

> 집단원 A는 자신에 대한 얘기는 하지 않고 다른 집단원들이 이야기할 때마다 부정적인 피드백과 직면을 한다. 집단원 B가 A의 피드백에 불편함을 표현하였는데도 집단원 A는 불편함을 표현한 B의 문제라고 반응하는 상황이다.

1. 집단원 A의 행동이 ① 집단원 B, ② 다른 집단원, 그리고 ③ 집단 전체에 미치는 영향은 무엇일지 각각 생각해 보자.

_____

_____

_____

_____

2. 위 상황에서 집단상담자로서 어떻게 개입할 수 있을지 생각해 보자.

_____

_____

_____

_____

활동 TIP A에게 B의 말을 들은 지금 이 순간의 느낌이 어떤지를 물어서 자기 개방을 하도록 한다. 질문한 사람에게 질문을 되돌려 주거나 지금-여기에서의 감정을 표현하게 함으로써 자신을 돌아보게 하는 개입을 할 때 타인에게 집중된 에너지를 자신에게 돌리게 함으로써 집단에 참여하게 할 수 있게 된다.

2. 집단상담 활동

1) 개념과 목적

집단상담 활동은 집단상담의 목적을 효과적으로 도달할 수 있도록 구체적 지시에 따라 집단이 수행하는 활동이다(Jacobs, Harvill, & Masson, 1994; Yalom, 1995). 집단의 성과는 집단의 초기에 존재하는 변수뿐만 아니라, 집단 진행에 사용되는 구조화된 활동(Exercises)과 작업(Activities)의 수와 종류에 의해 좌우된다. 구조화된 활동과 작업은 특히, 집단 초기에 집단원들을 참여시키는 촉매로 활용할 수 있으며 집단의 긍정적인 분위기를 촉진하는 데 도움이 된다. 집단원들은 집단 활동을 통해 긴장을 감소시키고 집단을 편안하게 느낄 수 있게 된다.

즉, 집단 활동을 사용하는 목적은 자기 성장 및 대인관계 향상, 관계기술의 학습, 신뢰감, 자발성, 응집력 등의 향상을 위함이다(권경인, 2001). 또한, 토의와 참여를 촉진하고, 집단에 초점을 맞추도록 하며, 경험을 통한 학습 기회, 친밀감과 재미, 이완의 제공, 집단원에 대한 유용한 정보 파악에도 도움이 된다(Jacobs, Harvill, & Mason, 1994). 대부분의 집단원들은 집단상담이 시작되는 첫 회기에 어느 정도의 불안을 경험하게 된다. 이때, 적절한 집단 활동을 활용한다면 활동에 점차 익숙해지면서 집단원들 간에 안정감이 증진된다.

Yalom(1995)은 집단상담에서 지나치게 구조화된 활동을 사용하는 것은 삼가야 한다면서도, 집단상담 활동이 자주적인 집단 기능 형성을 돕고, 집단을 지금-여기로 집중하고 진행하는 데 가치를 가진다고 보았다. 때문에 집단상담 활동은 대상과 시기에 맞게 적절히 사용된다면 효과적인 개입이 될 수 있다고 보았다. 특히, 장기 · 외래 집단보다 단기 · 특수치료 집단에서 더욱 중요한 역할을 한다고 보았다. 초심 집단상담자는 활동을 선택함에 있어 집단의 목적, 집단의 요구, 집단원의 연령, 문화적 배경 등을 신중히 고려해야 한다. 또한 집단의 재미에 초점을 맞춰 진행하다 보면 경험을 의미 있도록 하는 데 소홀할 수 있다. 따라서 집단 활동이 마무리되는 시점에는 집단 활동 경험에 대한 피드백을 나누는 것이 유익하다. 다음은 집단상담 활동을 효과적으로 사용하기 위한 지침이다(권경인, 2008).

◆ **집단상담 활동 사용 지침**

- 활동들은 치료 목적이 있어야 하며 어떤 이론적 틀에 근거를 두어야 한다.
- 집단원의 더 나은 자기 탐구를 고무하기 위해 활동이나 기법을 활용한다.
- 감정을 자극하기 위해서가 아니라 내담자가 꺼낸 감정 문제를 치료적으로 다루기 위해 활동이나 기법을 사용한다.
- 집단상담자의 불쾌감이나 무능력을 감추기 위해 활동이나 기법을 사용해서는 안 된다.
- 섬세하고 시기적절하게 활동이나 기법을 사용한다.
- 집단원의 배경을 고려하여 활동이나 기법을 사용한다.
- 효과가 없다고 드러나면 활동이나 기법을 포기한다.
- 특정 기법에 대한 참여 여부의 선택권을 집단원들에게 준다.

2) 집단상담 활동의 유형

집단상담 활동의 유형은 크게 네 가지로 구분할 수 있다. 언어적 · 개인 내적, 언어적 · 개인 상호적, 비언어적 · 개인 내적, 비언어적 · 개인 상호적으로 구분된다. ① 언어적 · 개인 내적: 자신이 어떻게 세상을 인식하는지, 집단에서 언어적으로 자신을 소개하는 데 그림을 활용하기, ② 언어적 · 개인 상호적: 집단원을 소집단으로 나눈 후 자신의 형제자매 위치에 대해 토론하기, ③ 비언어적 · 개인 내적: 신체 이완하기 ④ 비언어적 · 개인 상호적: 불안과 같은 집단 주제에 대해 불안이 가장 많은 사람부터 가장 적은 사람까지 순서대로 줄서기 등이다. 이러한 집단상담 활동은 집단 과정에서 언제든지 사용될 수 있으며 집단원들이 개인적으로, 그리고 집단의 구성원으로서 통찰을 얻게 해 준다.

집단상담 활동에는 글, 언어, 예술, 행동, 그리고 이들의 조합과 같은 다양한 형태가 포함될 수 있다(Dossick & Shea, 1988).

　집단상담 활동을 집단 발달 단계를 기준으로 분류하면 집단을 시작하는 활동, 집단을 촉진하는 활동, 집단을 마무리하는 활동으로 크게 나눌 수 있다(권경인, 2001). ① 집단을 시작하는 활동으로는 자발성 및 친밀성 촉진을 위한 활동, 카타르시스와 자기 노출을 위한 활동이 포함된다. 이 단계에서 집단상담자는 집단원의 불안 및 어색함 등을 해소하고 자기 개방을 촉진하도록 돕는다. ② 집단을 촉진하는 활동으로는 인지상담이론 관련 활동, 게슈탈트이론 관련 활동, 행동기법 관련 활동, 가치관 명료화, 의사소통 훈련 등이 포함된다. 작업 단계에서는 이와 같은 집단상담 활동을 통해 집단원들이 자신의 모습에 대한 개방과 자신의 미해결 과제를 찾아 해소해 나가도록 돕는다. ③ 집단을 마무리하는 활동으로는 피드백을 통한 마무리, 갈등의 해소와 용서 과정을 통한 마무리가 포함된다. 집단을 마무리하는 종결 단계에서는 집단원 간의 서로에 대한 피드백을 전달하고, 갈등이나 관계 또는 개인의 통합 및 미해결 과제의 해결 등을 목표로 집단 활동이 활용된다.

3) 집단을 시작하는 활동

　이 장에서는 집단 발달의 초기에 사용되는 '집단을 시작하는 활동(Warm-up)'을 중심으로 살펴보고자 한다. 집단의 이론적 배경과 상관없이, 집단을 시작하는 단계의 활동은 자발성 및 친밀성을 촉진하는 활동들로 구성된다. 자기소개를 하고, 자기 개방을 촉진하는 활동을 배치하거나, 신체 활동 등을 포함할 수 있다. 집단원들은 이러한 활동에 참여함으로써 자연스럽게 집단원 간의 서먹함과 불안을 해소하고 집단응집력을 높이며, 자신에 대한 개방을 넓혀가게 된다.

　이 장에서는 집단 시작 단계에서 활용할 수 있는 주요 활동들을 몇 가지 소개하고자 한다. 이에 앞서 집단상담자는 집단상담 활동을 선택하고 효과적으로 활용하기 위해서 다음 사항을 염두에 두어야 한다.

◈ 집단상담 활동의 효과적인 활용을 위한 고려 사항

• 집단상담자 자신의 특성과 역량에 맞는 활동을 선택한다.

• 활동의 목적과 집단원에게 전달하고자 하는 경험이 무엇인지 정확히 안다.

• 집단원의 발달 단계나 집단의 전개 과정을 인식하여 그에 맞는 활동을 선택한다.

이상의 기준을 가지고, 지금부터 소개될 집단 시작 활동을 검토해 보고, 초심 집단상담자로서 활용할 만한 활동을 선택하여 연습해 보자.

(1) 자기소개를 통한 친밀감 및 신뢰감 형성

자기소개는 자신의 특징을 이해하고, 이를 다른 사람에게 소개함으로써 집단원들이 서로를 더 깊이 이해하고 신뢰하는 기초를 마련한다. 이때, 자기소개의 내용과 방법에 따라 서로 다른 효과를 얻을 수 있다. 예컨대, 자기 이름과 직업을 간단히 소개하는 것은 단편적인 사실 정보만을 제공하지만, 자기 이름의 의미나 직업 선택의 과정을 간략히 설명하도록 지시하는 것은 개인에 대한 보다 심화된 정보를 얻을 수 있다. 또한 타인이 되어 자기 모습을 소개하는 경우, 자기 모습에 대한 지각, 즉 자신이 투사하는 방식을 알 수 있는 소개 방식이기도 하다. 이처럼 자기소개는 집단상담자가 기획하기에 따라 매우 다양한 정보와 역동을 끌어낼 수 있다. 다음은 자기소개를 위해 활용할 수 있는 몇 가지 활동 예시다.

자기소개 활동 예시

• 별칭 짓고 별칭에 얽힌 사연 말하기   • Good/Bad 소개하기

• 나 닮은 것 찾기   • 퀴즈, 내가 누구게?

• 초상화 그리기   • 누가 누가 닮았나

• 첫인상

(2) 자기 개방을 통한 친밀감 및 신뢰감 형성

자기 개방은 집단의 친밀감과 신뢰감 형성에 효과적이다. 뿐만 아니라 집단원은 자기 개방을 통해 스스로 이해하고 수용하는 경험을 할 수 있다. 자기 개방 활동은 집단에서 자기에 대한 보다 심층적인 경험을 나누도록 돕는다. 집단상담자는 자기 개방을 촉진하기 위해 자신의 장단점이나 살아온 과정, 좋아하는 것과 싫어하는 것 등을 나누는 집단 활동을 배치할 수 있다. 이때 집단상담자는 시작 단계임을 염두에 두어, 활동의 내용과 방법이 부담스럽지 않게 점진적인 자기 노출이 이루어질 수 있도록 운영할 필요가 있다. 다음은 자기 개방을 위한 활동 예시다.

자기 개방 활동 예시

- 가면 작업
- 두 가지 사실과 하나의 거짓말
- 이야기 연결해서 만들기
- 당신의 느낌을 표현하면
- 이게 정말 나일까?
- 스티커 이미지 게임
- 나의 정서 뿌리 찾기
- 나의 안전지대(Safe Zone)
- 감정 알아맞히기
- 당신과 닮은 사물을 찾는다면
- 사진 속 나에 대한 이야기

(3) 신체 활동을 통한 친밀감 및 신뢰감 형성

신체 활동은 신체 접촉 및 움직임을 통해 집단원의 긴장을 해소하고 친밀감과 신뢰감을 높이는 활동이다. 또한, 집단에 대한 흥미와 자발성, 협동심 등을 높이는 데에도 유용하다. 이때, 집단 활동은 모든 집단원이 참여할 수 있도록 집단의 크기, 구성원의 연령, 성별, 활동의 난이도, 장소 등을 고려하여 운영하여야 한다. 다음은 집단 시작 단계에서 활용할 수 있는 신체 활동의 예시다.

신체 활동 예시

- 인간 매듭 풀기
- 공 주고받기
- 과일바구니
- 도전! 다리 만들기
- 온몸으로 인사해요

- 마음챙김 호흡
- 춤추는 세탁기
- 줄을 서시오
- 발전 프로젝트

☞ 앞 활동들의 구체적인 내용은 〈부록〉 집단상담 시작활동(Warm-up) 모음에서 제시해 두었으니 참고하길 바란다.

실습 2
집단상담 준비(Warm-up) 활동 실습

☞ 〈부록〉에 제시된 다양한 시작 활동들을 살펴보고, 조별로 한 가지 활동을 선택하여
실습해 보자.

1. 우리 조에서 선택한 시작 활동(Warm-up)은 무엇인가? 그 이유는 무엇인가?

_____

_____

_____

_____

_____

활동 TIP   집단상담자와 집단원의 특성, 운영 시간, 준비물과 장소, 기대 효과 등 활동을 선택
하기 위한 고려 사항을 생각해 보자. 필요하다면 활동의 내용을 다양하게 변용하여도 좋다.

2. 해당 활동을 효과적으로 수행하기 위해 상담자가 유의해야 할 점이나 준비 사항 등을 함
께 점검해 보자.

_____

_____

_____

_____

_____

3. [역할극] 조 안에서 집단상담자와 집단원의 역할을 각각 맡아 활동을 실습해 보자.

－집단상담자는 집단상담 활동이 효과적으로 운영될 수 있도록 한다.

－집단원은 집단상담자의 지시에 따라 참여하되, 해당 활동이 진행되는 과정에서 경험할 수 있는 다양한 집단원 유형을 표현해 보아도 좋다.

활동 TIP　시작 활동(Warm-up)에서 경험할 수 있는 어려움보다는 전체 활동을 처음부터 끝까지 원활히 운영하는 데에 초점을 두고 실습한다.

4. 활동을 마친 후, 실습 과정에 대해 함께 토의해 보자.

－집단상담자와 집단원으로서 각자의 경험을 나눈다.

－관찰자의 관점에서 집단 전체 과정을 복기하며, 좋았던 점과 개선 방향을 함께 논의한다.

제**4**장

집단상담 기본 기술 1

1. 집단상담의 기본 기술(관찰, 질문, 초점 맞추기, 해석, 피드백)의 활용 목적과 유의점을 이해할
   수 있다.
2. 집단상담의 기본 기술을 사례에 적용하여 활용해 볼 수 있다.

들어가며

- 집단상담에서 자주 사용되는 기술은 무엇이라고 생각하나요?
- 각각의 집단기술을 사용할 때 유의해야 할 점은 무엇인가요?

1. 집단상담 기본 기술

집단상담자는 집단상담에 필요한 기술을 익히고 활용할 수 있어야 한다. 집단상담 기술이란 집단 과정에서 집단원들 간의 자기 개방과 상호작용을 촉진시키고, 의미 있게 집단역동을 다룰 수 있는 집단상담자의 전문적 개입 방법을 의미한다.

1) 국내 초심 상담자의 집단상담 기술에 대한 교육 요구

국내 초심 집단상담자 85명을 대상으로 집단상담자 교육 프로그램에 대한 요구조사를 실시한 결과, 많은 초심 상담자들이 실제 현장에서 사용할 수 있는 집단상담 운영 기술을 배우길 원하는 것으로 나타났다(권경인, 김지영, 엄현정, 2020). 다음은 그 구체적인 내용이다.

표 4-1 초심 집단상담자의 교육 프로그램 요구조사 결과

범주	핵심 내용
라포 형성 및 집단응집력 발달을 위한 기본 기술	• 집단상담자와 집단원 간의 신뢰 형성 및 집단원 간의 라포 형성 방식 • 분위기 촉진 기술 • 집단원의 참여 동기 높이는 방법(아이스 브레이킹) • 자기 개방을 촉진하는 방법 • 집단응집력 발달시키는 방법
시의적절한 개입 기술	• 집단 참여의 적절한 분배/주어진 시간 내에 집단원에게 개입하는 방법(시간 분배) • 개입 시점 및 개입 정도 결정하는 방법 • 집단원 간 나눔의 깊이 조절 및 작업에 대한 적절한 개입 방법
효율적 상호작용을 위한 운영 기술	• 여러 집단원과 소통하는 방법 • 효율적인 의사소통 및 상호작용하는 방법 • 집단원 간의 연결 짓기

2) ASGW의 집단상담자 훈련 기술 기준

미국의 집단상담 전문가 협회(Association for Specialists in Group Work: ASGW)가 제시한 '집단상담자 훈련을 위한 전문 기준(Professional Standards for the Training of Group Workers)에서는 집단상담자에게 필요한 16가지 기술을 제시하고 있다.

표 4-2 집단상담자 16가지 핵심 기술: 집단지도력 기술

집단 구성원들의 참여를 격려한다.

집단의 과정 사건을 관찰하고 확인한다.

집단원의 행동을 인식하고 주의를 기울인다.

집단원의 진술을 명확히 하고, 요약한다.

집단 회기를 시작하고 끝낸다.

필요할 때에 집단 안에서 정보를 제공한다.

효과적인 집단상담자의 행동을 모범으로 보인다.

적절하게 자기 개방을 한다.

피드백을 주고받는다.

개방형 질문을 한다.

집단원에 감정이입을 한다.

집단원의 행동에 직면한다.

집단원이 경험에 의미를 부여하도록 조력한다.

집단원이 배운 것을 통합하고 적용하도록 돕는다.

집단이 목표들을 성취하기 위한 업무를 유지한다.

집단원들을 공감한다.

집단을 실제 운영하는 데 필요한 윤리적 및 전문적 기준에 따라 행동한다.

집단이 목표를 달성하도록 집단에게 과제를 부여한다.

출처: ASGW (2000).

이 중, 집단상담을 운영하기 위한 기본적인 기술로 관찰(주의 집중하기), 개방형 질문을 통한 개입, 시의적절한 해석적 개입, 집단상담자뿐만 아니라 집단원끼리 피드백을 주고 받을 수 있도록 하는 것, 집단상담 안에서 일어나는 일에 주목하여 초점을 맞춰 운영하는 일을 핵심적인 기술로 제안하고 있다. 이 외에도 국내외 여러 학자들이 제안하고 있는 집단상담자의 기술 목록은 〈표 4-3〉과 같이 정리할 수 있다.

표 4-3　집단상담자 기본 기술 목록

Jacobs et al.(2016)	Corey (2012)	강진령 (2019a)	정성란 외 (2013)	Skilled Group Counseling Training Model 18 skills
적극적 경청	적극적 경청		적극적 경청	신체 언어, 언어 탐지
반영	반영	반영	반영하기	
명료화와 질문	명료화/질문하기	명료화/질문	명료화/질문하기	정확한 개방형 질문
요약	요약	요약	요약하기	요약
맺어 주기 (연결 짓기)	연결 짓기	연결	연결하기	
미니 강의와 정보 제공		정보 제공		
격려와 지지	지지하기	지지 격려	지지하기	
분위기 조성		참여 유도		
모델링과 자기 노출	모범 보이기/ 자기 개방			자기 개방
초점 확립, 유지, 변경, 심화		초점 맞추기	초점 두기	
회기 종료	집단 회기의 시작과 마무리			
	촉진하기	지금 여기 상호작용 촉진	촉진하기	
	공감하기		공감하기	
	해석하기	해석	해석하기	

	직면시키기	직면	직면시키기	배려 깊은 직면
	피드백	피드백		
시작하기 또는 끝내기	종결하기			
	저지하기		차단하기	
	진단하기	주제, 연관성 분석	현실 검증하기	언어적·비언어적 감정 인식 문제 상황, 문제 직면 시 조치 및 감정 파악
	제안하기		선도하기	상세하고 구체적 표현 요구 행동 기한 정하기
	개입하기/ 주도하기			행동 방침 선택 및 영향의 인식
	평가하기		평가하기	문제 해결을 위한 조치의 목표, 결과 검토
	조언하기			결정의 장기적 결과 설명
	목표설정하기	즉시성		
	보호	재구성		
		재진술		재진술
				적절한 눈맞춤
				변화하려는 결정, 혹은 변화하지 않으려는 결정
				문제 해결을 위한 행동 합의/행동 기한 설정

　제4장과 제5장에 걸쳐 집단상담자에게 필요한 기본 기술을 연습하고자 한다. 이 장에서는 먼저, 집단상담자 기본 기술 중 '관찰, 질문, 초점 맞추기, 해석, 피드백'에 대해 다룰 것이다.

실습 1
집단상담자 개입 분석: Corey 부부의 집단상담 영상 시청 (1)

☞ 집단 구성원에 대한 소개

Susan(27세): 라틴 아메리카계의 배경을 가지고 있는 그녀는 자신의 삶에서 맺고 있는 관계들을 탐색하고자 한다. 그녀는 안전하게 머물면서 자신이 원하는 관계를 추구하기 위해 위험을 감수하지 않아 지불해야 하는 대가가 무엇인지를 탐색하기를 원한다.

James(35세): "자신을 증명해야만 한다"고 느끼는 교양 있는 멕시코계 남자이다. 그는 그의 문화적 배경 때문에, 종종 어떤 상황들에서 억압한다고 느낀다.

Casey(23세): 베트남계 미국인. 그녀는 어린아이 때 받았던 메시지를 가지고 고군분투하고 있다. 그리고 그것이 그녀의 앞길을 가로막고 있다. 그녀는 때로 그녀를 붙잡는다고 판단된 감정을 보기 두려워하는 마음에 도전하고자 한다.

☞ 다음은 Corey 등(2012)의 『집단상담의 실제: 진행과 도전』에서 제시된 영상 중 작업 단계의 축어록 일부이다. 아래 장면(축어록)을 보고 질문에 답해 봅시다.

축어록: 작업 단계

(집단이 작업 단계로 들어가기 시작하면서 집단원들이 좀 더 개인적인 문제를 다룰 수 있게 된다.)

Corey(리더): 누구든 심도 있는 작업을 하고 싶은 사람이 있길 바라요. 장은 열려 있어요.

James: 제가 먼저 할게요. 사실은 관계에 대해서 조금 전 Susan이 내놓은 문제와 관련해서 올라오는 게 있네요. 우리 역할극에서 내가 Susan의 남자친구 역할을 하는 걸 이틀째 얘기했는데요. 제 자신의 문제도 많이 불러일으키는 것 같아요.

Corey: 당신이 작업하고자 하는 문제가 뭐죠?

James: Susan이 저와 작업하기를 원하는지 묻고 싶어요. 저는 당신이 당신의 문제를 다루고 싶은지 아니면 기다리길 원하는지 모르겠어요.

Susan: 아니, 괜찮아요.

Mrs. Corey(코리더): 좋아요. 어디서부터 시작할까요?

James: 그게 바로 시작이죠.

Mrs. Corey: 어디서부터 이야기를 시작할지 모르겠다고 했죠.

James: (머뭇거림 침묵 3초)

Mrs. Corey: 당신이 갈등하고 있는 문제가 무엇인지 뭘 망설이는지 지금 이야기할 수 있겠어요?

James: 제가 너무 빨리 뛰어든 것 같아요. 압력을 넣은 것 같아요. 그녀는 아마 그것을 원하지 않았을 거예요. 모르겠어요. 그게 제가 지금 생각하는 거예요.

Susan: 전 그렇게 느끼지 않아요. 전 전혀 그렇게 느끼지 않아요. 우리는 그것에 대해 이야기했었고 오늘 제가 정말 다루고 싶은 얘기예요. 음…… 난 압력을 받았다고 느끼지 않아요.

Corey: 당신이 꺼내고자 하는 얘기가 꼭 Susan과 관련된 것이 아니라 당신이 다루고 싶은 문제이길 바라요. 당신이 가지고 있는 갈등 말이에요.

James: (침묵 3초)

Corey: 그게 뭐라고 생각해요? 갈등하고 있는 것이 무엇인가요? 시간이 필요한 문제가 뭔가요?

James: 다른 사람으로 넘어가면 안 될까요?

Corey: 좋아요, 그렇게 하죠.

James: 왜 이렇게 말하기가 힘든지 모르겠어요.

Narrator: 실제 작업은 그렇게 편안한 과정이 아니므로 저항은 집단의 작업 단계로 넘어가는 과정에서 나타나는 자연스러운 현상이다.

Casey: 시작하기 전에 하고 싶은 말이 있어요. 제가 조금 전에 말한 두려움 말이에요. (Susan을 바라보며) Susan, 당신이 저를 알게 된다면 제가 동성연애자라는 걸 알게 된다면 절 좋아하지 않을 것 같았어요. 당신은 제 곁에 오는 것을 원치 않을 것처럼 보였죠. 제 느낌은 그랬어요. 그리고…… Daren 당신이 제게 뭔가 말하려고 했을 때 전 '그냥 먹어'라고 생각했죠. (멋쩍은 웃음)

Corey: 당신은 먹으면서 뭘 하려고 했죠?

Casey: 닫아 버리는 거죠.

Corey: 그게 바로 지금 당신이 원하는 건가요?

Casey: 아니요. 그래서 지금 얘기를 꺼내는 거예요.

Mrs. Corey: 당신에게 지금 뭐가 제일 중요한가요?

Casey: 당신에게 얘기하는 게 나을 것 같군요. (머뭇거림. 침묵 3초) 털어놓고 나면 기분이 훨씬 더 나아질 것 같아요. 그래야 당신 곁에 있는 게 두렵지 않을 것 같아요. 지금 당신의 반응을 알아버리고 끝내면 말이에요. 전 다른 라이프 스타일로 살고 있어요. 그래서 당신이 저랑 한 방에 있으면서 지금 그 사실을 알게 된다면 저랑 같이 있고 싶어 하지 않을까 봐 두려웠어요.

Mrs. Corey: 뭘 알게 되면요?

Casey: 제가 동성연애자라는 사실이요.

Corey: (Casey에게) 다시 한번만 얘기해 줄래요. 제가 당신 바로 옆에 앉아 있는데도 거의 들리질 않아요. 당신은 지금 Susan을 바라보고 있군요. 그 말을 다시 한번 해 줄래요.

Casey: (Susan을 바라보며) 저는 동성연애자예요.

Corey: 당신이 그 말을 얼마나 조용히 하고 있는지 알아요?

Casey: (고개를 끄덕임)

Corey: 왜죠?

Casey: 두렵기 때문이죠.

Corey: 두려움을 그녀에게 얘기해 보세요.

Casey: 저는 당신이 지금 절 다르게 바라보고 거리를 둘까 봐 두려워요. 제가 이상하다고 생각할까 봐요.

Mrs. Corey: 지금 뭐가 보이죠?

Casey: (Susan을 바라보며) 당신 눈을 바라보니 저를 수용하고 있는 게 느껴지는군요.

Mrs. Corey: 판단보다는 연민과 이해를 느낄 수 있군요. 당신이 이런 사실을 믿는 게 하나의 도전일 수 있겠군요. 거기에 대해 뭐가 두렵죠?

Casey: (눈물을 보이며) 제가 만약 당신을 포옹한다면 당신은 나를 이상하게 생각할까 봐요. 제가 당신을 친구 이상으로 여긴다거나 당신을 알고 싶어 한다고 생각할까 봐요. (흐느끼며 울음) 제가 두려워하는 이유가 바로 그거죠. 저는 다른 사람들과 포옹하는 것을 좋아하고 사람들과 친해지고 가까워지고 싶어요. 다른 여자들이 대체로 무서워요.

Mrs. Corey: Susan이 어떻게 당신을 도울 수 있을까요? 그녀에게 무엇을 부탁하고 싶죠?

Susan: (손수건으로 눈물을 닦음)

Casey: (숨을 내쉬며) 제가 선을 넘어서거나 당신을 불편하게 할 때 제게 말해 주기를 바라요.

Corey: 계속하세요. 지금 뭐가 일어나고 있죠? 계속 얘기를 하니 어때요?

Casey: (미소를 지으며) 안심이요, 정말 안심이 돼요. 이제 정말 제 자신인 것 같아요. (밝게 웃음)

Mrs. Corey: 뭐라고 할 수 있겠어요. 당신이 날 울게 만들었군요. 저한테는 결혼한 동성연애자 친구가 둘이 있어서 당신의 아픔을 이해할 수가 있어요. 그 부부를 20년째 알고 있죠. 당신이 얘기하는 게 그들의 고통과도 비슷하고 당신이 얼마나 괴로워하는지 알겠어요. 당신은 참 괜찮은 사람인데 얼마나 괴로워하는지 알겠어요.

Casey: 어머니께 제가 동성연애자라는 사실을 얘기하려고 해 왔는데 전 당신이 사랑이 많고 너그럽고 친절한 어머니 같이 느껴져요. Susan 옆에 당신이 앉아 있어서 좋았어요. 좋은 에너지가 느껴졌어요.

Narrator: Casey를 돕기 위해 Corey 박사가 역할극을 제안한다.

Corey: 여기 당신 어머니가 있다고 가정해 보세요. 몇 마디 해 볼 수 있겠어요? 실제로 그렇게 하라는 말을 아니지만 당신은 "자기 자신의 얘기를 하는 것과 엄마에게 동성연애자라고 공개하는 게 힘들어요."라고 했죠. 여기서 그걸 한번 해 볼 수 있겠어요?

Casey: (당황한 듯 침묵 8초, 머뭇거리며 Mrs. Corey를 쳐다봄)

Corey: 생각하고 있군요.

Mrs. Corey: 뭐 하나 물어봐도 돼요? 그게 당신이 하고 싶은 건가요. 아니면 Corey가 원하는 건가요?

Casey: 예, 얘기할 때가 되었네요. 곧 졸업을 하는데 어머니는 다시 저와 함께 살기를 원하세요. 어머니는 제게 원하는 게 많아요. 돈을 벌어라, 좋은 남자와 결혼해서 아이를 가져라 등등. 저는 좋은 딸이 아니에요. 저는 이제 가장 나쁜 딸이 되었죠. 어머니의 걱정거리를 늘어나게 만든 셈이죠.

Corey: 이렇게 시작하면 되겠군요. 여기 당신의 어머니가 있고 당신은 어머니가 당신의 말을 들어주기를 원해요. 이렇게 시작할 수 있겠군요. "어머니, 제가 돈을 많이 벌고 결혼해서 아이를 가지기 원한다는 걸 알아요. 어머니께 할 말이 있어요." 이렇게 해 볼 수 있겠어요? 어떤지 해 볼래요?

Casey: (눈물)

Mrs. Corey: **뭐가 어렵나요? 지금 뭐가 고통스럽죠?**

Casey: 전 너무 지쳤어요. 어머니가 절 사랑하고 받아들여 주도록 하는데.

Corey: **그녀를 바라보고 이야기해 보세요. "나는 지쳤어요."**

Mrs. Corey: **어머니에게 말할 때 어떤 언어를 사용하죠?**

Casey: 베트남어요.

Mrs. Corey: **그럼 베트남어로 얘기하는 게 낫겠어요? 우리가 당신이 무슨 말을 하는지 아는 것이 중요한 게 아니에요. 어머니와 보통 말하는 방식으로 제일 하고 싶은 얘기를 해 보세요.**

　　　　[후략]

　　　　　　　　　　　　　　　　　　　　출처: Corey, Corey, & Haynes (2012).

☞ 생각해 보기

1. 집단상담자는 어떠한 개입을 하고 있는가? 내가 알아차린 집단상담자의 개입을 적어 보고, 그 개입 의도가 무엇일지 작성해 보자.

작성 예시) 장면 1.

−개입 내용:

_____

_____

_____

_____

−예상되는 의도:

_____

_____

_____

_____

2. 나에게 가장 인상적인 집단상담자의 개입을 이야기해 보고, 그 이유는 무엇이었는지 함께
   생각해 보자.

2. 집단상담자 개입 기술

1) 관찰

(1) 정의와 목적

- 집단상담자는 눈으로 집단에 대한 정보를 모을 수 있다. 관찰은 집단상담자가 집단원의 전반적인 반응에 주목하는 것이다.
- 언어로 드러나는 내용뿐만 아니라 집단원의 몸짓, 표정, 음성에서의 섬세한 변화, 저변의 메시지, 말하지 못한 내용, 앉는 위치, 자세 등을 전체적으로 관찰하여 집단원이 말하고자 하는 것을 탐색하여 개입할 수 있도록 한다.

(2) 유의 사항

- 초심 집단상담자의 경우, 집단 전체를 살피기보다 자연스럽게 말하는 사람만을 쳐다보게 될 수 있다. 이 경우, 자칫 말하는 집단원과 집단상담자 간의 일대일 대화처럼 상호작용이 흐를 수 있다. 때문에 일부 집단원들은 소외감을 느끼거나 집단 과정에 대한 흥미를 잃을 수 있으니 유의하여야 한다.
- 집단상담자는 집단 전체를 살피며 집단원들의 다양한 반응을 즉각적으로 알아차리는 것이 중요하다. 예컨대, 집단원들의 표정이나 눈물, 고개를 끄덕임, 몸의 움직임 등을 관찰하는 것은 집단원의 상태와 개입 방향에 많은 정보를 준다.
- 다음은 집단상담자가 관찰할 수 있는 비언어적 항목과 그 구체적인 예시다.

표 4-4 관찰 가능한 비언어적 행동 확인 질문 목록

동작성/신체 언어

1. 표정이 말하는 내용, 상황과 일치하는가?

2. 말 대신 표정으로 전달하고 있는 메시지는 없는가?

3. 입을 꽉 다물거나 이를 악물고 있지 않은가?

4. 시선의 접촉이 적절하게 유지되고 있는가?

5. 특정 행동(관심을 끄는 행동, 불안정한 시선, 팔짱 끼기, 다리 꼬고 앉기, 발 떨기, 하품, 잦은 자세 변경, 구부정한 자세 등)을 보이는 사람은 누구인가?

6. 몸이 경직되어 있지 않은가?

7. 몸짓이 전반적으로 과장/위축되어 있지 않은가?

8. 특정 주제에 관해 말할 때 표정, 몸짓, 자세가 변하지는 않는가?

9. 전반적인 자세와 태도는 어떠한가?

10. 신체 접촉과 관련된 변화는 없는가?

11. 이야기하면서/이야기하지 않으면서 누구를 쳐다보는가?

12. 시계를 보는가?

13. 언행이 불일치되는 집단원은 누구인가?

14. 가방을 안고 있거나 무릎 위에 올려 두는가?

근접성/사회적 거리, 공간

1. 누가 누구와 주로 붙어 앉고, 누가 누구와 떨어져 앉는가?

2. 함께 앉은 사람이 달라졌는가?

3. 집단상담자와 가까이/멀리 앉는가?

4. 주로 앉는 곳은 어디인가?(출구 쪽, 창문 쪽, 집단상담자 옆자리 등)

5. 앉은 자리에 변화는 없는가?

6. 눈에 띄게 거리를 두고 앉으려는 집단원은 없는가?

집단에서의 모습

1. 집단상담실에 어떻게 들어오고 나가는가?

2. 집단에 가장 일찍 또는 가장 늦게 오는 사람은 누구인가?

3. 습관적으로 지각, 결석, 조퇴하는 사람은 누구인가?

4. 실내에서도 외투를 벗지 않은 사람은 누구인가?

5. 갑작스럽게 의상이나 용모가 변한 사람은 누구인가?

준 언어/어떻게 말하는가?

1. 어떻게 말하고 반응하는가?

2. 말할 때 전반적인 어조는 어떠한가?

3. 특정 주제에 관한 이야기를 하는 동안 음조나 어조에 변화가 없는가?

출처: 강진령(2019b).

실습 2
관찰

1. 오늘 집단상담 강의실에 들어선 후부터 지금까지 ① 집단원(조원 또는 전체 학생)들에 대해 관찰한 내용을 다음 활동지에 기록해 보고, ② 제시된 관찰 항목 목록을 참고하여 기록한 관찰 내용이 어느 항목에 해당하는지 분류해 보자.

   (예: A가 가장 구석 자리에 앉았다 – 공간, 사회적 거리

   A는 C와 이야기할 때 시선은 주로 아래로 향해 있었다. – 신체 언어, 시선

   처음 이곳에 들어왔을 때 모여 앉는 집단, 누구와 함께 있었다. – 관계성)

집단원	관찰 내용	관찰 항목
	–	–
	–	–
	–	–

2. 아래 질문을 참고하여 나의 관찰 패턴에 관해 이야기 나누어 보자.

   예) 내가 집단원들에 대해 관찰한 내용은 어떤 항목들에 집중되어 있는가?

   　　나는 주로 어떤 항목에 대해서는 관찰하지 않는가?

   _____

   _____

   _____

2) 질문

(1) 정의와 목적

- 질문은 집단원의 사고, 감정, 행동, 경험 등을 탐색하고 확인하기 위해 묻는 기술이다(강진령, 2019b).
- 집단원으로부터 어떤 사실이나 상황에 대한 정보를 얻을 목적으로 사용된다. 이 외에 집단원의 이야기에 대해 정확히 이해하기 위해 되묻거나 집단원의 내면을 탐색하기 위한 목적으로 사용된다.

(2) 유의 사항

- 질문은 목적과 의도에 따라 방법이 다양하므로 다양한 질문의 형태를 알고 적절하게 선택하여 사용하는 것이 중요하다.
- 질문할 때는 집단원이 혼란스럽지 않도록 한 번에 하나씩 질문해야 한다. 무엇을 묻는지 분명하게 알 수 있도록 명료하게 질문해야 한다.
- 개인상담에서와 마찬가지로 '예', '아니요'라고 대답할 수 있는 형태의 폐쇄형 질문보다 개방형 질문을 사용해야 한다. 개방형 질문은 육하원칙(누가, 언제, 무엇을, 어떻게, 무엇 때문에)로 시작하는 질문으로 자기개방과 집단원 간의 상호작용을 촉진시킬 수 있다.
- 지양해야 할 질문으로는 양자택일형 질문, 유도형 질문 등이 있다. 양자택일형 질문이란 두 가지 중 한 가지를 선택하도록 하는 질문으로 예를 들면 "당신은 화가 났나요? 슬펐나요?"라고 묻는 것처럼 다양한 감정을 탐색해 볼 기회를 놓칠 수 있다. 유도형 질문은 집단상담자가 지레 짐작하여 특정한 대답을 하도록 유도하는 질문을 말한다. 예를 들어, "~해 보이는데 정말 ~하지 않나요?" 등으로 묻는 것이다.
- 그 밖에 '왜'라고 묻는 질문은 집단원으로 하여금 방어적으로 만들거나 추궁하는 것으로 여겨질 수 있다. 또한 이미 집단원에게 질문을 하고 미처 대답을 하기도 전에 질문공세를 펼치게 된다면 집단원은 추궁당하는 느낌이나 공격받는 느낌을 받을 수

있다. 따라서 '왜'라는 질문과 질문공세를 하는 것은 지양해야 한다.

표 4-5 폐쇄형 질문 vs 개방형 질문의 예시

폐쇄형 질문	개방형 질문
어머니를 떠올리면 슬픈가요?	어머니를 떠올리면 어떤 감정이 올라오나요?
아버지를 떠올리면 손이 떨리나요?	아버지를 떠올리면 신체에는 어떤 변화가 있나요?
집단원들이 바다님에게 질문을 하니 많이 긴장되나요?	집단원들이 바다님에게 질문을 하니 어떤가요?
자해를 하지 않기 위해 칼을 숨겨 본 적 있나요?	자해를 하지 않기 위해 어떤 노력을 했었나요?

실습 3
질문

☞ 주어진 상황에서 집단상담자의 질문의 문제점을 분석해 보고 대안 반응을 작성해 보자.

> 자기 성장 집단의 3회기다. 집단원 영수는 직장생활에서 겪는 어려움, 일과 관련된 자신의 두려움을 길게 설명하고 있다. 영수는 자신의 이야기를 길게 설명만 하고 다른 집단원들의 생각이나 경험을 묻는 것이 없고, 집단상담자만 바라보면서 긴 설명을 하고 있다.

• 집단상담자 개입 (1): "영수님께서는 지금 자신이 이 이야기를 통해 전달하고 싶은 가장 중요한 것이 무엇인지 알고 계시나요?"

문제점:

대안 반응:

• 집단상담자 개입 (2): "이야기를 하실 때 다른 집단원들은 쳐다보지 않고 주로 저를 보고 이야기를 하시는데 이것은 긴장해서인가요, 아니면 제가 어떻게 생각하는지 저의 생각이 궁금해서 그러시는 건가요?"

문제점:

대안 반응:

• 집단상담자 개입 (3): "이야기를 하실 때 감정이 전혀 느껴지지 않는데 왜 그런가요?"

문제점:

대안 반응:

- 집단상담자 개입 (4): "여기 있는 집단원들의 생각이나 경험에는 크게 관심이 없는 것처럼 느껴지는데 맞나요?"

문제점:

대안 반응:

- 집단상담자 개입 (5): "지금 영수님의 대화 방식이 다른 사람들에게 힘들게 느껴진다는 것을 인지하고 계시나요?"

문제점:

대안 반응:

- 집단상담자 개입 (6): "사람들이 어떻게 생각하는지를 그렇게 신경을 쓰는 이유가 있나요? 혹시 안 좋은 경험이 있었을 수도 있을 것 같아서요. 다른 사람들의 존중을 받기 위해서는 자기 자신을 먼저 존중해야 하지 않을까요?"

문제점:

대안 반응:

3) 초점 맞추기

(1) 정의와 목적

• 초점 맞추기는 집단 활동 또는 집단원의 문제를 적절한 주제와 관심사에 잘 맞추고 유지하는 기술이다.

• 회기 목적에 맞는 주제의 이야기가 지속되도록 돕고, 주제에 벗어난 이야기는 중단하거나 차단함으로써 주제에 집중할 수 있도록 한다.

(2) 유의 사항

• 일반적으로 외부의 것에서 내면의 것으로, 추상적인 것에서 구체적인 것으로, 일반적인 것에서 개인적으로 옮겨 가는 것이 적절하다.

• 집단 과정에서 초점이 모호해졌을 때 집단상담자는 "이 이야기가 ○○에게 무슨 도움이 될까요?", "방금 한 이야기는 문제의 초점에서 벗어나고 있다는 느낌이 듭니다." 등의 말로 초점을 다시 맞추게 할 수 있다.

• 집단상담자는 한 사람에게 초점을 둘지, 집단 전체에 초점을 둘지 결정해야 한다. 시작 단계에서는 집단원에게 일어난 일이 무엇인지 파악하기 위해 이야기를 나누고 싶어 하는 모든 집단원의 이야기를 듣는 것으로부터 시작할 수 있다. 이 과정에서 집단상담자는 집단 전체의 상호작용을 지속할지 개인 작업을 할지 결정해야 한다.

• 초점은 집단 목적과 일치하는 범위 내에서 얼마든지 이동할 수 있다. 초점 맞추기는 초점 설정, 초점 유지, 초점 이동, 초점 심화의 네 가지 과정이 필요에 따라 앞뒤로 오가며 이루어진다.

(3) 초점 맞추기의 기법(강진령, 2019b; 김영경, 2018)

① 초점 정하기

• 집단원에게 회기의 주제나 활동을 사전에 안내하거나, 시작 단계에서 말해 줌으로

써 초점을 정하도록 도울 수 있다.

• 반응 예시
− "이제 남은 한 시간은 친구와의 관계에 관한 이야기를 나누어 보겠습니다."
− "잠시만요. 구름이 엄마와의 답답한 마음을 이야기한 후 곧 화제를 자기의 경험으로 돌려 버리고 이야기 흐름도 바람 쪽으로 가져왔습니다. 제 생각에는 구름의 갈등을 어느 정도 정리가 될 때까지 구름의 이야기에 초점을 맞추었으면 좋겠어요. 그런 다음에 바람의 이야기로 넘어갑시다."

② 초점 유지하기
• 집단의 목적에 맞는 주제를 지속적이고 의도적으로 다루는 것이다.
• 한 가지 주제에 관하여 이야기를 나누는 중에 다른 주제의 이야기를 꺼내는 집단원이 있다면 이를 차단하여 본래의 주제에 관한 이야기에 머무르게 할 수 있다.
• 초심 집단상담자가 흔히 하는 실수는 가장 먼저 말하는 사람에게 너무 오래 초점을 두는 것이다. 어떤 한 사람이나 한 주제에 초점을 유지하기 전에 집단원 모두 또는 대부분에게 이야기할 기회를 주는 것이 좋다. 가장 먼저 말하는 사람은 불안감을 가지고 말할 수 있고, 관심을 끌려고 하거나 집단상담자를 즐겁게 하기 위해 말할 수도 있다는 것을 알아야 한다.

• 반응 예시
− "햇살, 구름이 자신의 고통스러웠던 경험을 충분히 털어놓을 수 있도록 잠시만 기다리시겠어요?"
− "이 시점에서, 우리의 집단이 어디로 진행해 가고 있는지를 점검해 보고 싶습니다. 오늘 우리가 무엇을 이야기 나누었는지 누가 정리해 볼까요?"

◈ 초점 유지 여부의 결정을 위한 고려 사항(강진령, 2019b)

• 시간이 충분히 남아 있는가?

• 새로운 화제로 초점을 옮기고 싶은가?

• 집단원들은 현재의 초점에 얼마나 관심 있어 하는가?

• 집단논의에 다른 집단원을 끌어들일 필요는 없는가?

• 집단의 분위기 전환을 위해 초점을 옮길 필요는 없는가?

• 집단의 초점이 어떤 주제, 사람, 활동에 맞추어져 있는가?

• 현재 다루고 있는 주제, 사람, 활동에 너무 오래 초점을 맞추고 있지는 않은가?

• 현재 초점을 맞추고 있는 내용의 주제는 집단의 목적과 얼마나 관련이 있는가? 이미 과거에 다룬 적이 있지는 않은가?

③ 초점 옮기기

• 집단의 초점을 옮겨야 하는 경우는 그것을 더 유지할 필요가 없거나 충분한 시간이 남아 있지 않은 경우다.

• 집단의 초점이 이동하는 예로는 '주제 → 집단원', '활동 → 주제', '주제 → 다른 주제', '집단원 → 다른 집단원' 등이다. 이때, 활동에서 활동으로의 초점 이동은 적절하지 않다. 집단에서 활동을 적용한다면 그 활동에 참여한 소감을 나누거나 다른 주제 또는 사람으로 초점을 이동하는 것이 좋다.

④ 초점 심화하기

• 집단원의 작업내용을 좀 더 깊이 있게 다루는 것이다.

• 이를 통해 집단원은 자기 이해와 통찰 수준을 높여 원하는 행동의 변화를 도모할 수 있게 된다.

◈ **초점 심화의 판단 기준(강진령, 2019b)**

- 집단원에게 초점 심화가 필요한가?
- 초점 심화가 집단원의 성적 · 문화적 배경에 적절한가?
- 집단원은 개인적 관심사를 다룰 준비가 되어 있는가?
- 집단원은 다른 집단원들의 피드백을 받을 준비가 되어 있는가?
- 집단원의 자아 강도는 심화된 초점을 감당할 수 있는가?
- 집단상담자는 심화된 초점을 다룰 수 있는 전문적인 경험, 지식, 능력을 갖추고 있는가?

- 집단상담자는 적극적인 반응과 탐색 질문으로 집단의 초점을 심화시켜야 한다.
- 집단의 목적에 따라 초점의 심화 정도를 결정할 수 있다. 일반적으로 과업, 교육, 토론 집단은 개인적인 이슈를 다루는 것을 기대하지 않는다. 따라서 이러한 집단에서 사적인 사안에 지나치게 초점을 심화시키는 것은 비윤리적일 수 있다.

◈ **초점 심화를 위한 방안(강진령, 2019b)**

- 생각을 떠올리게 하거나 도전적인 질문을 던진다.
- 집단에 방해되는 역동에 대해 집단원에게 직면한다.
- 강렬한 활동으로 집단원의 내적 세계와 접촉하도록 돕는다.
- 개인적인 수준에서 내면의 감정과 생각을 표출하도록 한다.

실습 4
초점 맞추기

☞ 다음의 사례를 읽고 적절한 개입 반응을 생각해 보자.

> **[사례 1]** 집단원 A는 어머니가 돌아가시고 난 뒤 큰 상실감을 경험하였고, 그러한 힘듦이 너무 커서 신체화 증상으로 나타났다는 이야기를 하고 있었다. 집단원 A의 이야기에 집단원 B는 친했던 친구의 자살과 그로 인해 자신도 친구를 따라가고 싶은 마음을 표현하였다. 집단상담자로서 당신은 A의 이야기가 아직 충분히 다루어지지 않았다고 느낌과 동시에 집단원 B의 이야기를 다루는 것도 중요하게 느껴진다.

• [초점 맞추기]와 관련하여 집단상담자로서 나의 개입을 생각해 보자. 우려되는 점이 있다면 무엇인가?

_____

_____

_____

> **[사례 2]** 집단원 C는 분노 조절 문제가 있는 아버지로 인해 자라면서 빈번한 가족 갈등이 있었고, 어린 시절 자신의 감정을 표현하는 것을 억압해야 했으며 이러한 것이 현재에도 자신의 솔직한 감정 표현이 어렵다고 호소하고 있다. 다수의 집단원들이 C의 힘든 경험을 공감해 주면서 C가 어린 시절 느꼈을 감정들을 깊이 있게 탐색하는 것을 돕고 있다. 그러던 중 집단원 D는 집단원 C에게 C가 집단상담을 처음 시작했을 때 상담자 소진에 대한 이야기를 했었기에 당연히 그 이야기가 나올 줄 알았는데 안 나와서 의외였다는 마음을 표현하고 어떻게 해서 지금의 소진 상태에 오게 된 것 같은지에 대해 질문을 하였다.

• [초점 맞추기]와 관련하여 집단상담자로서 나의 개입을 생각해 보자.

_____

_____

4) 해석

(1) 정의와 목적

- 해석은 집단원이 표현하거나 인식한 내용 저변의 감정 및 무의식적 동기와 의미 등에 대해 집단상담자가 새롭게 설명하는 것이다.
- 과거에 형성된 관계 혹은 경험에 기초한 현재의 대인관계 패턴, 욕구, 갈등, 대처 방식의 원인에 대한 설명 또는 연관성 여부를 잠정적 가설의 형태로 진술한다.
- 집단원의 특정 행동의 원인에 대한 이해의 폭과 깊이를 더할 수 있는 유용한 도구로 한 가지 특성이나 행위보다는 폭넓은 패턴(행동, 사고, 감정, 대인관계)에 대해 색다른 설명을 제공하는 특징이 있다.

◈ **시의적절한 해석의 효과(강진령, 2019b)**

- 어려서부터 학습된 대인관계 패턴에 의해 습관적·자동적 행동, 사고, 감정이 일어날 때 이에 대한 자기 인식을 명료하게 할 수 있다.
- 다양한 상황에서 유발되는 패턴(행동, 사고, 감정, 대인관계) 인식을 통해 자신에 대해 명확하고 긍정적인 시각을 갖게 된다.
- 지금 여기에서의 행동, 사고, 감정, 대처 방식의 과거 중요한 타인들과 관계와 연결되어 있음을 인식하게 되어 명확한 자기 지식을 갖게 되고 현재 반응과 경험을 기꺼이 수용하게 된다.
- 대인관계 패턴의 발생 원인과 발달과정에 대한 이해를 통해 불안, 수치심, 병리적 신념 등을 버리는 한편, 자신의 행동 혹은 반응에 대해 편안한 마음을 갖게 된다.
- 대인관계 패턴의 변화가 가능하고, 변화의 선택이 자신의 통제하에 있다는 사실을 깨닫게 됨으로써 자신감을 회복한다.

(2) 유의 사항

• 해석이 정확하고 시의적절하면 난관을 극복할 수 있도록 도울 수 있으며 집단원은 변화의 기초를 마련할 수 있다.

• 해석은 개인뿐만 아니라 집단 전체에 대해서도 가능하다. 전체 집단에 대한 적절한 해석이 이루어질 때 집단원들은 집단 과정 중에 있는 자신의 모습을 통찰하게 되고, 서로 지지적으로 되어 집단의 응집력이 높아지기도 한다.

◈ 해석을 위한 지침(강진령, 2019b)

• 집단원과 작업동맹이 형성되었다고 판단될 때 적용한다.
• 공감적 이해를 바탕으로 온화하고 신중하게 표현한다.
• 사실적인 진술보다는 잠정적인 가설의 형태로 제시한다.
• 집단원의 생애사와 배경에 맞추어 적용한다.
• 지적 능력이 부족한 집단원에게는 해석을 자제한다.
• 집단원의 일부분에 대해서보다는 전반적인 측면에 관해 설명한다.
• 집단원이 이해하기 쉬운 어휘로 구체적 · 직접적으로 표현한다.
• 집단원의 준비 상태를 확인하기 위해서는 명료화 기술을 활용한다.
• 받아들일 준비가 되어 있는지 확인한 후, 적절한 시기에 제공한다.
• 직관적 추론의 타당성을 탐색할 기회가 될 수 있는지 확인한다.
• 때론 집단원에게 맡겨 본다.

> **실습 5**
> **해석**

☞ 다음 사례를 읽고 적절한 해석 반응을 작성해 보자.

> **[사례]** 집단원 A는 어린 시절에 심하게 싸우는 부모 밑에서 성장하여 화를 내고 소리 지르는 장면만 봐도 긴장되고 무섭다고 하였다. 부모님이 싸우실 때면 침대로 들어가 이불 속에 숨어 소리 죽여 음악을 듣고 난 후, 싸움이 끝나면 엄마 아빠의 기분을 풀어 주기 위해 자신의 진짜 마음과는 다르게 웃으면서 재밌는 이야기를 들려주곤 하였다고 하였다.
> 집단에서 B가 분노의 빈 의자 작업을 하였을 때, 집단원 모두가 몰입해서 바라보는 빈 의자 작업에서 집단원 A는 먼발치 떨어져 한쪽 구석에 있었다. 하지만 다음 회기가 진행되자마자, 집단원 A는 웃으면서 최근에 자신이 겪은 재밌는 이야기를 하기 시작한다.

1. 이 사례에서 관찰되는 A의 특성(정서, 행동, 사고, 관계 등)에 대해 작성해 보자.

_____

_____

2. A의 과거 삶과 현재 모습을 통해 A에 관해 해석할 수 있는 '가설'을 모두 작성해 보자.

_____

_____

3. A의 행동에 대해 해석할 때, 집단상담자가 유의할 점이 있다면, 무엇인가?

_____

_____

4. 집단상담자로서 A에게 어떠한 말로 이 상황을 해석해 줄 수 있는지 이야기해 보자.

_____

_____

5) 피드백

(1) 정의와 목적

• 집단원의 감정이나 행동, 사고 또는 그들의 강점, 비생산적인 사고나 문제행동 등을 밖으로 드러내어 언어적 혹은 비언어적 행동으로 솔직히 되돌려 주는 것을 말한다.

• 집단에서 학습이 일어나게 하는 중요한 수단으로 집단원에게 내면 탐색의 기회를 부여하고 타인에게 영향을 주는 자신의 행동에 대해 통찰할 기회를 제공한다. 기꺼이 위험을 감수하여 자신의 문제와 상황에 대해 더 책임 있는 행동을 하도록 한다. 집단 경험을 더 긍정적으로 생각하게 하는 것과 관련되며 이로 인해 심적 에너지가 충만해지고, 그 힘을 공유할 수 있게 된다(Morran, Stockton, & Whittingham, 2004).

• 집단상담자가 이 기술을 잘 사용하면 집단원이 관찰한 것을 다른 집단원들에게 말해 주는 것의 중요성을 보여 줄 수 있고, 어떻게 피드백을 주고받는지에 대한 모델링이 된다.

(2) 유의 사항

• 집단상담 초기에는 집단상담자가 피드백을 주로 사용하는데 이는 다른 집단원에게 모델링이 될 수 있다.

• 집단원들의 피드백은 집단 초기에는 포괄적이거나 모호하거나 솔직하지 않은 경향이 있다. 따라서 집단상담자는 시범을 통해 집단원들에게 피드백을 교환하는 방법을 가르쳐야 한다. 피드백 교환에 관한 규칙은 집단 초기에 정하거나 공지해야 한다.

• 한 사람에게서 온 피드백보다 여러 사람에게서 온 피드백이 더욱 의미 있으므로 다른 집단원이 동참할 수 있도록 해야 한다.

• 집단원들은 집단상담자가 주는 피드백보다 집단원의 피드백을 더 신뢰할 수 있다. 실제 사건을 목격한 사람이 하기 때문에 훨씬 더 중요하게 받아들인다.

◈ 피드백(Feedback)에 관한 규칙

- 다른 사람을 돕고자 하는 욕구에서 출발해야 한다.
- 상대방의 변화 가능한 행동에 초점을 맞춘다.
- 포괄적이기보다는 구체적으로 관찰 가능한 행동에 관하여 이야기한다.
- 여러 사람에게 공통적으로 관찰할 수 있는 행동에 근거한다.
- 지금-여기 집단상담 안에서 일어난 일에 대해서만 피드백한다.
- 상대에 대해 좋아하는 점 또는 강점을 표현한다.
- 피드백을 받는 사람과의 관계에서 원하는 바를 표현한다.
- 경우에 따라서 대안적 행동을 제시한다.
- 피드백은 강요가 아닌 요청의 형식으로 한다.
- 피드백 받는 사람에게 행동 변화에 있어서 선택의 자유를 준다.
- 나 전달법(I-message)으로 표현한다.
- 충고, 비난, 비판 없이 상대에게서 받은 영향을 자기 생각이나 느낌의 형태로 표현한다.
- 선과 악, 옳고 그름에 대해 판단하지 않는다.
- 집단원이 받아들일 준비가 되어 있을 때 표현한다.
- 피드백은 한 프로그램을 마치고 즉시 한다.

실습 6
피드백

☞ 다음 사례를 읽고 질문에 대한 생각을 나누어 보자.

> [사례 1] '자전거'님이 목소리님에게 "제가 한 말씀 드려도 될까요?"라고 말을 한 뒤 잠시의 기다림도 없이 바로 다음과 같이 말한다. "목소리님이 이 집단에서 말을 별로 안 하시는 데 좀 겁도 많으시고 소심한 편이신 것 같아요."

1. 자전거의 피드백이 가진 문제점은 무엇인가?

_____

_____

_____

_____

_____

2. 집단상담자로서 이러한 상황에서 어떻게 개입할 것인가?

_____

_____

_____

_____

_____

[사례 2] '조이'가 다음과 같은 말을 하고 다른 집단원 몇 명이 고개를 끄덕인다. "마라톤님, 제가 하고 싶은 말이 있는데요. 여기 몇몇 사람들이 마라톤님이 다른 사람의 이야기를 경청하지 않는 것처럼 느껴진다는 말을 했는데요. 여러 사람이 말을 했는데도 여전히 그것에 대해 진지하게 받아들여 주시지 않는 것 같아요."

'마라톤'이 바로 '조이'의 말에 다음과 같이 반응한다. "음, 그런데 저는 오히려 그 반대인 것 같거든요. 아무도 제 의견을 진지하게 생각해 보시지 않는 것 같습니다. 제가 사람들 이야기를 많이 듣는 편이고 또 여러분들이 말한 문제들을 저도 다 겪어 봐서 제가 많이 고민해 본 문제여서 나름대로 여기 계신 분들이 말한 문제에 대해 좀 그래도 정확한 의견을 드렸는데 아무도 제 의견에 대해 특별한 반응을 안 하시는 것 같습니다."

1. 당신이 집단상담자라면 이러한 상황에서 어떻게 느낄 것 같은가? 예상되는 어려움은 무엇인가?

_____

_____

_____

_____

_____

_____

2. 위 상황에서 집단상담자로서 어떻게 건설적인 피드백 교환을 촉진할 수 있는가?

_____

_____

_____

_____

_____

* 개입 시, 유의 사항

1) 여러 사람의 경험이 아닌 '조이'의 경험에 대해 이야기하도록 하기(개별 피드백 유도)

'마라톤'과 '조이' 모두 '여러 사람, 여러분'이라고 이야기하며 다수에 대한 이야기를 하고 있다. 이때, 집단원 전체 피드백을 하도록 하면 '마라톤'은 강하게 아니라고 반응할 수 있고 집단 공격이 유도될 수 있다. 다수의 공격은 좋지 않은 집단의 형태이다. 따라서 집단상담자는 집단원 전체 공격, 하위 집단원 간의 싸움에 들어가지 않도록 유의해야 한다.

2) 차라리 '마라톤'에게 공감을 하는 것도 한 가지 방법이다.

"내가 아니라고 하는데 다들 그렇다고 하니 더 아니라고 해야 할 것 같은 에너지에 엄청 힘이 쓰이겠다."

참고 자료 I: Yalom 집단상담 DVD 축어록

Yalom 집단 구성원에 대한 소개

Alice는 소심하고 수줍음이 많은, 집단에서 소극적인, 다소 특색이 없는 편이다. 보통 논쟁에 휘말려 든다. 사람들은 때때로 그녀의 시선을 끌 필요를 느끼지만, 정작 그녀는 주목받기를 원하지 않는다고 주장한다. 그녀는 소아과 간호사다.

Cathy는 업무 중심적이고, 침착하며, 주요 소프트웨어 회사의 중견 프로그래머다. 그녀는 집단에서 꽤 또렷하게 표현을 하지만, 데이트할 때 남자 앞에서 말문이 막히는 것 같고, 남자에 대해 존중하는 마음이 들지 않는다고 말했다. 그녀는 종종 '공허하다(empty inside)'고 느끼며 폭식증 환자다.

Darlene은 직설적인 성격을 지닌 꽤 솔직한 여성이다. 그녀는 마음대로 말하는 편이며 자신의 감정이 알려지는 것에 대해 수줍어하지 않는다. 그녀의 남편은 학대하는 사람이며, 그녀는 모든 남자들이 자신을 학대한다고 느낀다. 그녀는 남편의 학대에 종종 크게 스트레스를 받는다. 그녀는 큰 소매 가게의 매니저다.

Bob은 자신의 감정으로부터 상당히 철수되어 있고, 지적으로만 행동한다. 그는 생활에서 고립되어 있다. 그는 엔지니어이고, 이혼한 상태다. 그는 재혼하고 싶지만, 헌신하는 것이 두렵다. 그는 가능한 자신에 대한 정보를 주지 않는다.

Allen은 자동차 수리공이며, 최근 여자친구와 헤어져서 우울하고 기분이 좋지 않다. 그는 폭력적인 경향이 있고, 쉽게 감정을 표출한다. 그는 양성애자인데, 집단은 여덟 번째 만남이 이루어질 때까지 이 사실을 알지 못했다. 그는 남자와 여자 모두와 관계를 맺기를 바라지만, 어느 쪽과도 친밀감을 유지하는 데 어려움이 있다.

Betty는 이혼했고, 아이가 하나 있는데 심각한 정서적 문제를 갖고 있다. 그녀의 태도는 어머니답고 집단에서 아주 양육적이다. 그러나 그녀는 도움을 요청하고 받아들이는 데 어려움이 있다.

그녀는 학교 상담자다.

Dan은 알랑거리는, 수동-공격적 성격의 소유자다. 그는 자신의 감정과 접촉하지 않으며, 특히 부정적 감정과 거의 접촉하지 않는다. 그는 다른 사람들과 어울리지 않고, 늦게 도착하고 의자를 원에서 몇 인치 뒤로 빼서 거리감을 나타낸다. 치과의사인 그는 일에 매우 열중하고 스트레스, 특히 결혼생활에 대한 불만을 이야기한다.

Joan은 공동 치료자다. 그녀는 직접적이지만 자제하는 사람이다. 그녀는 Yalom과 6개월간 함께 일하고 있고, 정신과 레지던트다.

다음은 [5회기 중반부]에 들어서는 시점이다.

Cathy: 나는 아직 Dan이 왜 여기에 있는지 확실하게 모르겠어요.

Dan: 음. 사실 여기에 있는 건 전적으로 제 의사는 아닙니다. 나는 부부치료를 받고 있어요. 상담자 한 명을 만나고 있지요. 그가 집단에 참여하면 치료가 빨라질 것이라고 했어요. 그리고 지금 저는 세 번째 결혼생활을 하고 있고 두 살짜리 애도 있지요. 저는 어떻게든 결혼생활이 잘 풀릴 방법을 찾고 있어요. 나는 이게 좋을 것 같다고 생각했고 내 아내는 저를 떠밀었지요.

Yalom: **당신 말은 상담자가 당신을 여기로 보냈거나 당신 아내가 이렇게 할 것을 고집했기 때문에, 혹은 당신 결혼 때문에 여기에 왔다는 말이군요. 그런데 당신은 정말 여기에 있는 것 같지는 않네요.**

Bob: 부부치료는 왜 받지요?

Dan: 알다시피 저는 집에 오면 약간의 평화와 고요함을 바라고 찾는데 내가 집에 들어서는 순간 내 아내는 내 앞에 이것저것을 들이대요. 나는 나 자신을 위한 시간이 없는 것 같다고 느껴요. 마치 온종일 내가 사무실에서 느끼는 것과 같이요. 사람들은 이런저런 요구들을 만들곤 하는데 그녀도 나한테 똑같이 해요. 지난여름에 휴가로 멀리 떨어진 곳에서 약간의 시간을 가진 적이 있는데, 호텔에 들어갔을 때 첫 번째 일이 일어났지요. 그녀는 그곳의 직원과 방 때문에 말다

툼을 했어요. 나는 별로 구경도 하지 않았지요. 그런데 그녀는 제가 직원과 논쟁을 하지 않았다고 저에게 화를 내는 거예요. 당신도 알다시피 저는 거기에 스트레스를 받으러 간 게 아니에요. 나는 그것으로부터 떠나려고 간 거였는데 그녀는 그것을 모든 장소에 가지고 다녔지요. 그녀는 항상 이성을 잃은 것 같았어요.

Bob: 음, 제안을 하나 하고 싶군요. 30분 정도 충전하는 시간을 가져 보는 건 어때요? 사무실에서 집으로 들어갈 때 말이죠. 모드 전환도 필요하고요.

Dan: 우리는 이미 그걸 시도해 봤어요. 그건 좋은 생각이긴 해요. 그녀가 그걸 알았으면…… 그녀는 항상 무언가를 생각하고 제가 집에 오면 그것에 대해 이야기하기를 원하지요. 저에게 대답을 바라고 그런 식으로 흘러가지요. 나는 항상 그녀에게 규칙을 말하고 떠올리게 하기는 싫어요.

Darlene: 그녀는 왜 행복하지 않죠?

Dan: 오래된 일이긴 하지만 그녀는 엄마가 되기로 결심했고, 그녀의 일을 버린 것에 대해서 유감스럽게 생각하고 있어요. 지금 그녀는 그것에 대해 분개하지요.

Cathy: 그녀도 치료를 받고 있나요?

Dan: 그럼요.

Allen: 만약 그것이 그녀의 문제라면 당신은 왜 치료를 받나요?

Dan: 음, 그건 내가 그녀와 함께 살아야 하기 때문이죠. 그건 우리 문제니까요.

Joan: Dan, 우리는 당신의 몫을 분명히 할 필요가 있겠네요.

Dan: 그래요. 제 말은 나도 문제가 좀 있는 것 같아요. 우리는 모두 문제가 있고 그런 거죠. 제가 어린 시절을 돌아볼 필요가 있을 것 같아요. 아버지는 알코올 중독자였고 부모님은 이혼하셨지요. 저는 학교에서 항상 편하지 못했어요. 왜냐하면 이혼 가정의 자녀였기 때문이죠. 나는 스포츠를 거의 하지 않았고 다른 아이들과 경쟁에도 참여하지 않았어요. 그런 식이었죠. 하지만 그건 모두 지나간 과거예요. 지금 저는 성공한 치과의사지요. 나는 전문가의 길을 걷고 있어요. 그건 더 이상 문제가 아니라고 봐요.

Betty: 나는 여전히 이해가 안 돼요. 어떻게 그게 그렇게 딱 맞아떨어지는지 모르겠어요. 나는 정말 답답해요. 당신의 부인만 치료를 필요로 한다면 어떻게 우리가 여기서 당신을 도울 수 있지요?

Yalom: Dan, 당신도 답답함을 느끼나요?

Dan: 음. 저는 가끔 좋은 집단은 어떻게 굴러가는 걸까 궁금하긴 하지만 나는 나에게 관심이 집중되어 있어요. 나는 사람들을 보는 걸 즐기고 있고요. 그들 사이에서 한 부분을 차지하는 게 즐거워요.

Cathy: 이런 말 하는 게 좀 불편하긴 하지만 지난번에 모임이 끝나고 당신이 커피를 마시면서 나에게 했던 말을 생각해 봐요. 몇 주 전이었네요. 당신은 당신이 이 집단에서 도움을 받지 못하고 이 집단이 부담으로 느껴진다고 했어요.

Dan: 나는 사실 그런 뜻으로 말한 게 아니에요. 당신도 알다시피 사실 저는 여기 오는 것이 무척 힘들어요. 오후 내내 여기에 오기 위해 서둘러 일을 하고 가끔은 오는 것이 어려울 때도 많아요. 하지만 일단 오면 매우 흥미롭게 참여하고 그걸 즐겨요.

Allen: 수요일에만 환자 한 명을 덜 받아요. 한 명이면 되잖아요.

Dan: 그건 그렇게 쉽지 않아요. 응급 상황도 발생하고 환자들의 전화도 계속 오지요. 그건 내가 어떻게 할 수 없는 부분이에요.

Yalom: Dan, 나는 몇 분 전으로 돌아가고 싶군요. Cathy와 집단 밖에서 이야기했던 그 부분으로요. 내 생각에는 당신이 이 집단에 대해 매우 솔직한 마음을 그녀에게 표현했던 것 같은데, 그걸 여기서 한번 말해 보는 것도 매우 중요할 것 같군요. 나는 당신이 그걸 여기서 표현해 볼 의사가 있는지가 궁금하네요. 우리가 어떻게 느낄지, 재치 있는 말이나 그런 건 제쳐 두고 집단에 대해 생각하는 바를 솔직하게 말해 봐요. 직설적으로 가슴에서 나오는 걸 말할 수 있겠어요?

Dan: 여전히 같아요. 가슴으로부터 말해도 나는 이 집단이 흥미롭다고 생각하고 여기에 있고 사람들이 어떻게 하는지를 보고 이 집단에 한 부분을 차지함으로써 많은 걸 배우고 있어요.

Joan: 당신의 감정에 주목해 보세요. Dan. 자, 이렇게 생각해 보세요. 모든 시간은 지나갔고, 돈 낭비였으며, 모든 내가 한 일은 순식간에 지나가 버렸고, 그것은 내가 아닌 부인의 문제였죠. 나는 이 빌어먹을 모든 일이 내 탓이 아니다.

Dan: 음, 당신도 아시겠지만, 나는 여기에서 시간들이 그냥 지나가 버렸다 느낀다고 결코 말한 적이 없어요. 음, 나는 지나간 이곳에서의 시간이 조금 불편했을 뿐이에요. 하지만 나는 그걸 지불할 만한 충분한 가치가 있다고 생각해요. 단지 그뿐이에요. 나는 정말 흥미로워요. 그것은 내게 그만한 가치가 있어요.

Yalom: 당신의 나머지 모습은 어디에 있나요? 우리가 Dan에게 피드백을 좀 줄까요? 여러분들은 여기서 어떤 느낌이 드나요?

Darlene: 나는 당신이 어떻게 느끼는지 모르겠어요.

Betty: 나는 그가 정말 좋은 사람이라고 생각해요.

Cathy: 어쩌면 너무 과하게 좋은 사람이죠.

Yalom: 들어봐요. 이렇게 해 보세요. 새로운 생각을 몇 분만 해 봅시다. Dan이 여기 있고 여러분들은 그와 같이 살고 있는 거예요. 일주일에 1시간 반을 말이죠. Dan과 같이 사는 상상을 해 봅시다. Dan과 결혼해서 그와 24시간 연결되어 있는 거죠. 여러분은 어떤 경험을 하게 될 것 같아요? 여러분들을 그 상황 속으로 밀어 넣어 봐요. 어떤 마음이 올라오나요?

Alice: 나는 혼자 사는 기분이 들 것 같아요. Dan, 당신은 아내가 당신의 부재 때문에 당신을 비난한다고 했었죠. 저에겐 그 말이 정확한 표현처럼 들리네요. 부재. 당신이 여기에서도 나와 함께 있는 것 같지 않아요. 당신 의자를 봐요. 심지어 당신 의자조차 이 원에서 몇 인치나 벗어나 있어요.

Cathy: 맞아요. 나도 그걸 알고 있었어요. 그걸 굳이 말할 필요는 없겠지만 약간 신경에 거슬리네요. 나는 Dan을 찾을 수 없다는 것에 왜 좌절감이 느껴지는지 모르겠어요. 그가 어디에 있는지 모르겠네요.

Darlene: 그래요. 결혼한 것 같지가 않아요. 제 말은 나는 당신이 누구인지 무엇을 알고 있는지 모르겠고 당신이 무언가를 하는 것 같기는 한데 나와는 관계없는 것 같아요.

Betty: 나는 계속 당신은 어디에 있는지 당신을 찾을 수 없다고 말하고 싶네요. 나는 계속 화가 나요. 당신에게 더 많은 요구를 하고 싶어요. 나는 아마도 당신 아내처럼 더 날카로워지고 비합리적이 될 것 같네요. 그렇게 생각해요.

Yalom: 알다시피 몇 분 동안 나는 당신에 대한 말들이 더 강하지고 있다는 것을 알고 있었어요. 내 생각에는 내가 그렇게 만들었고 Joan도 그래왔지요. 여기 있는 모든 사람들이 그래왔고 그렇게 발생한 현상이 내 생각에는 매우 중요하게 여겨져요. 그것은 마치 당신의 진짜 목소리를 찾아주기 위한 노력이었고 우리는 점점 더 화가 났지요. Betty의 말을 빌리자면 점점 더 날카로워졌지요. 그건 당신 집에서 당신 아내가 계속 언성을 높이는 것의 반복이었던 것 같네요. 당신의 진짜 목소리를 듣고 싶어서 말이죠.

Dan: 음⋯⋯.

출처: Yalom 집단상담 DVD 축어록.

실습 7
[적용] Yalom 집단상담 과정 분석

☞ 지금까지 배운 집단상담 주요 기법들을 생각하며, 앞서 제시된 Yalom의 집단상담 스
크립트를 읽고, 아래 질문들을 참고하여 집단상담 과정을 함께 분석해 보자.

1. 다음의 요소를 고려하여 Dan의 문제를 분석해 보자.
1) 대인관계 패턴 혹은 심리적 특성의 관점에서 Dan의 문제는 무엇인가?
2) 이러한 문제는 집단 내에서 어떻게 표현되고 있는가?
3) 이러한 문제는 집단 밖에서 어떻게 나타나고 있는가?
4) 이러한 문제 발생에 영향을 미쳤을 것으로 추정되는 요인은 무엇인가?

_____

_____

_____

_____

_____

_____

_____

2. 이 집단 과정에서 관찰한 점은 무엇인가?

_____

_____

_____

_____

3. [초점 맞추기]와 관련하여 집단상담자는 어떤 개입을 하고 있는가? 집단상담자의 개입 중
   인상적인 부분은 무엇인가?

_____

_____

_____

_____

4. [피드백하기]와 관련하여 집단상담자는 어떤 개입을 하고 있는가? 집단상담자의 개입 중
   인상적인 부분은 무엇인가?

_____

_____

_____

_____

5. [해석하기]와 관련하여 집다상담자는 어떤 개입을 하고 있는가? 집단상담자의 개입 중 인
   상적인 부분은 무엇인가?

_____

_____

_____

_____

참고 자료 2: 집단상담 기술의 자기평가지

이 자기평가 목록은 집단상담자로서 본인의 강점과 약점을 확인하는 데 도움이 될 것이다. 각각의 기술에 대한 짧은 설명을 읽은 후 각 차원에서 자신을 평가하고, 각각의 기술 아래 나열된 질문에 대해 생각해 보라. 이 질문들은 당신이 <u>현재 기술 수준을 평가하고, 각 기술을 향상시킬 수 있는 구체적인 방법을 확인</u>하는 데 도움이 되도록 고안되었다.

① 빈칸 하나는 훈련 초기에 또 다른 하나는 훈련 종료 후를 위한 것이다.
② 평가를 통하여 어떤 부분에 있어서 개선이 필요한지 진단해 보라(점수: 3, 2, 1).
③ 주의할 필요가 있거나 자신에게 가장 의미 있는 질문에는 따로 동그라미를 표해 보라.
④ 스스로 생각하기에 가장 한계가 있는 기술에 노력을 기울일 수 있도록 자신이 고안한 특정 전략에 대해 생각해 보고 함께 나누어라.

> 3 = 나는 상당한 수준의 역량을 발휘하여 <u>대부분의 집단상담 시간 동안</u> 이렇게 한다.
> 2 = 나는 적당한 수준의 역량을 발휘하여 <u>집단상담 시간 동안 종종</u> 이렇게 한다.
> 1 = 나는 비교적 낮은 수준의 역량을 발휘하여 <u>때때로</u> 이렇게 한다.

기술 영역	사전 점수	사후 점수
1. **적극적 경청**　미묘하거나 직접적인 메시지를 모두 듣고 이해하며 자신이 이렇게 하고 있다는 것을 전하는 것 　　a. 나는 직접적 메시지, 미묘한 메시지 모두 들을 수 있는가? 　　b. 나는 집단원에게 잘 듣고 응답하는 방법을 가르치는가?		
2. **반영하기**　듣거나 느낀 것의 심층적 의미를 포착하고 기계적이지 않게 이를 표현하는 것 　　a. 나의 재진술이 집단원이 한 말에 의미를 더하는가? 　　b. 나는 생각과 감정 모두를 반영할 수 있는가?		

3. **명료화하기** 이면에 있는 쟁점에 초점을 맞추고 사람들이 자신이 생각하고 느끼는 것에 대한 더 선명한 그림을 얻을 수 있도록 돕는 것
   a. 나의 명료화 발언은 남들이 갈등을 일으키는 감정을 찾아내도록 돕는가?
   b. 나의 명료화는 집단원의 자기 탐색 수준을 더 심화시키는가?

4. **요약하기** 핵심 요소와 공통 주제를 확인하고 집단 회기가 나아가는 방향에 대한 그림을 제공하는 것
   a. 나는 집단 회기에서의 주제를 몇 개로 함께 묶을 수 있는가?
   b. 나는 각 상담 시간 끝에 적절하게 요약해 주는가?

5. **촉진하기** 집단원이 집단에서 자신을 분명하게 표현하고 행동하도록 돕는 것
   a. 나는 집단원이 의사소통의 장애를 극복하도록 도울 수 있는가?
   b. 나는 집단원이 자신에게 집중하도록 가르치는 데 성공하고 있는가?

6. **공감하기** 집단원의 말에 담긴 내적 틀을 수용하는 것
   a. 나는 집단원에게 공감하면서 동시에 독립된 정체성을 유지할 수 있는가?
   b. 나는 집단원들 간의 공감 표현을 증진하는가?

7. **해석하기** 행동 양식의 의미를 일정한 이론적 틀로 설명하는 것
   a. 나는 직감에 따라 해석하는가?
   b. 나는 집단원이 자신의 행동에 대해 스스로 의미를 부여하도록 격려하는가?

8. **질문하기** 생각과 행동을 활성화하는 질문을 사용하지만 상담자와 집단원 간의 묻고 답하는 상호작용을 피하는 것
   a. 나는 '왜'라는 질문 대신 '무엇을', '어떻게'라고 묻는가?
   b. 나는 질문을 하는 동안 내 의도를 계속 숨기고 있는가?

9. **연결짓기** 집단원 간의 상호작용을 증진하고 집단의 공동 주제를 탐색하도록 집단을 촉진하는 것
   a. 나의 개입이 집단원들 간의 상호작용을 증진하는가?
   b. 나는 집단원 간 또는 상담자와 집단원 간의 상호작용 규범을 만드는가?

10. **직면하기** 집단원들이 자신의 행동을 어느 측면으로 바라보도록 독려하는 것

    a. 나는 애정과 존중의 태도로 직면시키는 모범을 보이는가?

    b. 나는 판단하지 않고 특정한 행동을 직면시킬 수 있는가?

11. **지지하기** 촉진적인 효과가 나타나는 방식으로 적절한 때에 긍정적 강화를 제공하는 것

    a. 나는 독려와 지지를 균형적으로 사용하는가?

    b. 나의 지지가 때때로 집단원들의 작업을 방해하는가?

12. **저지하기** 집단 내의 비생산적 행동을 하는 집단원들을 보호하기 위해 개입하는 것

    a. 나는 집단원들을 공격하지 않으면서 필요한 때 개입할 수 있는가?

    b. 나는 집단에 방해가 되는 집단원들의 행동을 저지하는가?

13. **진단하기** 꼬리표를 달지 않고 집단원들을 분명하게 감지하는 것

    a. 나는 집단원들이 자신의 문제행동을 스스로 평가할 수 있도록 돕는가?

    b. 나는 나의 진단 방법에 적합한 개입을 만들어 낼 수 있는가?

14. **모범을 보이기** 집단원에게 집단 회기 동안과 회기 사이에 실제로 해 볼 수 있는 바람직한 행동을 보여 주는 것

    a. 나는 효과적인 자기 개방의 모범을 보일 수 있는가?

    b. 나는 애정 어린 직면하기를 모범 보일 수 있는가?

15. **제안하기** 독립적인 의사결정을 할 때 집단원이 사용할 수 있는 정보나 가능한 행동들을 제공하는 것

    a. 나의 제안은 집단원이 주도적으로 행동하도록 격려하는가?

    b. 나는 제안할 때와 하지 말아야 할 때를 어떻게 결정하는가?

16. **개입하기** 적절한 시기에 집단에 개입하는 데 적극적인 입장을 보이는 것

    a. 나는 집단이 비생산적으로 허우적거리는 것을 막기 위해 적극적인 행동을 취하는가?

    b. 나는 집단원이 집단 회기 동안 스스로 작업을 하는 방법을 가르치는가?

17. **평가하기** 진행되고 있는 집단 과정과 개인 및 집단역동을 평가하기 　　a. 나는 집단의 진행 과정을 평가하기 위해 어떤 기준을 사용하는가? 　　b. 나는 집단원이 집단에 기여하는 것뿐만 아니라 자신이 획득한 것을 평가하도록 돕기 위해 어떤 종류의 질문을 하는가?		
18. **종결하기** 집단원이 집단 회기 후에도 작업을 계속하도록 격려하는 분위기를 조성하는 것 　　a. 나는 집단원들에게 집단 종결을 준비시키는가? 　　b. 나는 집단원이 집단에서 배운 것을 일상생활에 적용하도록 돕는가?		

출처: Corey, Corey, & Corey (2019).

☞ 이 자기평가 목록을 완성하면 가장 개선이 필요한 항목('1'이나 '2'로 점수를 매긴 항목)에 동그라미를 하라. 주의할 필요가 있는 질문뿐 아니라 당신에게 가장 의미 있는 질문에 동그라미를 하라. 스스로 생각하기에 가장 한계가 있는 기술에 노력을 기울이도록 자신이 고안할 수 있는 특정 전략에 대해 생각해 보라. 이 검사는 과정을 시작할 때 한 번, 과정을 끝낸 후에 다시 한번 하는 식으로 최소한 두 번 실시하는 것이 좋다.

제**5**장

집단상담 기본 기술 2

학습목표

1. 참여 유도, 즉시성, 지금-여기 상호작용 촉진, 연결하기, 자기 개방의 집단 과정 기술을 습득할 수 있다.
2. 집단기술을 통해 효과적인 상호작용을 유도하고 참여자들 간의 신뢰와 친밀감을 형성하도록 도울 수 있다.

들어가며

- 집단상담자로서 집단을 잘 운영하기 위한 기본 기술에 대해 알고, 적절한 시기에 효과적인 방법으로 개입하는 기술을 보유하고 있나요?
- 집단상담자로서 집단에 참여하기를 꺼리는 집단원들에게 어떻게 접근할 것인가요?
- 집단상담자로서 집단원들 사이에서의 효과적인 상호작용을 이끌어 내기 위해 어떻게 접근해야 할까요?
- 집단원들이 말한 것들을 어떻게 기억하여 다른 집단원과 연결 짓게 할까요?

집단상담자는 집단원들과 관계를 형성하고, 집단원의 변화와 촉진을 위해, 그리고 집단의 발달 시기에 따라 발생하는 문제를 해결하기 위해 기법을 사용한다. 집단상담에서 상담자가 특정한 기법을 집단원에게 사용하기 위해서는 그 기법에 대해 충분히 이해하는 것이 필요하며, 집단원에게 기법에 관해 설명하고 사용에 관해 의견을 묻는 것도 경우에 따라 필요하다(천성문 외, 2019).

이 장에서는 집단상담자의 전문적인 기술 중 집단 과정 기술인 참여 유도하기, 즉시성, 지금-여기 상호작용 촉진, 연결하기, 그리고 상담자의 자기 개방에 대해 살펴보고자 한다.

1. 참여 유도하기

1) 정의와 목적

• 참여 유도는 집단에 적극적으로 참여할 준비가 되어 있지 않은 집단원이 집단 장면 안으로 들어올 수 있도록 돕는 과정이다.
• 집단 전체의 참여는 집단의 응집력을 향상시키고, 집단원 자신에 대한 탐색 및 자기 개방에 도움이 된다.

🌱 **집단 전체 참여가 필요한 이유(정성란 외, 2013)**

- 집단 전체가 자원으로 서로에게 적용해야 집단원 모두의 성장과 변화를 가져올 수 있다.
- 참여하지 않는 집단원이 성장하도록 돕기 위해서 집단 전체의 참여가 필요하다.
- 집단원들에 의한 집단원 전체의 참여 유도와 격려를 통해 집단 성과를 이루기 위해 필수적인 신뢰를 형성할 수 있다.
- 집단 전체의 참여는 집단원들 간의 친밀감을 증진한다.
- 집단 전체의 참여는 위험을 감수하도록 격려하고 자극하는 데 필요하다.
- 각 집단원의 목표는 서로 연결되어 있어서 각자 목표를 이루기 위해 참여할 때 집단 성과의 관건인 집단역동이 성공적으로 창출된다.
- 집단원 전체의 참여는 집단에서 이야기를 주로 독점하는 집단원에게도 도움이 된다.
- 집단 안에서 결정해야 할 여러 가지 문제들을 집단의 합의와 동의를 통해 결정하는 힘을 제공하며, 이를 통한 학습을 가능하게 한다.

2) 활용 시 유의 사항

집단상담에 대한 구조화가 이루어졌다 하더라도 집단원이 자기 개방에 대한 준비가 되지 않았거나 자기 개방에 두려움이 있는 경우 또는 집단에 대한 신뢰감이 형성되지 않

🌱 **집단 참여 유도를 위한 질문들(김영경, 2018)**

- A의 이야기를 들으면서 어떤 느낌이 드는지요?
- 지금 그 느낌을 A에게 표현해 본다면?
- B의 이야기를 들으면서 계속 고개를 끄덕였는데 어떤 생각을 했는지 B에게 표현해 볼 수 있나요?
- 이번 기회를 통해 자신에 대해 알게 된 것을 표현해 볼 수 있나요?

앉을 때, 침묵하거나 다른 이야기를 할 수 있다. 집단상담자는 집단 참여에 대한 집단원 각자의 이유를 세심하게 살피고, 이를 수용적으로 다루면서 집단에 들어올 수 있도록 도와야 한다.

집단원을 적극적으로 참여시키기 위한 기본 방법으로는 '순서대로 돌아가기', '이인 체계', '손들기'가 있다. 이때, 집단상담자는 부드러운 표정과 눈 맞춤, 몸 기울이기, 흥미와 관심 표현하기와 같은 행동을 적극적으로 이용할 수 있다(강진령, 2019a; 천성문 외, 2019; Jacobs et al., 2016).

순서대로 돌아가기(라운딩) 예시

"이제부터 구름의 상황에 대한 모두의 생각을 들어 볼까요. 누구부터 이야기를 시작해 볼까요?" (모두 침묵한다면, 햇살을 부드럽게 바라보며) 그럼 햇살부터 시계 방향으로 돌아가며 이야기해 볼까요?

이인체계 예시

"지금부터 둘씩 짝을 지어 이야기해 볼까요? 그리고 전체 집단으로 돌아와서 서로가 나눈 이야기를 공유하도록 합시다."

손들기 예시

"(집단상담자가 먼저 손을 들면서) "햇살처럼, 본인이 아닌 선생님이나 부모님이 대신 신청해서 집단에 오게 된 친구가 있을까요?" (집단원을 둘러본다.)

(유의점) *집단이 발달함에 따라 순서대로 돌아가면서 참여하도록 유도하기보다 순서와 상관없이 자발적으로 참여하도록 해야 한다.

실습 1
참여 유도하기

☞ 다음 상황에서 집단원의 참여를 유도하기 위한 집단상담자의 반응을 생각해 보자.

[사례 1] 침묵하는 집단원

- 리더: (회기 내내 침묵하고 있는) 구름은 지금 우리가 나눈 이야기에 대해 어떻게 생각하나요?
- 구름: (심드렁한 표정으로) 글쎄요. 그냥 '아, 그렇구나' 하고 듣고 있었어요.
- 리더:

_____

_____

_____

_____

_____

(대안 반응) "구름이 우리 이야기를 잘 듣고 있었네요. 여기서 나눈 이야기 중에 어떤 말을 들었을 때, 구름 마음에 '아, 그렇구나' 하는 생각이 들던가요? 무엇이든 좋아요. 지금 구름에게 떠오르는 것을 이야기해 줄래요? (답변을 듣고) 그 말을 듣고 구름은 어떤 마음이 들었나요?"

[사례 2] 집단 활동에 참여하기를 꺼리는 집단원들

- 나무: 저는 이 활동에 참여하고 싶지 않아요.
- 리더:

_____

_____

_____

_____

(대안 반응) "나무가 참여하고 싶지 않은 마음을 솔직하게 말해 주었네요. 나무가 이 활동에 참여하고 싶지 않은 이유가 있을 것 같아요. 이야기해 줄 수 있나요?"

활동 TIP

- 집단상담자가 제안한 것을 따르고 싶어 하지 않는 이유에 대해 말하도록 요청하는 것이 중요하다. 이것은 집단원의 마음에서 우러나오는 순수한 요구일 수 있다. 그들의 행동을 저항이라고 자동으로 꼬리표를 붙여서는 안 된다.
- 활동에 참여하고 싶지 않다고 말하는 집단원에게 "당신이 주저하는 것에 대해 말해 주지 않겠느냐?"라고 질문할 수 있다. 이 질문에 여전히 부정적인 태도를 나타낸다면 일단 그 상태를 존중할 필요가 있다.
- 집단원이 그들이 하고 싶지 않은 일을 하느라고 시달리거나 억지로 떠밀리는 경우가 있어서는 안 된다. 그러나 집단의 활동이 행해지기 위해서는 그들이 도전받을 필요가 있기도 하다.

2. 즉시성

1) 정의와 목적

- 즉시성은 집단상담 장면에 초점을 두고 지금-여기에 이야기하는 것을 느끼고 깨달아 즉시 의사소통하는 것이다. 집단상담자가 지금 집단에서 일어나는 것에 최대한 집중하여, 집단원들끼리 주고받는 메시지들에 반응하고, 질문하고, 직면하고, 해석해 주는 작업이다(천성문 외, 2019).
- 즉시성은 집단원에 대한 탐색과 자각을 촉진하고, 집단의 상호작용 촉진 및 신뢰감 형성에 도움이 된다.

2) 활용 시 유의 사항

- 집단상담자는 집단원이 자신을 탐색하여 자각할 기회를 놓치지 않기 위해서 집단에서 방금 일어난 것이 무엇인지를 강조할 뿐만 아니라, 집단이 그 순간을 어떻게 경험했는지를 나누도록 격려해야 한다(Yalom, 1995).

3. 지금-여기 상호작용 촉진

1) 정의와 목적

- 집단원의 과거나 집단 바깥에서의 경험이 아닌, 지금-여기 집단 장면에서의 사건이나 감정, 상호작용에 초점을 맞추는 것이다.
- 집단원들은 집단에서의 상호작용을 알아차림으로써 자신의 대인관계 방식을 이해

할 수 있다. 집단원들이 지금-여기의 경험에 주의를 기울일수록, 이들은 일상생활에서 대인관계 기술이 향상될 뿐 아니라 관계의 질을 높일 수 있다(Corey, Corey, & Corey, 2019). 무엇보다 이들이 집단에 참여하게 된 목적을 달성하도록 도울 수 있다.

• 집단 장면에서 지금-여기에 초점을 두는 것은 집단원들 간의 상호작용하는 과정에서 집단원들이 다른 집단원, 집단상담자, 집단 전체에 대한 자신의 반응, 사고, 감정을 더욱 잘 자각하게 하는 것이다.

2) 활용 시 유의 사항

지금-여기에 초점을 두는 것이 집단원의 과거사를 무시하는 것은 아니다. 오히려 집단 장면에서 경험하는 사건과 감정을 통해 과거와 관련된 생각과 감정 역시 보다 생생하게 알아차리고 자신의 문제를 탐색할 기회가 될 수 있다. 때문에 집단상담자는 집단 안에서 경험하는 것이 어떻게 자신의 삶과 연결되는지 탐색하도록 도울 필요가 있다.

집단원은 지금-여기에서의 경험보다 자신의 과거, 집단 밖의 일상, 타인의 이야기하는 것이 익숙할 수 있다. 집단상담자는 지금-여기의 경험에 초점을 맞추도록 요청할 수 있다.

🌱 지금-여기 상호작용 촉진 작업의 효과(강진령, 2019b)

• 집단원 개개인의 주제에 관한 작업을 촉진한다.
• 집단원의 일상생활에서의 행동 패턴을 관찰할 수 있다.
• 집단원의 경험을 표현할 수 있게 함으로써 집단 과정의 흐름을 촉진한다.
• 과거와 현재의 경험을 연결하여 탐색할 수 있다.
• 자신의 감정 이해 및 자신의 문제 탐색할 수 있다.

실습 2
지금-여기 상호작용 촉진

☞ 다음 상황에서 지금-여기 상호작용을 촉진하기 위한 집단상담자의 반응을 연습해
보자.

[사례 1] **현재에 집중하기**

집단원: 저는 학교 다닐 때도 주로 혼자서 놀았어요. 제 기억으로는…… 한 다섯 살 때부터도 주로 혼자 있었
던 기억이 나요. 사람들이 많으면 머리도 아프고 어떨 땐 배도 살살 아프고, 어떻게 해야 할지 잘 모
르겠더라고요.

집단상담자: _____

_____

_____

(대안 반응) "그렇군요. 과거의 경험이 ○○님에게 영향을 주었나 봐요. 그럼 지금 집단
상담을 하면서는 어떤지 궁금하네요. 지금 여러 사람들과 함께하는 이 순간 ○○님은
어떤 느낌이 드나요."

[사례 2] **집단 활동에 참여하기를 꺼리는 집단원들**

집단원: "저는 사람들에게 인정받고 싶어 하는 것 같아요. 사람들이 나에게 관심을 갖고, '아, 정말 잘했다' 이
런 말만 듣고 싶은데 이런 마음이 있다는 게 창피하네요. 그게 그러니까……."

집단상담자: _____

_____

_____

(대안 반응) "(말을 끊으며) ○○는 사람들에게 늘 관심 받고 싶었던 것 같구나. 잘했다는
소리도 많이 듣고 싶고. 그런데 방금 이런 이야기를 하면서 어떤 느낌이 드는지 궁금해."

활동 TIP

• 집단원이 전달하고자 하는 핵심은 사람들에게 인정받고 싶고 칭찬받고 싶은 마음과 이로 인한 창피함이다. 이 문제는 집단원의 인정 욕구에 속하면서도, 지금 집단상담 활동에 참여하고 싶지 않은 상태와 그에 대한 집단원의 대처 방식을 드러내고 있다. 집단상담자는 집단원이 말한 내용을 정리해 주면서 과거의 경험을 지금-여기의 감정으로 탐색해 볼 기회를 제공하여야 한다.

실습 3
집단상담자 개입 분석: Corey 부부의 집단상담 영상 시청 (2)

'지금—여기'

☞ 집단 구성원에 대한 소개

James(27세): 자신을 "증명해야만 한다"고 느끼는 교양 있는 멕시코계 남자로 소개하고 있다. 그의 문화적 배경 때문에, 그는 종종 어떤 상황들에서 억압한다고 느낀다.

Andrew(35세): 유럽계 미국인으로, 그가 친해지기를 원하는 사람들, 특히 여자들과 가까워지는 방법을 알게 되는 데 어려움을 겪고 있다. 고통스러운 이혼을 통해서, 그는 자신을 다시 친밀한 관계에 열중하는 것에 매우 방어적이다.

Jackie(43세): 유럽계 미국인. 완벽하게 되고, 모든 사람이 그녀를 좋아하게 하고, 모든 사람이 행복을 유지하도록 하려고 자신에게 많은 압력을 가한다. 그녀는 가끔 자신이 성취한 것이 무엇이든지 간에 그녀가 충분히 괜찮지 않다고 느낀다.

Daren(27세): 라틴 아메리카계의 배경을 가졌고, 때때로 자신을 표현하는 방법에 대해 걱정하고 그가 주는 인상에 대해 걱정한다. 그는 이따금 어리다고 느끼며 그것이 집단에 적합하다고 느끼기 힘들게 한다. 그는 소속감을 느끼기를 원하고 있다.

☞ 다음은 Corey 등(2012)의 『집단상담의 실제: 진행과 도전』에서 제시된 영상 중 초기 단계의 축어록 일부이다. 아래 장면(축어록)을 보고 질문에 답해 봅시다.

초기 단계 1

리더는 사전 모임 이래로 생각해 온 것들과 이번 주말 집단을 시작하면서 지금 인식되는 것을 간단하게 보고하도록 요청하였다.

James: 전 이 집단에서 유대감을 느낄 수가 없네요. 왜냐하면 상당히 오랫동안 학교를 다니지 않았기 때문이죠. 그래서 정말 이방인처럼 느껴져요. 불편하다고 집단을 떠나겠다는 건 아니지만 이 집단의 일원이 아니라고 생각한 적이 몇 번 있어요.

Corey(리더): 이 집단에서 이방인이라는 느낌을 가지고 있었군요?

James: 예

Corey: 그랬군요.

James: 그랬어요.

Corey: 그러니까 이게 익숙한 느낌이군요. 여기 앉아 있는 동안 집단의 구성원이란 느낌과 이방인이란 느낌을 얼마나 느꼈나요?

Mrs. Corey(코리더): 지금 결정해야 한다면 말이죠. 방안을 한번 둘러봐요.

James: 50대 50이에요. 집단의 한 구성원이라고 느끼기도 하고 이방인이라는 느낌도 있고 거의 반반이네요.

Corey: 전 당신이 집단이 진행되는 동안 그 점에 대해 좀 더 얘기해 주길 바라요. 특히, 당신이 포함되지 않는 느낌이 들거나 이방인이라는 느낌이 들 때요.

Mrs. Corey: 특히, 당신이 이런 느낌을 집단 밖에서 당신의 삶에서도 느낀다고 하니 말이에요.

Andrew: 전 이방인인 것 같이 느꼈어요. 신뢰하는 게 두렵고 나누는 게 두렵고 뭐 이런 것들 말이에요. 이게 제가 이전의 일 전에 얘기하려 했던 이유이고 이제 다음 것으로 넘어가려고요.

Mrs. Corey: Andrew, 방안을 둘러볼 때 다른 사람들보다 조금 더 편안하게 느껴지는 사람이 있나요? 최소한 지금 이 순간 좀 더 끌린다거나 더 편안하게 느껴지는 사람이요.

Andrew: 여자들보다는 남자들을 신뢰하는 게 더 쉬워요.

Mrs. Corey: 좋아요. 방 안에 있는 남자들이요.

Corey: 특히, 누가 좀 더 편안하게 느껴지나요? 좀 더 두드러지는 사람이 있나요?

Andrew: James와 어젯밤에 얘기할 기회가 있었는데 좋았어요.

Mrs. Corey: 앞으로 며칠 동안 가능한 많은 집단원과 함께 하고 다른 집단에서처럼 집단 경험을 할 수 있길 바라요.

#초기 단계 2

집단의 리더는 짝지어 말하기를 통해 사전 모임에서 처음 만났을 때부터 생각해 온 것들을 서로에게 말할 것을 요청하였다. 특히, 이 집단에 대해 가지고 있는 어떤 두려움이나 기대, 그리고 그들이 집단에서 탐색하기를 바라는 어떤 것에 대하여 이야기하기를 제안하였다.

Corey: 여러분은 한 사람과 10분 동안 얘기할 기회를 가졌어요. 그럼 이제 여러분이 파트너에게 얘기했던 두려움이나 기대에 관해 모두 한 마디씩 할 수 있는 기회를 가졌으면 해요.

Andrew: 저는 제 파트너에게 사람들이 유색 인종을 어떻게 대하는지, 특히 제 직장에서 일어나는 일들에 대해 많은 얘기를 했어요. 고등교육을 받은 멕시코계 미국인으로서 때때로 사람들이 저를 무시하는 것 같아요. 그것이 날 화나게 하죠. 전 항상 제 자신을 남에게 증명해야 할 필요를 느껴요.

Jackie: 저는 이 집단을 마치고 나면 제 자신의 느낌, 그리고 다른 사람이 저에 대해 느끼는 것에 대해 좀 더 수용할 수 있게 되기를 원해요. 이 집단에서 제가 기대하는 것은 아무도 제게 화나지 않고 울지 않고 집단을 마치는 거예요. 저는 그런 과정을 원하지 않아요. 그 과정이 저는 두려워요. 그 긴장되는 가운데도 누가 미소를 보내거나 눈길을 주진 않는지 체크를 하죠. 제가 괜찮다는 무슨 피드백을 주진 않는지.

Corey: 여기서 특별히 당신을 좋아해 줬으면 하는 사람이 있나요?

Jackie: 권위를 가진 사람들이요.

Corey: 누가 권위를 가진 사람들인가요?

Jackie: 당신하고 Corey 부인이요.

Mrs. Corey: 여러분이 방금 얘기한 것들을 앞으로 집단에서 실제로 하는지 주의 깊게 살피세요. 여러분이 제 존재를 의식하거나 제가 어떻게 생각하거나 느낄지를 의식해서 여러분이 할 행동을 안 하고 할 얘기를 안 한다면 제가 그걸 알 수가 없죠. Corey도 마찬가지예요. 저는 여러분이 "지금 사람들이 날 어떻게 볼까 두려워서 말하고 싶지 않아요."라고 말할 수 있길 바라요. 스스로 알아차리고 말해 주세요. 그럴 수 있겠어요?

Jackie: 예. 그럴 수 있을 것 같아요. 저는 제가 집단 과정을 방해할 것 같아 염려할 것이란 걸 알아요. 왜냐하면 '다른 사람도 각자 자기 문제로 고민하고 있으니까 제 문제는 얘기하지 말자.'라고 생각할 테니까요.

Corey: 저는 당신이 집단 과정을 방해하고 중단시키는 모험을 감수할 수 있기를 바라요. 시도해 볼 의향이 있나요?

Jackie: 예. 시도해 볼게요.

Mrs. Corey: 만약 당신이 누군가를 진짜로 방해하고 있다면 우리가 그걸 지적할 수 있을 거예요. 혹은 작업하고 있는 사람이 얘기해 줄 수도 있죠. 당신이 너무 조심스럽거나 남을 너무 의식하면 당신은 앞으로 나갈 수 없을 거예요.

Corey: 또 뭔가 다른 두려움이나 기대가 있나요?

Darren: 저를 최근에 어렵게 하는 문제는 James와 Andrew가 얘기할 때 느꼈던 건데 제가 어리다는 느낌이에요. 그건 가족 안에서 느꼈던 감정이죠. 두 형과 아버지 사이에서 저는 소외감을 느껴요. 그런 느낌이 들 때면 위축되곤 하죠.

Corey: 당신이 그 점을 기억해 두길 바라요. 이 집단에서 당신의 두 형과 아버지를 연상시키는 사람이 있나요?

Darren: 이 둘은 제 형 같고요. 아버지 같고 딱 맞아요.

Corey: 좋아요. 그 문제를 여기서 다루어 볼 수 있겠군요. 좋아요. 다른 사람들은요?

출처: Corey, Corey, & Haynes (2012).

☞ 생각해 보기

1. 집단원으로서 집단상담자가 지금-여기에 집중하는 것을 강조한다면 당신에게 있을 수 있는 어려움은 무엇인가?

_____

_____

_____

_____

_____

2. 집단상담자로서 당신의 집단에서 지금-여기에 집중을 증진시키기 위하여 당신은 뭐라고 말하거나 행동하는가?

_____

_____

_____

_____

_____

3. Corey 부부의 집단상담 스크립트 속에서 발견한 집단상담자의 개입 중 눈에 띄는 부분은 무엇인가?

작성 예시) 장면 1.
－개입 내용:

_____

_____

_____

_____

－예상되는 의도:

_____

_____

_____

_____

_____

4. 집단상담에서 지금－여기의 상호작용을 촉진시키기 위한 방법은 무엇이 있겠는가?

_____

_____

_____

_____

☞ 개입 방안 시 고려해야 할 점

- 집단원들이 현재 또는 과거에 있었던 집단 밖의 문제를 이야기할 경우, 집단은 이 문제를 현재 지금-여기 집단의 맥락에서 어떻게 풀어낼지를 탐색한다.
- 구체적 예시
  - Jackie는 그녀가 충분히 괜찮은 사람이라고 느껴 본 적이 없기 때문에 권위 인물인 집단상담자 Corey 부부에게 위협받는 느낌을 가질지도 모른다고 했다. Jackie가 얼마나 많이 인정을 구하고 있는지 알 수 있다. 또한 James는 종종 자신이 하는 일에서 자신을 증명해야만 하는 것을 느낀다고 말하고 Andrew는 고립감을 느끼는 것에 대해 말한다. 모든 집단원들에게 집단에서 이와 같은 감정이나 생각을 경험하게 될 때를 주목하도록 요청한다.
  - 집단상담자는 집단원들의 지금-여기 반응을 강조하는 동시에, 또한 집단 내에서 현재 반응이 집단 밖, 그들의 삶에서 느끼는 감정을 반영하고 있는지 탐색하도록 한다. Jackie는 그녀가 집단의 기대에 맞는 생활을 하지 못할 것이며, 우리의 인정도 받지 못할 것이라는 걱정을 표현한다. 집단이 진행되면서 그녀의 이러한 심리적 갈등이 일상생활에서 어떻게 작용하는지에 대해 더욱 심도 있게 지각할 것을 희망한다.
  - 집단상담자는 지금-여기(Here and Now)의 집중과 그때-거기(Then-There)에 둘 다에 관심이 있다. 그러나 보통 집단원들이 집단 내에서 서로 그들의 반응을 먼저 다룰 때까지는 집단 밖에서 중요한 개인적 문제들을 다루는 위험을 감수할 준비가 되어 있지 않다. 집단원들이 집단 밖에서 현재 혹은 과거의 문제를 가져올 때, 집단상담자는 이것을 현재 집단의 맥락에서 어떻게 풀어낼지를 탐색해야 한다.

---

4. 연결하기

1) 정의와 목적

- 집단원의 말과 행동을 다른 집단원의 관심과 관련지어 주는 기술이다(천성문 외, 2019). 이를 위해 집단원들의 사고와 행동에서의 유사점과 차이점을 주목하고, 이들

간의 상호작용을 촉진한다.

- 연결하기는 집단이 그 연계성에 의해서 연대감과 보편성을 경험하는 기회를 제공한다. 뿐만 아니라 집단원 간의 차이점이나 불일치를 수용하는 기회를 제공한다.
- 연결하기는 집단 초기에도 유용하다. 연결하기를 통해 낯설고 어색한 상태의 집단원들이 공통 관심사를 발견할 수 있게 하고, 공유함으로써 집단응집력을 촉진할 수 있다(천성문 외, 2019).
- 집단원들이 집단 과정에 보다 집중하고, 내면을 탐색하는 데에도 도움이 된다.

2) 활용 시 유의 사항

한 사람의 이야기가 집단 내 다른 사람에게 적용될 수 있는지에 대해 민감해야 한다.

◈ 연결하는 집단상담자의 진술 예시

- 집단에서 구름처럼 느끼는 분이 계십니까? 이와 비슷한 경험이 있다면 함께 이야기를 나누어 봅시다.
- 구름과 햇살이 이야기를 서로 주고받는 것을 보고, 영향을 받은 분 있으신가요?

실습 4
연결하기

☞ 다음 상황에서 집단을 효과적으로 연결하기 위한 집단상담자의 반응을 연습해 보자.

[사례 1] '연결하기' 기술을 적용해 보기

구름: 아버지의 강압에 의해 자신이 원하는 것을 시도해 보지 못했다. 그녀는 현재 연인과의 관계에서도 자신이 원하는 것을 솔직하게 표현하기보다는 상대방에게 맞춰 주는 경향이 있고, 남자친구가 기분이 안 좋아 보이면 자신에게 화난 것이 있는지 염려한다.

햇살: 회사에서 다른 사람들의 눈치를 보고 부딪히지 않으려고 한다. 직장에서 자신이 과도한 업무로 스트레스를 받고 있음에도 자신의 힘듦을 과소평가한다. 동료들이 기분이 안 좋아 보이면 혹시 나에게 화가 난 일이 있는지 불안함을 느낀다.

집단상담자:

_____

_____

_____

_____

_____

_____

활동 TIP

이들 각각의 이야기 대상은 모두 다르지만, 자신의 상태와 욕구를 알아차리고 주장하기보다는 상대방의 필요에 자신을 맞추려고 하고, 항상 자신이 뭔가 잘못한 것 같은 불안감을 가지고 있다는 점에서 유사하다. 집단상담자는 이를 연결 지어서 집단원들 중 이와 유사한 경험이 있는지 확인함으로써 이 주제를 공통으로 작업 단계에서 다루어도 되는지를 점검할 필요가 있다.

[사례 2] '연결하기' 기술을 적용해 보기

쉼: 남편이 바람을 피울 것이라고 생각하지는 않아요. 그런데 무의식 속에 있는 건지 그런 꿈을 몇 번 꿨어요. 아버지가 어렸을 때 바람을 피운 적이 있는데 그래서 그런지 남편이 바람을 피울 것 같은 두려움이 있어요.

태양: 저희도 아버지가 외도를 하신 적이 있어요. 아버지가 저희에게는 좋은 아버지였는데 그 일을 알게 된 뒤로는 아버지랑 사이가 많이 멀어졌어요. 제가 결혼을 망설이는 이유가 혹시 그런 영향은 아닐까 생각이 들 때도 있어요.

집단상담자: _____

_____

_____

(대안 반응) "쉼과 태양 모두 아버지의 외도로 인한 상처가 있네요. 내 배우자가 항상 나만을 바라볼까, 미래 내 배우자가 온전히 서로에게 충실할 수 있을까 하는 두려움이 있네요."

활동 TIP

- 쉼이 남편과의 관계에서 남편이 외도를 할까하는 두려움이 있고 그 원인의 하나로 아버지의 외도 경험을 이야기한다. 아버지의 외도에 대해 태양도 자기 개방을 하면서 이것이 현재 결혼이라는 헌신된 관계를 맺기 두려워하는 마음과의 관련성을 시사한다. 집단상담자는 두 사람의 경험의 유사성을 연결 기술을 통해 드러내어 주고 있다.

- 집단상담자는 다른 집단원들이 자신들의 생각과 문제를 나누고 있음을 집단원들이 알게 함으로써 다른 사람들로부터 받아들여지고 있다는 느낌과 소속감이 형성되도록 도울 수 있다.

5. 자기 개방

◈ **생각해 보기**

- 내가 상담을 받았던 경험을 돌아볼 때, 가장 기억에 남는 상담자의 자기 개방은 어떤 것이었는가?
- 상담자로서 나의 경험을 돌아볼 때, 후회되었던 자기 개방은 어떤 것이었는가?

1) 정의와 목적

- 집단상담자가 집단원과 대화하는 동안 경험하게 되는 자기 생각이나 느낌, 즉 지금-여기서 내가 나에 대하여 무엇을 어떻게 느끼고 있는지, 또는 집단원에 대한 내 느낌은 어떠한지를 진솔하게 말해 주는 것이다.
- 자기 개방의 종류에는, ① 과거(그때)에 있었던 나의 경험과 느낌을 현재 집단원이 경험하고 있는 것과 ② 유사성이 있을 때 그것을 솔직하게 말해 주는 것이 있다.
- 집단상담자는 자기 개방을 통해 집단원들에게 보다 깊이 있는 자기 탐색의 모범을 보여 줄 수 있다. 또한, 집단원에게 유사한 친근감을 전달할 수 있고, 집단상담자와 집단원 간에 더욱 깊은 이해를 발달시킬 수 있다.

◈ **집단상담자의 자기 개방(예시)**

예시 1.

집단원: 취업 준비를 하면서 불안함이 더 커진 것 같아요. 주변에 취직한 친구들을 보면 부럽고, 오래 준비하는 만큼 뭔가 더 잘 해내야 할 것 같은 부담이 들어요.

집단상담자: 저도 3년간 공무원 시험을 준비한 적이 있어요. 언제 합격이 될지 모르고, 친
  구들은 자기 자리를 찾아가는 것 같아 불안하고 조급한 마음이 들었었지요.

집단원: 그러셨군요. 그 힘든 시간을 어떻게 이겨내셨어요?

예시 2.

햇님: 계속 볼 사이니까 싫은 소리는 되도록 하지 않으려고 해요. 가끔은 너무 답답하고, 화
  가 나기도 하지만, 저만 참으면 모든 게 평화로울 테니까…….

집단상담자: '햇님'의 이야기를 듣고 안타깝기도 하고, 답답한 마음이 들었어요. 나만 참으
  면 모든 게 평화롭다고 하지만, 그 평화로움 속에 햇님은 없는 것 같아서요. 다른 분
  들은 어떤 마음이 드세요?

[정리] 집단상담자는 일어날 수 있는 나눔의 깊이를 집단원에게 보여 준다. 자기 개방은 과
  거 사건, 현재, 현재 사건 그리고 집단이나 다른 집단원들에 대한 현재의 감정을 드러내
  는 데 사용할 수 있다.

2) 활용 시 유의 사항

- 집단상담자의 자기 개방은 집단원의 유익을 위해서 적절하게, 적시에, 도움이 되게,
  목적을 가지고 이루어져야 한다.
- 자기 개방을 할 때는 집단상담자가 자기 개방을 하는 이유, 집단원들의 준비성, 친
  밀한 공유관계가 집단원에게 미칠 영향, 집단의 지금-여기 과정상에서 적당한 노
  출 정도 등을 판단하고 해야 한다.
- 집단상담자가 현재 경험하고 있는 느낌이 부정적인 범주에 속할 때, 그 책임을 집단
  원에게 돌리기(You-message)보다는 집단상담자 자신에게 돌리며(I-message), 자기
  노출을 해야 효과적이다.
- 초심 집단상담자의 경우 지금-여기(Here and Now)에서 느껴지는 자기 개방보다 자

신의 과거 경험(History)에 대해 개방하는 것을 자기 개방이라고 생각한다. 과거에 대한 자기의 경험에 대해 개방할 경우에는 훨씬 더 민감하고 조심스러운 접근이 필요하며 집단상담자 자신에게 너무 집중되면 안 된다.

• 때론 집단상담자의 자기 개방이 지름길로 가고 싶은 마음에 조급하게 이루어지는 경우도 있다.

◈ 부족하거나 과도한 자기 개방(정원철 외, 2019)

• 초심 집단상담자는 개인의 사적인 내용의 노출을 최소화하려고 할 수 있다.
  − 이는 비전문적으로 비추어 지거나 집단원의 존경을 잃을 것에 대한 두려움 때문에 거리를 두어 집단상담자와 집단원의 관계를 유지하려는 이유일 수 있다.
  − 집단상담자의 부족한 자기 개방은 집단원들의 자기 개방 수준에 직간접적으로 영향을 미친다. 집단상담자가 시의적절하게 자신을 개방하는 것은 집단역동을 촉진할 수 있다는 점을 고려하여 언제, 얼마나 개방할 것인가를 결정할 필요가 있다.
• 초심 집단상담자는 집단원에게 인정받고 수용되고자 하는 강한 욕구로 인해 과도하게 자기 개방을 할 수 있다.
  − 집단상담자는 자신이 집단원처럼 한 인간일 뿐이라는 사실을 증명하려는 듯 아주 사적인 사실을 공유함으로써 집단의 일원으로 해야 할 의무에 과하게 열중하는 실수를 범하기 쉽다.
  − 자기 개방의 목적과 유익에 대한 고려 없이 무조건 모든 것을 내보이지 않도록 주의해야 한다.

마무리 활동: 집단상담자의 기술 활용하기

☞ (조별 활동: 5인 1조) 다음 활동 안내에 따라 제4장~제5장에 걸쳐 배운 기본 기술과 내용 기술을 활용하여 모의 집단상담 진행해 보자.

〈활동방법〉

1. 먼저, 조 안에서 집단상담자 1명, 집단원 3명, 관찰자 1명의 역할을 정합니다.

2. 집단상담자가 집단원들이 관심을 가질 만한 주제를 정하고, 집단원들이 이 주제에 대해 이야기를 나눌 때, 집단상담자는 다양한 집단기술을 적용하는 반응을 해 봅시다.

3. 1명당 7~8분 정도의 집단상담자 역할을 담당하고, 집단상담자 역할은 차례로 돌아가면서 기술 연습을 반복합니다.

4. 관찰자는 〈부록 활동지 5-1〉 기본 기술과 내용 기술 실습 평가지(동료평가)의 항목을 참고하여 집단상담자를 관찰할 수 있습니다.

5. 시간을 알려 주는 역할을 하는 사람을 한 사람 정합니다.

6. 전체 과정을 마친 후, 집단상담자의 경험, 집단원 및 관찰자로서 피드백을 나누어 봅시다.

〈집단 주제(예시)〉

1. 상담 공부를 하면서 가장 힘들었던 순간은?

2. 좋은 상담자가 되기 위해 내가 좀 더 개발하고 싶은 부분은?

부록 활동지 5-1 **집단상담자 기본 기술 실습 평가지(동료평가)**

상담자 비언어적인 요인	자세			0 1 2 3 4 5 6 7 8 9
	표정			0 1 2 3 4 5 6 7 8 9
개입 대상	개인	대인	집단	0 1 2 3 4 5 6 7 8 9
집단상담 개입 기술	1. 주의 집중하기(집단원의 전반적인 반응을 관찰, 주목하기)			0 1 2 3 4 5 6 7 8 9
	2. 질문하기(집단원의 사고, 감정, 행동, 경험 등을 탐색하고 확인하기 위해 묻기)			0 1 2 3 4 5 6 7 8 9
	3. 초점 맞추기(집단 활동 또는 집단원의 문제를 적절한 주제에 집중하도록 돕기)			0 1 2 3 4 5 6 7 8 9
	4. 참여 유도하기(집단에 적극적으로 참여할 수 있도록 촉진하기)			0 1 2 3 4 5 6 7 8 9
	5. 즉시성(지금-여기에 초점을 두고 집단원에게 느끼는 치료적 관계 또는 집단원과의 관계에 대한 즉각적 감정을 개방하기)			0 1 2 3 4 5 6 7 8 9
	6. 요약하기(핵심 요소와 공통 주제를 확인하고 집단 회기가 나아가는 방향에 대한 그림 제공하기)			0 1 2 3 4 5 6 7 8 9
	7. 상호작용 촉진(지금-여기에서 보이는 상호작용에 초점 맞추기)			0 1 2 3 4 5 6 7 8 9
	8. 공감하기(감정의 반영으로 집단원이 무엇을 느끼는지에 대해 집단상담자의 느낌 더하기)			0 1 2 3 4 5 6 7 8 9
	9. 피드백하기(집단원에 대해 관찰한 것을 집단원에게 진술하기)			0 1 2 3 4 5 6 7 8 9
	10. 침묵 허용하기(집단원이 자신의 사고나 감정을 만날 수 있도록 침묵 사용하기)			0 1 2 3 4 5 6 7 8 9
	11. 지지하기(촉진적 효과가 나타날 때 긍정적 강화 제공하기)			0 1 2 3 4 5 6 7 8 9
	12. 직면하기(불일치나 대립, 방어나 집단원이 자각하지 못하는 비합리적인 믿음, 또는 변하기를 주저하거나 하지 않으려 하는 것 직면하기)			0 1 2 3 4 5 6 7 8 9

	13. **해석하기(집단원이 표현하거나 인식한 내용 저변의 감정 및 무의식적 동기와 의미 등에 대해 설명하기)**	0 1 2 3 4 5 6 7 8 9
	14. **자기개방(집단상담자의 개인사나 집단원과 상호작용하면 서 경험되는 집단상담자의 생각이나 느낌에 대해 진솔하 게 말하기)**	0 1 2 3 4 5 6 7 8 9
	15. 저지하기(집단 내의 비생산적 행동을 하는 집단원을 보호 하기 위해 개입하기)	0 1 2 3 4 5 6 7 8 9
	16. 모범 보이기(집단 회기 동안에 바람직한 행동 보이기)	0 1 2 3 4 5 6 7 8 9
	17. **연결하기(집단원의 말과 행동을 다른 집단원과 연결하여 연대감과 보편성을 경험하도록 돕기)**	0 1 2 3 4 5 6 7 8 9
	18. 제안하기(집단원의 의사결정에 필요한 정보나 가능한 행 동 제공하기)	0 1 2 3 4 5 6 7 8 9
	19. 정보 제공하기(집단원에게 자료나 의견, 사실, 자원 또는 질문에 대한 답을 제공하거나 가르치기)	0 1 2 3 4 5 6 7 8 9
	20. 과제 제공하기(집단원이 변화할 수 있도록 과제를 개발하 거나 제공하기)	0 1 2 3 4 5 6 7 8 9
기타		

부록 활동지 5-2 **집단상담자 기본 기술 실습 평가지(전문가 평가)**

상담자 비언어적인 요인	자세			0 1 2 3 4 5 6 7 8 9
	표정			0 1 2 3 4 5 6 7 8 9
개입 대상	개인	대인	집단	0 1 2 3 4 5 6 7 8 9
집단상담 개입 기술	1. 주의 집중하기(집단원의 전반적인 반응을 관찰, 주목하기)			0 1 2 3 4 5 6 7 8 9
	2. 질문하기(집단원의 사고, 감정, 행동, 경험 등을 탐색하고 확인하기 위해 묻기)			0 1 2 3 4 5 6 7 8 9
	3. 초점 맞추기(집단 활동 또는 집단원의 문제를 적절한 주제에 집중하도록 돕기)			0 1 2 3 4 5 6 7 8 9
	4. 참여 유도하기(집단에 적극적으로 참여할 수 있도록 촉진하기)			0 1 2 3 4 5 6 7 8 9
	5. 즉시성(지금-여기에 초점을 두고 집단원에게 느끼는 치료적 관계 또는 집단원과의 관계에 대한 즉각적 감정을 개방하기)			0 1 2 3 4 5 6 7 8 9
	6. 요약하기(핵심 요소와 공통 주제를 확인하고 집단 회기가 나아가는 방향에 대한 그림 제공하기)			0 1 2 3 4 5 6 7 8 9
	7. 상호작용 촉진(지금-여기에서 보이는 상호작용에 초점 맞추기)			0 1 2 3 4 5 6 7 8 9
	8. 공감하기(감정의 반영으로 집단원이 무엇을 느끼는지에 대해 집단상담자의 느낌 더하기)			0 1 2 3 4 5 6 7 8 9
	9. 피드백하기(집단원에 대해 관찰한 것을 집단원에게 진술하기)			0 1 2 3 4 5 6 7 8 9
	10. 침묵 허용하기(집단원이 자신의 사고나 감정을 만날 수 있도록 침묵 사용하기)			0 1 2 3 4 5 6 7 8 9
	11. 지지하기(촉진적 효과가 나타날 때 긍정적 강화 제공하기)			0 1 2 3 4 5 6 7 8 9
	12. 직면하기(불일치나 대립, 방어나 집단원이 자각하지 못하는 비합리적인 믿음, 또는 변하기를 주저하거나 하지 않으려 하는 것 직면하기)			0 1 2 3 4 5 6 7 8 9
	13. 해석하기(집단원이 표현하거나 인식한 내용 저변의 감정 및 무의식적 동기와 의미 등에 대해 설명하기)			0 1 2 3 4 5 6 7 8 9

	14. **자기 개방(집단상담자의 개인사나 집단원과 상호작용하면서 경험되는 집단상담자의 생각이나 느낌에 대해 진솔하게 말하기)**	0 1 2 3 4 5 6 7 8 9
	15. 저지하기(집단 내의 비생산적 행동을 하는 집단원을 보호하기 위해 개입하기)	0 1 2 3 4 5 6 7 8 9
	16. 모범 보이기(집단 회기 동안에 바람직한 행동 보이기)	0 1 2 3 4 5 6 7 8 9
	17. **연결하기(집단원의 말과 행동을 다른 집단원과 연결하여 연대감과 보편성을 경험하도록 돕기)**	0 1 2 3 4 5 6 7 8 9
	18. 제안하기(집단원의 의사결정에 필요한 정보나 가능한 행동 제공하기)	
	19. 정보 제공하기(집단원에게 자료나 의견, 사실, 자원 또는 질문에 대한 답을 제공하거나 가르치기)	
	20. 과제 제공하기(집단원이 변화할 수 있도록 과제를 개발하거나 제공하기)	
기타		

제6장

개인 내적 역동에 대한 이해와 개입

1. 집단역동(dynamics)의 한 유형인 개인 내적 역동을 이해한다.

2. 개인 내적 역동을 개념화하는 방법을 배우고 실습한다.

들어가며

- 집단역동을 고려할 수 있는 요인은 무엇이 있나요?

- 개인상담과 구별되는 집단상담 안에서의 어려운 개인 내적 역동이 있다면 무엇일까요?

- 초기 집단원의 행동 및 관찰 등을 통해 개인의 집단상담 목표를 어떻게 설정할 수 있을까요?

집단역동이란 상담 과정에서 발생하는 다양한 상호작용과 역동적인 과정을 포괄하는 개념으로 집단에 작용하는 다양한 힘이라고 할 수 있다. 집단역동의 수준은, ① 개인상담에서 주요하게 다루는 개인의 심리 내적 역동, ② 집단원 간의 상호작용으로 인해 일어나는 대인 간 역동, ③ 집단 전체로서의 역동의 세 가지 수준으로 개념화된다(Earley, 2004). 먼저, 집단역동의 개념을 살펴보고, 집단역동의 세 가지 수준에 대해 알아보자.

1. 집단역동의 개념

- 변화하는 상황 속에서 집단과 개인이 행동하고 반응하는 방식, 소집단 안에서 일어나는 모든 것(Lewin, 1951)
- 하나의 공통 장면 또는 환경 내에서 일어나는 복합적이고 상호작용적인 힘(Dinkmyer & Muro, 1979)
- 집단 진화의 생명력을 펼치는 상담 결과와 과정에 영향을 미치는 내적 · 외적인 힘 (Dagley, Gazda, & Pistole, 1986)
- 집단원들이 목적을 달성하기 위해 노력할 때 일어나는 상호작용적인 힘(Shertzer & Stone, 1966)
- 집단을 움직이는 힘. 다시 말해 집단 리더, 구성원의 상호작용 방식이자, 이러한 방식이 집단 과업, 집단 발달, 집단 구조에 미치는 영향(Munich, 1993)
- 집단원들과 집단상담자 사이에서 일어나는 상호작용과 에너지의 교환에 관한 것 (Jacobs, Harvill, & Masson, 1994)
- 집단의 성격과 방향에 영향을 미치는 복합적인 힘(이형득, 2002)
- 집단 내에서의 힘을 의미하며, 집단의 발달 및 생산성과 중요한 연관을 가진 집단 내용과 집단 과정이라는 중요한 두 가지 요소를 포함하는 것(Gladding, 2008)
- 집단 과정에서 발생하는 집단 구성원 간의 언어적 · 비언어적 상호작용의 총체로서

상호작용과 그 결과로 생성된 집단 내의 균형과 변화(상담학 사전, 2010)

여러 학자의 개념을 통해 살펴보면 집단역동은 집단에 작용하는 힘으로, 집단 전체, 집단상담자, 집단원, 집단 과업, 집단 발달, 집단 구조, 집단 과정, 집단 내용 등 집단의 성격과 방향에 미치는 영향을 의미한다.

2. 집단역동의 수준

1) 개인 내적 역동

개인 내적 역동은 집단 내 개별 집단원들의 생각, 감정, 태도, 행동에 초점을 맞춘다. 개인의 고유한 특성, 개별 목표, 강점, 취약점, 대인관계 스타일 등을 통해 각 집단원이 집단역동에 기여하는 방식을 분석할 수 있다. 개인 내적 역동은 보통 개인상담에서 파악하는 심리적 역동으로, 집단원의 동기, 방어, 어린 시절의 기원 등을 포함한다. 이는 자기 개방을 통해서 집단원 스스로 내면을 탐색하고 통찰하는 것과 맞물리며, 집단상담자는 이를 바탕으로 집단 과정에서 집단원 개개인의 개별상담 목표를 설정하여 개입할 수 있다.

2) 대인 간 역동

대인 간 역동은 집단 구성원들 간의 관계와 상호작용을 나타낸다. 집단 내에서 발생하는 의사소통 스타일, 갈등, 연합, 권력, 동맹, 사회적 교환 등을 포함한다. 대인 수준의 역동은 집단 분위기, 신뢰 수준, 유대감 형성, 구성원들이 서로 지지하고 피드백을 제공하며 연결을 형성하는 데 어떤 영향을 미치는지 이해하는 데 도움이 될 수 있다.

3) 전체로서의 집단역동

전체로서의 집단역동은 집단 전체의 기능과 발전에 초점을 맞추고 집단의 규범, 역할, 리더십 역학, 의사결정 과정, 집단 유대감 등을 분석하는 것이다. 집단 수준의 역동은 집단의 전반적인 방향, 목표, 효과성에 영향을 미친다. 따라서 전체로서의 집단역동을 이해함으로써 집단상담의 목표를 달성하고, 집단 유대감을 촉진하며, 갈등을 해결하고, 지지적이고 생산적인 집단 환경을 조성할 수 있다.

초심 집단상담자의 경우, 개인상담에서 주로 활용하는 개인의 심리 내적 역동에 초점을 맞춘다. 앞서 제시한 세 가지 수준의 집단역동 중 이 장에서는 개인 내적 역동에 초점을 맞춰 다루어 보고자 한다.

3. 개인 내적 역동 다루기

1) 개인 내적 역동의 예

집단 내 행동: '다독이'는 집단상담 회기 동안 다른 사람이 어려움을 호소하면 끊임없이 즉각적으로 달래고 어르는 반응을 한다. 정작 자신의 문제는 드러내지 않은 채, 다른 집단원 모두에게 개입하여 반응하는 모습에 집단원들은 '다독이'에게 반감을 갖기 시작했다. 집단원의 공격에도 "그렇게 생각하실 수도 있죠. 하지만 문제를 드러내는 것이 그리 중요한가요. 위로해 주는 것이 뭐가 나쁜가요?"라고 반응하였다.

개인 내적 수준의 개념화: '다독이'는 부모의 다툼이 매우 심각한 상황에 자주 노출된 채로 다섯 남매 중 첫째로 성장하였다. 부모님이 다투시는 날에 어린 동생들이 울거나 작은 소리라도 내면 부모의 화살은 '다독이'에게 향했다. "엄마, 아빠가 이렇게나 힘든데 너는 동생 하나 못 돌보느냐?"며 혼이 나기 일쑤였다. 이로 인해 '다독이'는 누군가 힘들어하는 모습을 잠시도 보지 못하고 달래느라 쩔쩔매는 것이다.

2) 개인 내적 역동의 내용적 측면과 과정적 측면

개인 내적 역동은 크게 내용적 측면과 과정적 측면으로 구분된다. 내용적 측면이란 자존감, 대인관계, 가족갈등 등 집단상담 경험과 무관한 집단원의 개인 내적 과거력, 대인관계 경험, 핵심 문제라고 할 수 있다. 과정적 측면이란 집단원이 가진 개인적인 문제가 집단상담 과정 중에 집단 구성원들 간의 상호작용, 관계 패턴, 커뮤니케이션 방식 등의 형태로 표현된 것을 의미한다.

'다독이'는 잦은 부모님의 싸움, 정서적 학대에 노출된 경험을 털어놓았다. 격렬한 부모님의 싸움 후에는 집안의 모든 일을 도맡아 하면서 동생들을 돌보았지만 부모님은 첫째라는 이유로 동생들의 문제가 생겼을 때, 다독이를 비난하였다. 자신이 열심히 집단 안에서 힘든 집단원들을 다독였지만, 집단상담자가 "어떤 것 때문에 그렇게 하게 되느냐?" 물었을 때, 집단상담자도 무의식적으로 부모님과 같이 자신을 비난한다고 느끼며 위축된 모습을 보였다.

• 내용적 측면을 다룬다는 것은 맏이로 모든 책임을 떠안은 채, 부모님으로부터 비난을 받았던 과거의 경험에 대해 이야기하는 것
• 과정적 측면을 다룬다는 것은 부모님과의 관계 경험과 집단상담자에게로 향하는 감정의 관련성(전이)에 대해서 논의하는 것

---

3) 집단원의 개인 내적 역동에 미치는 요인

• 집단원의 욕구: 수용과 인정, 사랑, 안전의 욕구 등
• 집단에 임하는 집단원의 부정적 태도: 집단상담자의 능력에 따라 변화시킬 수 있음
• 집단 분위기: 집단상담자는 집단원과 함께 신뢰롭고 수용적인 집단 분위기를 형성할 수 있음

- 집단응집성: 함께할 수 있다는 마음을 갖게 되면 응집성은 더욱 견고해져서 개인 내
  적 역동을 활성화하는 주요한 역할을 함
- 성별이나 나이, 집단 경험 정도, 집단 기대 정보(자발성) 등

4. 집단상담에서 어려운 개인 내적 역동: 반–집단 역할

집단상담에서 집단원의 역할은 개인 내의(욕구, 인지, 가치에 기반한) 역동적 구조로서 (Munich & Astrachan, 1983), 개인이 집단에서 어떻게 행동하는지에 강력한 영향을 미친다. 이러한 역할은 때로 너무 강력해져서 사람들은 그들 자신을 그들이 연기하는 역할로 부터 분리하는 데 어려움을 겪기도 한다. 집단 안에서 대부분의 역할은 세 가지 방식(촉진적/형성, 유지, 방해) 중 하나로 기능한다(Capuzzi & Gross, 2006). 이 중 어려운 집단역동을 불러일으키는 가장 주된 역할은 반–집단 역할이라고 볼 수 있다.

반–집단 역할을 맡은 집단원은 공격자, 방해자, 지배자, 인정추구자, 독선적인 도덕주의자 등으로서 행동한다. 이러한 역할을 하는 집단원들은 부정적이고 집단이 무언가를 성취하는 것을 막음으로써 집단의 목표로부터 주의를 분산시키는 것을 추구한다(Hansen et al., 1980). 그들은 세련된 대인관계 기술이 부족하며, 집단으로부터 상당한 도움을 얻을 수 있음에도 불구하고 집단이 작업하는 데 어려움을 주고 집단역동에 부정적인 영향을 주게 된다.

🌱 대표적인 반–집단적 역할(Vander Kolk, 1985)

- 공격자: 대부분의 집단의 아이디어와 행동에 반대한다. 공격자 역할을 맡은 사람은 자신의
  방식을 타인들에게 강요하려고 한다.
- 방해자: 무엇이 논의되어야 할지에 대하여 매우 엄격하고, 종종 전체 집단의 소망에 저항하
  며 그 과정을 방해한다.

- 인정추구자: 자랑하는 것에 에너지를 쓰며, 타인들과 집단 전체에 손해를 끼치며 끊임없이 자신에게로 주의를 향하게 하려고 노력한다.
- 플레이보이/플레이걸: 무관심하거나 냉소적이며, 수용적인 집단 분위기 형성을 방해한다.
- 도움추구자: 집단으로부터 동정을 이끌어 내며, 의존적이다. 구원자는 도움추구자의 욕구를 충족시키나 이들이 더 잘 기능하도록 돕는 것은 아니다.
- 독점자: 자신의 불안 때문에 집단과 거의 관계가 없는 주제들에 대해서 끊임없이 이야기한다. 그들은 다른 집단원들로부터 떨어져 있으며, 집단을 통제하려고 한다.
- 좋은 사람 되기−정보제공자: 다른 사람들에게 좋은 일을 하려고 한다. 반면에, 정보제공자는 집단 회기 밖에서 집단 내의 누군가에 대한 정보를 공유하고자 한다. 둘 다 모두 주요 목적은 자신의 이미지를 향상시키고자 하는 것이다.
- 철회/적대적 집단원: 침묵을 지키거나 위협함으로써 집단의 상호작용과 참여를 피하고자 한다. 두 행동 모두 증가된 자기 방어의 결과를 가져온다.

5. 개인 내적 역동을 다루는 방법

- 집단원은 자신의 개인 내적 역동에 따라 집단 안에서 세 가지 방식(촉진적/형성, 유지, 방해) 중 하나로 기능한다. 이를 파악하기 위해서 집단원 간의 상호작용(언어적·비언어적)에 주의를 기울여야 한다.
- 집단상담자는 초기 1~3회기에 자기소개 및 시작 활동 등을 통하여 집단원별로 사례개념화를 하고, 이들의 개인 내적 역동을 최대한 빨리 파악해야 한다. 시작 활동으로는 텔레 게임, 점쟁이 놀이 등을 활용할 수 있다.
- 개인 내적 역동을 다루고자 할 때, 집단상담자는 집단원에게 자기 자신의 행동을 돌아보고 자신의 감정과 반응을 탐색하게 하는 것이 필요하다(Early, 2004). 자기 탐색 개입을 통해 집단원들은 자신의 감정과 대인관계 패턴, 그것의 기원이 되는 어린 시절의 경험, 동기, 내적 갈등 등의 의미를 알아차리고 자신을 좀 더 이해하게 된다.

예를 들어 상대에게 방어적인 경우, 방어 뒤에 숨겨진 자신의 욕구가 무엇인지 생각해 보도록 할 수 있다.

- 집단에서 자신의 문제행동을 드러낼 수 있도록 함으로써 집단상담자는 집단원의 핵심문제를 관찰하여 개입할 수 있게 된다.

- 한편, 집단상담에서 개인 내적 역동을 다루는 것은 개인상담과 다른 점이 존재한다. 집단상담에서는 집단 밖의 문제가 아니라 집단 안에서 일어난 문제에 대해서 다루는 것을 중시하고, 서로를 알 기회 및 다른 집단원의 자기 탐색을 보면서 스스로 통찰할 수 있는 시사점을 제공한다는 점에서 개인상담과 차이가 있다.

[예시] 집단원의 자기 탐색 촉진

☞ 회기 내내 지각을 하는 집단원 '바다'는 수줍게 들어와서 조용히 침묵하고 돌아간다. 지속적으로 아무런 반응을 하지 않다가 지각하는 이유에 대해 다른 집단원들이 관심을 갖기 시작하였다.

집단상담자: 지금 바다님이 당황스러워 보여요. 어떤 마음인가요?

바다: 음…… 아무런 말을 하고 싶지 않은데…… 다른 분들이 저에게 여러 가지 질문을 하니 제가 어떻게 해야 할지 모르겠고 어서 빨리 집단이 끝나면 좋겠어요.

집단상담자: 집단원들이 바다님에게 관심을 보이니 당황스럽군요. 항상 조용히 침묵하고 앉아 있는 편이었는데 지난 회기 때, 다른 집단원들이 바다님이 집단상담 시간에 자신의 이야기를 나누면 좋겠다고 했을 때도 당황스러워했던 것 같아요. 다른 사람의 관심을 받는다는 건 바다님에게는 어떤 의미인가요?

바다: 저는 사실 조용히 있다가 가고 싶어요. 누군가 저에 대해 관심을 갖는 것이 너무 부담스러워요. 그냥 이곳에 많은 분들과 함께 있는 것 자체가 저에겐 큰 도전이에요. 매번 늦고 싶지 않지만 저도 모르게 발걸음이 느려지고…… 혹시 나에 대해 질문을 한다면 나는 나에 대한 이야기들을 털어놓을 수 있을까? 한 번도 그래 본 적이 없는데…… 저는 제 이야기를 할 수가 없어요. 다른 분들이 제 이야기에 관심을 가질 만큼 저는 대단한 사람도 중요한 사

람도 아니거든요.

집단상담자: 자신 스스로 대단하지도 중요하지도 않은 사람이 아니라고 생각하시는군요. 혹시 집
　　　　 이나 학교에서도 그런가요?

6. 개인 내적 역동을 다루기 위한 사례개념화

집단상담의 목표에는 전체 집단의 목표와 더불어 집단원 개개인의 개별 목표를 설정
하는 것이 필요하다. 개별 집단원들이 집단상담을 통해 성취하길 바라는 목표를 설정하
기 위해서는 집단원 개개인에 대한 사례개념화가 필요하다. 집단원의 문제 및 상담목표
에 대한 사례개념화는 집단원들의 자기보고, 집단 내 행동 및 반응을 토대로 이론적 지
식에 기초하여 형성하게 된다.

집단원들의 문제 및 상담목표에 대한 사례개념화는 집단상담 시작 전에 갖는 사전 모
임, 집단 전에 요청하는 집단상담 신청서(자신에 대한 소개, 집단에 참여하는 기대 및 욕구
등), 집단원에게 중요한 영향을 주고 있는 부분, 집단 과정 중에 나타나는 언어 및 비언어
적 반응 등 다양한 정보를 토대로 만들어진다.

구체적으로 집단 과정 중에 나타나는 집단원의 원자료란, 첫 회기 별칭 짓기 활동 등
을 통해 나타나는 개인에 대한 은유적 표현, 집단상담에서의 기대나 목표, 기타 언급되
는 집단원의 정보를 말한다. 또한, Warm-up(예: 텔레 게임)에서의 집단원의 정보, 그 과
정에서의 개인 내적 역동, 대인 간 역동, 행동 관찰 등을 통해 집단원의 핵심 감정, 갈등
주제, 소망, 욕구 등이 드러날 수 있다.

이런 자료를 토대로 집단상담자는 각 집단원 개인별 상담목표를 설정할 수 있고, 이렇
게 설정된 개별 집단원의 상담목표를 성취하기 위해 집단 과정을 어떻게 활용할지, 어떤
상담 전략을 사용할지에 대한 방향을 정할 수 있다.

실습 1
집단상담 사례개념화 작성 실습 (1)

☞ 모의 집단상담에서 자기소개와 텔레(tele) 게임을 통해 개인 내적 역동을 찾는 실습을 해 보자.

– 자기소개 및 텔레(tele) 게임 안에서 보이는 집단원의 행동, 질문에 대한 선택 그리고 그에 대해 다시 질문하는 과정에서 드러나는 집단원들의 감정, 생각, 소망, 욕구, 갈등 등을 살펴보자. 이를 바탕으로 집단원들의 자기 보고 및 행동 관찰 정보를 토대로 개인 내적 역동에 대한 사례개념화를 연습해 보도록 하자.

집단원 이름:	내용
집단원 보고: 자기 문제에 대한 집단원의 자기 보고(예시: 가족문제, 우울증, 학업문제 등)	1) 2) 3)
집단 내 행동: 집단 내에서 보여지는 집단원의 행동(예시: 소극적, 자신감 없는 모습, 집단상담자의 관심 원함)	1) 2) 3)
집단 내 정서: 집단 내에서 보여지는 집단원의 정서적 변화(예시: 분노, 수줍음, 우울 등)	
집단에 미치는 영향 및 집단원 반응	1) 2) 3)
문제개념화	1) 2) 3)
목표개념화	1) 2) 3)

실습 2
집단상담 사례개념화 작성 실습 (2)

☞ 다음의 집단상담 회기 보고서를 읽고 각 집단원에 대한 사례개념화를 작성해 보자.

1. 집단원의 이해 및 개인별 목표

별칭	별칭 의미	집단원 이해 및 개인별 목표
개나리	노란색을 좋아하고 사람들에게 항상 희망과 긍정의 이미지를 주고 싶다.	• 접수면접 내용: 가족 내의 갈등으로 개인상담을 받은 경험이 있지만 집단상담은 처음이라 긴장된다. • 목표: 주변 사람들에게 나의 진짜 속마음을 숨기지 않고 말하고 싶다. • 특성 및 태도: 집단상담이 시작되기 10분 전에 도착하여 집단원들에게 밝게 웃으며 인사를 건넨다. 초반부터 집단원들에게 지지와 공감을 보이지만 자신의 이야기는 숨기려는 모습이다. • 주요 정서: 친근하지만 낯설다.
날개	고시 준비 중이라 여행을 못 간 지 오래돼서 자유롭게 날고 싶다.	• 접수면접 내용: 외동아들인데 벌써 3년째, 고시 준비로 백수다. 부모님이 연세가 많아 고시 준비를 그만하고 싶지만 기대가 커서 어떻게 해야 할지 모르겠다. • 목표: 다른 사람의 이야기를 끝까지 듣고 내 생각대로 판단하고 싶지 않다. • 특성 및 태도: 두꺼운 안경에 꼿꼿한 자세로 팔짱을 끼고 다른 집단원이 이야기할 때, 조언을 주는 모습을 주로 보인다. • 주요 정서: 경직, 비판, 완고하다.

둔감	주변 사람들이 세상이나 다른 사람에 대해 관심이 없다고 표현한다.	• 접수 면접 내용: 감정적인 요동이 별로 없는 편이다. 나는 공감을 한다고 하는데 주변 사람들은 내가 로봇 같다고 한다. 말주변이 없다. • 목표: 다른 사람의 감정에 진심으로 공감해 보고 싶다. • 특성 및 태도: 집단원들의 이야기에 표정의 변화가 거의 없다. • 주요 정서: 둔감, 지루하다.
나나나	누군가의 결정이나 생각에 기대지 않고 나의 생각, 나의 판단을 가지고 싶다.	• 접수면접 내용: 어떤 결정을 쉽게 하지 못한다. 어릴 땐 엄마, 아빠에게 다 상의했는데 막상 성인이 되니 엄마, 아빠가 알아서 하라고 한다. 부모님이 은퇴 후 시골로 내려가시는데 혼자 살 수 있을지 걱정이다. • 목표: 내가 하고 싶은 말을 당당하게 하고 싶다. • 특성 및 태도: 나이에 맞지 않게 앳되어 보이며 항상 날개나 집단상담자 옆에 앉는다. • 주요 정서: 불안, 초조하다.

2. 집단 과정: 회기 보고서

1회기	일시: 2020○년 ○월 ○일 10시 00분~12시 20분(120분)
참석자	개나리, 날개, 둔감, 나나나
회기 주제	집단 및 참여자 소개
준비물	명찰, A4용지, 볼펜
다루어졌던 주제 (내용, 과정 쟁점)	• 별칭 및 집단 참여 동기 나누기 • 집단 진행에 대한 오리엔테이션(비구조화 집단, 규칙 설정) • 신뢰감 형성 활동(텔레 게임) 　－무인도 여행을 떠나게 된다면 같이 가고 싶은 사람? 　－고민을 털어놓고 싶은 사람? 　－은행을 턴다면 같이 가고 싶은 사람?
집단원의 저항 및 대응	• 개방의 어려움과 수위에 대해 고민 • 텔레 게임 활동 시, 주저하는 모습을 보임

진행 중 전환에 대한 상세한 기술	• 집단에 대한 신뢰문제가 대두되어 2인 1조로 짝을 지어 집단 참여에 대한 어려움을 서로 나누게 함. 그 후, 다시 전체에게 자기소개함으로써 자기 개방에 대한 불안을 낮춤
회기 평가	• 집단원 별칭 소개 시 서로에게 피드백을 할 수 있도록 도와 집단원들 사이의 이해를 돕도록 개입함 • 텔레게임을 통해 자신이 편하게 여기는 사람의 특성을 파악하고 이야기하면서 집단원들 사이에 신뢰감을 느끼게 도움. 텔레게임 시 주저하는 모습을 보이기도 하였으나 집단원들 간의 소통이 이루어질 수 있도록 함 • 날개의 경우, 당당한 자기소개와 달리 텔레게임 시 가장 주저하는 모습을 보였으며, 둔감의 경우 무심한 표정으로 방관자적인 태도를 보임

2회기	일시: 202○년 ○월 ○일 10시 00분~12시 20분(120분)
참석자	개나리, 날개, 나나나, 둔감(지각)
회기 주제	집단 및 참여자 소개
준비물	명찰, A4용지, 볼펜
다루어졌던 주제 (내용, 과정 쟁점)	• 나의 의사소통 유형 알아보기 • 효과적인 의사소통 방식인 일치형의 모습 익히기 • 나의 의사소통 유형 체험하기 　-역기능적 의사소통에 대한 활동지를 가지고 15분간 활동함 　-비난형, 회유형, 초이성형, 산만형의 역기능적 의사소통 유형으로 반응하면서 해당 유형이 됐을 때 자신의 감정에 대해 이야기를 나눔
집단원의 저항 및 대응	• 둔감은 늦게 합류한 후 역기능적 의사소통에 대해 불편해하는 모습을 보임. 집단상담자는 활동에 거부감을 보이며 자신의 정서를 표현하는 것에 대한 어려움을 지닌 둔감에게 충분한 공감을 표현함

진행 중 전환에 대한 상세한 기술	• 자신의 의사소통 유형에 대해 생각해 보도록 하고 일상생활의 모습과 연관 짓도록 함. 나는 왜 그러한 행동을 하는지, 나의 이야기를 듣는 상대방이 어떨지 감정을 느껴 보도록 진행함 • 전체 소감을 말하던 중, 개나리가 눈물을 보임. 가족 내 비난형인 부모님, 산만형인 동생 3명 때문에 맏이로서 회유형의 의사소통을 갖게 된 자신이 너무 불쌍하다고 말함
회기 평가	• 집단원의 이야기를 요약 재진술함으로써 반영을 위주로 집단상담을 진행하여 자신의 의사소통 유형에 대해 편안하게 받아들이도록 한 결과, 서로를 신뢰하는 모습을 보임 • 마지막에 자신을 오픈한 개나리에게 집단원들이 공감과 지지를 표현하도록 함. 항상 웃고 있던 개나리가 처음으로 자신의 솔직한 이야기를 표현한 것을 보고 나나나가 지지를 보임. 날개는 개나리의 비난형 부모를 비난하며, 다른 사람의 기분에 맞추지 말고 자신의 의견을 떳떳이 이야기하라며 충고함

집단원 이름	사례개념화
개나리	
날개	
둔감	
나나나	

참고 자료: '개인 내적 역동' 탐색에 활용할 수 있는 집단 활동

1. 텔레(tele) 게임

■ 활동 설명

- 사람이나 사물에게 작용하는 당기거나 밀쳐내는 힘인 '텔레(tele)'를 가지고 '나에게 ……였으면 하는 사람', '같이…… 싶은 사람', '…… 느낌을 주는 사람', '…… 하기 힘든 사람' 등의 주제로 어깨에 손을 얹고 왜 그 사람에게 손을 얹었는지를 이야기하는 활동이다. (텔레파시 게임이 아님)

■ 기대 효과

- 주어지는 주제와 상황을 통해 집단원끼리 서로에게 피드백을 제공하는 동시에 집단 내에서 개인 간에 존재하는 역동과 에너지를 느낄 기회를 제공한다.

■ 준비 사항

- 집단 운영: 중집단
- 소요 시간: 50~60분
- 장소: 실내
- 준비물: 열린 5관과 마음

■ 진행

- 집단원 모두에게 자리에서 일어서라고 한 뒤 텔레(tele)를 설명한다.
  '텔레(tele)'는 사람이나 사물에게 작용하거나 당기거나 밀쳐내는 힘을 의미합니다. 우리 가운데도 잘 알지 못하지만 왠지 저 사람 옆에 가고 싶거나 말해 보고 싶은 사람이 있습니다. 지금 우리는 우리 가운데 작용하는 텔레(tele)를 느껴 볼 것입니다."

- 우선 눈을 감고 여기가 아주 촉감이 좋은 잔디밭 위라고 생각을 한 뒤 이리저리 뛰어다녀 보도록 한다. 한 사람도 제 자리에 서 있는 사람 없이 이동한 뒤 멈추어 서서 눈을 뜨게 한다.

- 집단상담자가 먼저 어떤 주제(예: 내가 여행을 갈 때 같이 가고 싶은 사람)를 제시하고 집단원들은 그 대상을 찾아 어깨에 손을 얹게 한다.
- 집단원 모두 손을 얹으면 전체를 한번 돌아본 후에 왜 그 집단원에게 손을 얹었는지 설명하게 한다.
- 전체가 다 이유를 말하고 난 뒤에 손을 내리고 다시 주제를 정하여 이를 반복한다. 한두 번 집단상담자가 주제를 선정한 후 집단원들이 자발적으로 주제를 선정할 수 있도록 격려한다. "우리 이번에는 어떤 상황이나 주제로 해 볼까요?"

◆ 텔레(tele) 질문의 예시

- 은행을 턴다면, 함께 털고 싶은 사람은 누구인가? 〈위법한 일, 중요한 일에 대한 피드백, 공격적 추동〉
- 나의 가족 중 복잡한 감정을 지닌 가족 구성원과 비슷한 사람은 누구인가? 〈집단원 중 누구와 복잡한 감정이 닿아 있는지 확인〉
- 내가 돈을 빌려야 할 때 누구에게 빌리고 싶은가?
- 배가 난파되었을 때, 한 사람만 빠트려야 한다면 누구를 빠뜨리겠는가? 〈부정-긍정 질문〉
- 무인도에 간다면, 누구와 같이 가고 싶은가?
- 비가 많이 오는 날, 우산이 하나밖에 없는 상황에서 한 사람과 우산을 써야 한다면 누구와 쓰고 싶은가? 〈나보다 약한 사람이나 가까이 있고 싶은 사람〉
- 신이 나에게 내가 가지지 못한 어떠한 특성을 준다고 한다면 누구의 어떤 특성을 갖고 싶은가? 그 사람에게 가서 손을 얹어라.
- 나의 아이였으면 하는 사람은 누구인가? 〈투사, 복구 프로그램과 연관〉
- 바람을 핀다면 어떤 사람과 피고 싶은가? (어떤 특성?) 〈성 추동〉

◆ 좋은 사람으로 평가받는 질문들

- (상담자 집단의 경우) 2년 이상 개인 분석을 받아야 할 때, 나의 상담자로 삼고 싶은 사람은 누구인가? 가까운 이를 상담에 보내야 한다면 누구에게 보내고 싶은가? (상담자상)
- (교사 집단의 경우) 내 아이의 담임이었으면 하는 사람은 누구인가?
- (성직자 집단의 경우) 고해성사를 하고 싶은 사람은 누구인가?

■ 정리 및 기대 효과

- 활동 마무리 후에는 '다른 사람에게서 발견된 나', '내가 발견한 나'를 나누도록 한다.
- 집단응집력 형성이나 긍정적 감정 형성에 도움이 된다. 특히, 집단 과정의 초기에 실시하면 그 효과가 더 커질 수 있다.
- 집단원 개개인에 대한 인상이나 느낌, 역할 등에 대해 게임 형식으로 피드백을 제공함으로써 흥미를 불러일으키며 몰입할 수 있다.
- 상황과 주제를 통해 피드백이 이루어지므로 일상의 대인관계 상황에서 자기 모습이 어떻게 비추어지는지 구체적으로 체감할 수 있다.

■ 부수 효과

- 하위 집단의 모습이 나타날 수 있다.
- 구체적인 상황과 주제 속에서 개개인에 대한 인상과 '텔레(tele)'를 즉각적으로 표현해야 하므로 자신의 느낌에 집중하고 자발성을 발휘해야 하는 장이 된다.

■ 유의 사항

- 자유롭게 돌아다니고 움직일 수 있도록 mind를 활동화시키기 위해서 'moving'이 강조되는 Warm-up 활동이 반드시 필요하다.
- 집단상담자나 코리더는 집단원들을 살펴서 소외되고 있는 집단원에게 다가가도록 신경을 쓸 필요가 있다. 단, 집단 분위기가 자발적으로 활발할 때에는 집단의 흐름에 맡기며 자신의 느낌에 따르는 것이 좋다.
- 선택을 주저하는 집단원이 많을 경우, 배우자 선택이 아니라고 이야기하며 집단원의 어떤 한 부분을 보고 선택하면 된다고 언급한다.
- 청소년 집단의 경우 긍정적인 피드백을 많이 할 수 있도록 한다. 만약 한 집단원이 의도적으로 빠지려고 할 때는 집단상담자가 다가가 소외, 배제당하지 않도록 배려한다.

2. 점쟁이 놀이

■ 활동 설명

본 활동은 투사와 피드백 원리를 활용한 것이다. 점쟁이라는 입장을 통해 자신의 것을 타인에게 던지는 부분이 있고, 또한 관찰되는 타인의 특성을 본다는 점에서 피드백을 주는 활동이 되기도 한다. 집단 초기에 이루어진다면 투사가 많이 활용될 것이고 집단 후기에 이루어지면 피드백 요소가 많은 부분을 차지하게 된다. 집단이 후기로 갈수록 집단의 상호작용이 늘어나고 응집력이 강화됨에 따라 점을 치는 자신의 내부에 있는 욕구나 소망보다 타인에게 초점이 맞춰진 피드백이 제공될 수도 있다. 놀이처럼 진행되는 집단활동을 통해 흥미를 유발할 수 있으며 자기조망 및 타인조망 능력을 확장할 수 있다.

■ 준비 사항

• 의자 2개

■ 진행

• 본 활동에 대해 소개를 한다.

• 둘씩 짝을 지어서 서로를 마주 보도록 한다. 10초가량 서로의 눈을 바라보도록 한다.

• 서로 눈을 맞추며 서로의 관상을 보는 시간을 갖는다.

• 각자 한 사람씩 서로에게 점쟁이처럼 점을 치듯 이야기하도록 한다.

• 상대의 이야기를 듣고 소감을 전하도록 한다.

■ 정리 및 기대 효과

• 집단원 모두 자신이 점을 칠 때의 느낌과 상대로부터 점을 받은 후의 느낌을 이야기하도록 한다.

■ 부수 효과

• 점집에 찾아가 직접 점쟁이 놀이를 하는 것처럼 흥미를 유발할 수 있으며 미래에 대한 긍정적인 선언을 확인할 수 있다.

• 둘씩 짝을 지어 활동함으로써 전체 활동에 부담을 갖는 집단원들이 친밀감을 형

성할 수 있도록 도모할 수 있다. 즉, 일대일 관계가 형성되어 친밀감이 형성된다.

■ 유의 사항

• 부정적인 이야기로 흐르지 않도록 한다.

• 지레짐작으로 다른 사람을 판단하는 것이므로 서로에 대해 확인하는 시간을 갖도록 해야 한다.

• 만약 초기에 본 활동을 한다면 실제적으로 상대가 가진 특성으로 인해 발생하는 것이 아닌 점을 치는 자의 내부에서 작동하는 욕구 등이 드러날 수 있음을 인지한다.

• 집단상담자는 본 활동을 유의 깊게 관찰하여 각 집단원의 사례개념화로 활용할 수 있다.

제7장

빈 의자 기법과
두 의자 기법의 활용

빈 의자 기법은 상담의 여러 장면에서 다양하게 활용된다. 특히, 집단상담에서 빈 의자 기법은 가장 많이 활용되는 대표적인 기법이자, 효과적인 기법으로 평가되고 있다(권경인, 2001). 빈 의자 기법은 한 회기 내에 일어나지만 강력한 치료 효과를 나타낸다. 효과적인 빈 의자 기법을 적재적소에 사용하기 위해서는 자전거 타기, 운전하기처럼 체화하는 과정이 필요하다. 이 장에서는 집단원의 문제를 다룰 때 다양한 방법으로 활용할 수 있는 빈 의자 기법에 대한 기초적인 이론을 정리하고 적용 방법에 대해 실습해 보고자 한다.

1. 빈 의자 기법

1) 빈 의자 기법의 정의

빈 의자 기법은 모레노(Moreno)로부터 유래한 심리극(Psychodrama)의 의자 기법을 게슈탈트 치료 원리와 창조적으로 결합한 것이다(Staemmler, 1995; 이정숙, 2011 재인용). 게슈탈트 심리치료의 빈 의자 기법은 하나, 둘 또는 많은 수의 빈 의자를 다양하게 사용한다(Hartmann-Kottek, 2008). 여기에서 '의자'란 사람이 앉을 수 있는 단순한 가구가 아니라 집단원 자신의 부분이든 또는 이 자리에 없는 타인으로 '그 어떤 존재'를 의미한다(Staemmler, 1995).

의자는 눈으로 직접 볼 수 있기에 집단원이 빈 의자 위에 특정한 누군가가 앉아 있다고 가정하고 상상하기가 수월하다. 즉, 빈 의자 기법은 현재 치료 장면에 없는 사람과 관련된 문제를 다룰 때 쓰는 유용한 기법으로 빈 의자에 자신의 문제와 연관된 사람이 있다고 상상한다. 이와 같이 빈 의자는 요긴한 투사 장치가 될 수 있다.

2) 빈 의자 기법의 장점

빈 의자 기법에서는 특정 타인에 대한 미해결 감정을 표현하고 해소하도록 돕는 데 있어 집단원이 제시하는 역할을 할 사람을 고를 필요가 없다. 그리고 역할을 하는 대상에 대하여 여러 말로 설명하고 안내해야 하는 어려움에서 벗어날 수 있으며 역할 연기자의 성격과 반응이 상황을 흐리게 할 위험도 없다(Earley, 2004). 따라서 역할 연기자의 반응 이나 성격에 의한 방해 없이 집단원은 빈 의자를 향해 있는 그대로 자기 생각이나 감정을 자유롭게 표현할 수가 있다. 뿐만 아니라 이를 지켜보는 다른 집단원들 또한 빈 의자에 앉은 대상에 대해서 마음껏 상상할 수 있다. 즉, 빈 의자 기법을 통해 집단원의 문제 상황 과 함께 집단원의 행동을 직접 관찰하고 이해할 수 있게 되는 장점이 있다(김정규, 2015).

빈 의자 기법은 미해결 과제를 지닌 집단원 자신의 표현이 더 중요한 경우에 적절하게 활용될 수 있다. 집단원의 미해결 감정을 지닌 특정 대상과 관계를 회피하지 않고 몰입 하여 재경험함으로써 집단원의 억압된 감정과 욕구를 알아차리고 해소할 수 있게 해 준 다. 언제 어떤 상황에서도 복잡한 절차 없이 하나의 대상이나 인물 혹은 사물을 대신할 수 있는 유용성이 있다(최헌진, 2010). 빈 의자는 나 자신 전체, 나 자신의 파편화된 모습, 나 자신에 대한 표상, 스키마, 정서 등 무엇이든 바꿀 수 있다. 과거의 누군가에 대해 간 접적으로 말하는 대신 빈 의자의 대상을 향해 직접 말할 수 있어 집단상담의 몰입도를 높 여 주며 실제적인 이야기들이 등장하기에 집단상담을 역동적으로 흐를 수 있게 해 준다.

또한 집단원 자신이 빈 의자에 앉아 봄으로써 상대방의 감정이나 상황을 이해하는 기 회를 가질 수 있다. 흔히 집단원은 자신의 문제에 집착한 나머지 상대방의 감정이나 행 동에 대한 이해가 부족한 경우가 종종 있으므로 빈 의자 기법을 적절히 활용한다면 자신 의 시각에서 벗어나 타인의 감정 등에 대해 성찰해 볼 수 있을 것이다.

3) 빈 의자 기법에서의 고려 사항

집단의 모든 기법은 시의적절하게 사용되어야 한다. 특정 대상, 미해결 과제 등의 해 결을 위해 주로 사용되는 빈 의자 기법 역시 적절한 시기에, 집단원의 문제, 해결 욕구에 맞춰 진행하여야 한다. 집단원, 시기, 상황의 세 박자가 잘 맞을 때 빈 의자 기법의 효과 는 극대화될 것이다.

또한, 빈 의자 기법을 경험할 때 집단원은 특정한 대상을 떠올리며 불안, 두려움 등의 강렬한 감정에 휩싸일 수 있다. 이때, 집단상담자는 집단원과의 작업동맹을 통해 집단상담자를 신뢰할 수 있도록 도와야 하며, 집단원과 일치되어 저항 없이 과정을 따라올 수 있도록 이끄는 것이 중요하다. 집단상담자가 지금-여기에서 집단원의 호소문제에 공감적으로 접촉하고 조율하는 과정을 통해 집단원은 용기를 내어 빈 의자 기법에 도전할 수 있을 것이다. 빈 의자 기법에 참여하는 집단원뿐만 아니라, 지켜보는 집단원들 또한 자신의 경험을 내비쳐 보면서 함께 작업할 수 있는 여건을 마련할 수 있는 장이 되어야 한다. 기법의 효과를 극대화하기 위해서는 빈 의자 기법을 왜, 지금 장면에서 사용하고자 하는지에 대한 설명이 제시되어야 한다.

4) 빈 의자 기법의 활용 단계

집단상담에서 빈 의자 기법을 치료적으로 활용하기 위해서는 먼저 집단상담의 장이 안전해야 한다. 집단원 간의 응집력이 형성되는 단계에 집단원의 미해결 과제나 감정, 욕구 등과 연결된 빈 의자 기법이 활용된다면 치료적 효과가 발현될 수 있을 것이다. 빈 의자 기법을 활용하는 단계는 세부적으로 〈관찰-제안-실행-마무리〉의 총 4단계로 구분할 수 있다. 다음은 빈 의자 기법의 단계별 고려 사항이다.

표 7-1 │ 빈 의자 기법 단계별 고려 사항

단계	단계별 고려 사항
관찰	• 어떤 장면에서 '빈 의자 기법'을 활용할 것인가? • '빈 의자 기법'에 누구를 초대할 것인가? • 어떤 주제에 초점을 둘 것인가?
제안	• 어떻게 제안할 것인가?(초대 멘트 고려) • 의자에 어떻게 앉힐 것인가? • 예상되는 저항은 어떤 것이 있는가? • 저항을 어떻게 다룰 것인가?(집단원의 저항 vs 집단상담자의 저항)

실행	• 초기 몰입을 어떻게 도울 것인가?
	• 미해결 과제를 어떻게 다룰 것인가?(코멘트 고려)
	• 실행에서 저항을 어떻게 다룰 것인가?
마무리	• 어떻게 마무리를 할 것인가?

(1) 관찰

집단상담자는 첫 회기부터 각 집단원에 대해 관찰해야 한다. 여기서 관찰의 대상이 되는 것은 단지 언어적으로 표현되는 내용뿐만 아니라 집단원의 몸짓, 표정, 앉는 위치, 자세, 음성의 변화 등 전반적인 반응이다. 빈 의자 기법 활용의 관찰 단계에서는 어떤 장면에서, 어떤 집단원을 대상으로 이 기법을 활용할 수 있을지 잘 이해하고 있어야 한다.

만약 과거의 상처에서 해결되지 못한 감정을 가진 특정한 대상을 언급하는 집단원이 있다면 빈 의자 기법을 고려해 볼 수 있다. 집단원에게 특별한 감정을 일으키는 대상은 지금 이 순간, 만나거나 보고 싶지만 만날 수 없는 대상, 과거 미해결된 문제로 인해 부딪히고 싸우고 싶은 대상, 오해를 풀어야 할 대상 등 다양할 것이다.

관찰	☞ 어떤 장면에서 '빈 의자 기법'을 활용할 것인가?
	−특정한 타인에 대한 미해결 과제나 감정을 드러낼 때
	−집단원이 과거 고통스러운 사건(학대, 성폭력, 학교폭력 등) 또는 외상 수준의 대인관계 상황을 호소할 때
	−중요한 타인의 죽음에 대해 애도할 때
	−대상의 반응보다는 집단원 자신의 표현이 더 중요할 때

☞ '빈 의자 기법'에 누구를 초대할 것인가?
- 어린 시절 학대했던 부모
- 돌아가신 부모님
- 학교폭력 가해자
- 성폭력 가해자
- 죽은 배우자
- 살아 있지만 심리적으로 내 안에서 죽인 대상(미해결 대상)
- 낙태한 아이
- 내 안에 생성된 모든 것, 내 안에서 파편화된 것 등(반드시 특정 대상만이 아니라 자신 자신이나 그 일부도 가능함)

☞ 어떤 주제에 초점을 둘 것인가?
- 정서적으로 많이 고여 있는 지점
- 기억 속에 미해결된 채로 남아서 현재의 삶을 방해하며, 해결하지 못한 감정(슬픔, 분노, 억울함, 그리움 등)
- 하고 싶었지만 할 수 없었던 말과 표현 등

(2) 제안

관찰 단계에서 빈 의자 기법을 통해 작업하기에 적절한 집단원을 발견하였다면 다음으로 어떻게 빈 의자로 초대할 것인가 고려해야 한다. 따라서 제안 단계에서는 집단원에게 어떻게 빈 의자 기법에 대해 안내할 것인지, 어떻게 빈 의자에 앉힐 수 있을지, 빈 의자와 집단원 사이의 거리를 어느 정도로 배치해야 할지 등을 고려해야 한다. 먼저, 집단원 앞에 빈 의자를 두고 사람을 앉힐 것인지, 빈 의자로 두고 싶은지 묻는다. 집단원 중 정서적으로 강렬하게 연결되어 있거나 너무 고통스러운 대상일 경우에 집단원은 다른 집단원을 선택하지 않는다. 하지만 간혹 누군가 역할을 대신해 주면 좋겠다고 이야기한다면 빈 의자에 다른 집단원을 앉힐 수 있다. 집단원들이 지켜보는 가운데 빈 의자 작업을 하는 것이 두려움이나 대상을 향한 강렬한 분노, 슬픔 등의 감정이 있는 집단원에게 어려운 일일 수 있다. 이러한 경우 빈 의자 기법에 대해 저항하며 집단상담자의 제안을 거절할 수도 있다. 이때, 따뜻하지만 단호하고 물러서지 않는 형태로 제안해야 한다. 어떤 이유로 주저하게 되는지에 대한 탐색을 하는 것도 저항을 다룰 수 있는 방법이다.

한편, 집단원뿐만 아니라 집단상담자도 빈 의자 기법에 대해 어려워하며 자신감이 없어 주저하게 될 가능성이 있다. 실제로 빈 의자 기법을 활용하는 데 있어 집단원의 저항보다 집단상담자의 저항이 더 클 수 있다. 주저하지 않고, 강요가 아닌 신뢰를 보여야 한다. 이에 대해 집단상담자는 빈 의자 기법에 대한 생각을 스스로 자각하고 미리 성찰해 보아야 한다.

 2. 빈 의자 기법 활용: 제안

> 효과적인 적용을 위한 빈 의자 기법 연습
> # 2단계: 제안

제안	☞ 어떻게 제안할 것인가?(초대 멘트 고려) –감정을 표출할 수 있는 분위기가 충분히 조성되었을 때, 집단상담자는 정중하게 집단원을 빈 의자 작업에 초대한다. –필요시, 빈 의자 기법과 목적에 대해 간략히 제시한다. 예) "○○님, 지금 그 사람에게 하고 싶은 말이 참 많아 보여요. 나를 상처 주고 힘들게 했던 그때 그 사람을 지금-여기에서 만나 보시겠습니까?" 예) "정서적으로 해결되지 않아 감정의 쓴 뿌리가 남아 있는 미해결 과제가 있으면, 지금 현재에 몰두하지 못하고 자주 과거에 얽매이게 될 수 있습니다. 지금 이 시간, 이곳에서 ○○님이 그분을 만나 본다면 어떨까요?" 예) "○○님에게 그분을 만나게 하고 싶어요. 마음속에 있는 말을 직접 해 보시겠어요?" 예) "그분을 직접 모시고 오지 못하지만 그래도 이곳에 오실 수 있게 하는 방법이 있어요. 저는 그 이야기를 직접 했으면 좋겠다는 생각이 들어요. 물리적으로 계시지 않지만 그분을 이 장면에 모시고 올 수 있어요."

☞ 어떻게 의자에 앉힐 것인가?

–집단원이 앉아 있는 자리에 빈 의자 1개를 마주 보게 놓고 간격을 조절한다. 이때, 빈 의자는 대상에 대한 집단원의 내적 상태에 맞게 거리와 방향 등을 조정해야 한다.

–의자를 부담스러워하는 집단원에게는 곰 인형이나 사람 인형, 방석 등을 빈 의자에 앉힐 수 있다.

–만약, 의자에 앉기를 끝까지 저항할 경우에는 현재 앉아 있는 자리에 앉아서 이야기할 수 있도록 한다.

☞ 저항을 어떻게 다룰 것인가?(집단원의 저항 vs 집단상담자의 저항)

1) 집단원이 저항할 경우

① 저항을 존중하고 수용하기

–두려움이나 분노 등의 다양한 감정을 표현하며 집단원이 거절하는 경우, **저항을 존중하고 공감한다**.

–강요하지 않고, 자원에 의해 자발적으로 할 수 있도록 분위기를 조성한다. 거부하는 집단원이 있을지라도 수용한다.

예) "나에게 상처 주고 아프게 한 대상을 만나는 경험이 쉽지 않을 수 있습니다. 얼마나 두렵고 떨리겠어요."

② 저항의 이유를 탐색하기

–거부하고자 하는 마음이 드는 이유를 탐색한다.

예) "어떤 마음에 주저하게 되시나요?"

–저항하도록 만드는 집단원의 다양한 감정에 대해 토로하도록 한다.

③ 집단의 응집력을 활용하기

–만약, 두려움이 아직 남아 있어 불안해한다면 집단원 모두가 한 힘으로 응원하고 격려해 준다.

–예) "여기 ○○를 응원하는 집단원들이 있습니다. 한번 둘러보시겠습니까? 이 중 누구의 격려를 받고 싶나요?"

④ 양가감정을 호소한다면 빈 의자를 하나 더 활용하기

–만약, 빈 의자에 초대한 대상에 대해 부정적인 감정만을 드러내는 것에 대해 불편해하거나, 양가감정에 혼란스러워한다면 좋은 대상의 부분은 다른 곳에 남겨져 있다고 안내한다(다른 의자를 가져다가 좋은 대상의 부분에 대해 남겨두기).

제안

	예) "여기 이 의자에는 ○○님이 염려하고 그토록 좋아하고 아끼는 엄마가 있습니다. 여기 이렇게 살아 있습니다. 자, 그 옆 의자에는 ○○님을 아프고 힘들게 했던 엄마가 있습니다. 이제 이 의자를 바라보시겠습니까?"
제안	2) 집단상담자가 스스로 저항할 경우 　－'빈 의자 기법'에 대한 저항감에 대해 스스로 자각해 본다. 　예) "초기 도입 부분에서 우리는 빈 의자 기법에 대한 생각을 스스로 정리해 보았습니다. 집단원들의 저항이 있을 수 있지만, 무엇보다 빈 의자 기법을 사용하는 데에 대해 집단상담자 스스로가 어려운 마음이 들 수 있습니다. 불편한 마음을 한번 이야기해 보도록 할까요?(통제감, 유능감, 자아존중감)" 　－스스로 드는 불편감에 대해 충분히 공감한다. 　－자신의 두려움을 이해하고, 어떤 것도 실패가 아님을 알 수 있도록 하며 어색한 것을 수용할 수 있도록 한다.

읽기 자료: 집단원의 저항이 심했을 경우, 성공으로 마무리하기

'개미'라는 별칭을 사용하는 집단원 A는 23세의 여성이다. '개미'는 혼외 자식으로 할머니 손에 숨겨져 자라다 여덟 살 때 아버지 집에서 살게 되었다. 어릴 때부터 '개미'는 동네에서 친구들을 사귀지 못한 채 땅에서 조용히 기어다니는 개미를 친구 삼아 놀곤 하였다. 할머니는 '개미'에게 "아버지 집에 가서 조용히 지내야 한다, 소리도 내면 안 된다, 네가 그 집에 분란이 되면 안 된다."라는 말을 많이 하셨다.

할머니 말에 따라 조용히 방 안에서만 지냈지만, 새어머니의 눈초리와 오빠의 구박은 지속되었다. 말도 안 되는 이유로 매를 맞기도 하였고, 아버지 없이 놀러 갈 때는 '개미'를 홀로 둔 채 떠났다. '개미'는 어느 날 의붓오빠가⋯⋯ 까지 이야기한 채 더 이상 이야기를 이어 가지 못했다. 가냘픈 어깨를 떨구며 조용히 울고 있는 '개미'를 향해 집단상담자는 빈 의자 기법을 시도하고자 하였으나 '개미'는 부르르 떨며 울기만 할 뿐이다. 집단원들은 안타까움과 답답함 속에 화도 나기 시작했다.

이때, 집단상담자는 두려움에 가득 찬 그녀, 고개를 들지도 못한 채 울고만 있는 '개미'를 눈을 제외한 온몸을 천으로 칭칭 감았다. 그리고 그녀를 안고 공감하였다.

"무엇이 개미님을 이토록 떨게 만들까…… 저도 개미님처럼 온몸을 칭칭 감고 감추고 싶은 부분이 있어요."

다음으로 집단원들을 향해 이야기하였다.

"혹시 여기에 개미님의 모습이 자기의 모습과 같다고 생각되면 나와서 공감해 주면 좋겠어요."

…… 모든 집단원들이 개미에게 다가와 공감을 하기 시작하였다.

집단상담자는 "오늘 우리가 개미님의 이야기를 만나지 못한 게 아니라, 개미님의 중요한 모습을 보았어요. 개미는 용기 내서 이 자리에 함께해 주었어요."

비록 이 회기에 빈 의자 작업이 진행되지 못하고 '개미'의 이야기가 나오지 않은 답답함에 집단적 공격이 나올 수 있었지만, 집단상담자는 이번 회기가 실패가 아님을 알려 주고 싶었다. 이 회기는 집단원들에게 가장 기억에 남는 회기가 되었다. 함께 공감하고 저항까지도 감싸안아 주고 수용하려는 집단상담자와 집단원들의 마음이 하나 되어 '개미'도, 다른 집단원들도 모두가 치유되는 시간이 되었다.

---

(3) 실행

세 번째 단계에서 빈 의자 작업이 본격적으로 시행된다. 실행 단계에서는 집단원이 빈 의자에 특정한 대상이 있다고 상상하고 그 상황에 몰입할 수 있도록 도와주는 것이 필요하다. 집단상담자는 어색해하는 집단원의 자기표현을 돕기 위해 집단원 자신이나 집단원이 겪는 대인 갈등의 주요 인물이 되어 언어적 · 비언어적 행동을 시도할 수 있다. 집단원은 서서히 미해결 감정이 처음 생겼던 그때의 장면에 몰입하면서 오랫동안 억압했던 감정을 표출하게 된다. 신체적인 반응(떨림, 긴장 등)과 함께 상대에 대한 감정을 느끼기 시작하는 순간, 집단상담자와 집단원은 깊이 있는 일치감으로 함께 작업하는 것이 필요하다.

예를 들어, 집단원이 애도 작업으로 빈 의자 작업을 시도할 경우 종종 매우 격한 감정을 접촉하면서 울음을 터뜨리거나 통곡을 하는 경우가 있다. 집단상담자는 그 과정을 묵묵히 지켜봐 주며 지지해 주어야 한다. 때로는 손을 잡아 주거나 몸을 감싸 안아 주면서 애도 작업을 온전히 감내하도록 도와주어야 한다. 애도 작업을 하면서 빈 의자로 가서 그 대상이 되어 자신에게 대답할 기회를 주는 것도 좋으며, 필요에 따라서 집단상담자가 대신할 수 있다.

빈 의자 기법 활용: 실행

효과적인 적용을 위한 빈 의자 기법 연습
3단계: 실행

실행	☞ 미해결 과제를 어떻게 다룰 것인가?(코멘트 고려) －집단원이 이야기한 내용을 바탕으로 이끌어 가야 한다. 예) "누가 앉아 있나요? 그의 표정은 어떤가요? 그의 기분은 어떤가요." 예) "자, 여기 그 사람이 앉아 있다고 상상해 봅시다. 아까 다시 그 상황으로 돌아가면 해 주고 싶은 말이 있다고 했는데 하고 싶은 말을 마음껏 한번 해 보세요. 여기 이 사람에게 원하는 대로 한번 해 보세요." 예) "어머니가 남동생 편을 든다는 생각에 화가 났을 때, 어머니에게 그 화난 감정을 표현하셨나요? 못 하셨다고요? 어떤 이유 때문에 못하셨나요? 지금 한번 해 보시겠어요? 빈 의자에 어머니가 있다고 생각하고 화난 감정을 표현해 보시겠어요?" ☞ 실행에서 저항을 어떻게 다룰 것인가? －종종 집단원이 권위적 인물이나 자신에게 큰 상처를 준 인물에게 쩔쩔매거나 하고 싶은 말을 전혀 하지 못할 때 집단상담자는 집단원의 현재 마음을 알아차리게 하고, 그 감정을 직접 권위자에게 말해 보도록 한다. －간혹 대상을 쳐다보고 싶지 않다는 집단원이 있으면, 의자를 돌려놓고 의자를 뒤에서 보면서 말하도록 할 수 있다. －집단원 모두가 보는 앞에서 하기 어렵다고 할 경우 돌아앉도록 한다. ☞ 초기 몰입을 어떻게 도울 것인가? －집단원에게 그 사람(미해결된 과제/감정과 관련된 특정한 타인)이 맞은편 빈 의자에 앉아 있다고 상상하게 하고 그와 대화를 나누도록 한다. 집단상담자는 실제 대상이 빈 의자에 앉아 있는 것처럼 행동해야 한다. 예) "(빈 의자에 앉은 미해결 과제를 지닌 그 사람 옆에 서서) 아버님! 여기 오셨죠? ○○님이 하는 말을 오늘은 끝까지 들으셔야 해요." 예) "(미해결 사건에 대한 구체적 언급) 잔인했던 그날 기억나요?" －상대방에게 표현하지 못했던 감정, 즉 억압된 감정을 표현하게 한다.

- 집단원이 주저한다면 집단상담자가 첫 운을 뗀다. 이때, 집단원과의 대화 속에서 자연스럽게 흘러나온 말, 즉 관계 갈등이 깊었던 지점을 활용하여 시작하는 것이 좋다. 집단상담자는 집단원 옆에서 집단원의 마음을 읽고, 하고 싶었던 말들을 함께 이야기한다.
- 집단원이 미해결 과제와 관련한 특정 타인을 직접 대면하고 회피하지 않은 채 그대로 머물면서 특정 타인에게 처음으로 하지 않았던 주장이나 표현을 시도하도록 돕는다.

(4) 마무리

마무리 단계는 다른 대상과 관련된 미해결 과제를 빈 의자 작업을 통해 재경험하게 된 집단원이 작업에서 빠져나오는 단계다. 실제로는 마주하기 어려운 특정 대상을 지금-여기로 불러내어 미해결 감정을 표현한 후, 집단원은 자신이 미처 알지 못했던 감정을 깨닫게 된다. 작업한 집단원 및 다른 집단원의 피드백을 통해 빈 의자 작업을 정서적인 것 뿐만 아니라 인지적으로 통합하는 것이 마무리 단계에서 매우 중요하다. 빈 의자 작업을 통해 큰 바위처럼 가슴 깊숙이 묻어 두었던 돌덩이를 자신 밖으로 내던지는 경험이었음을 상기시킨다. 애도, 자기 통합, 수용이 가능하도록 한다.

빈 의자 기법 활용: 마무리

> **효과적인 적용을 위한 빈 의자 기법 연습**
> # 4단계: 마무리

마무리	☞ 어떻게 마무리를 할 것인가? –어느 정도 고조된 감정이 서서히 가라앉을 때, 이제는 대상을 보내줄 수 있는지 묻는다. –어떻게 마무리하고 싶은지 집단원에게 묻는다. –집단원의 현재 신체적 · 정서적 상태를 점검한다. –작별 작업을 하고 마무리한다. –실패한 형태가 아닌 집단원 스스로 작업을 선택하고, 용기를 내어 마주할 수 있었음에 격려한다. –자기 경험 안에서 정리되도록 소감을 묻는다. 또한 가능하다면 빈 의자에 앉은 대상이 되어 역할을 바꿔서 어떻게 마무리하고 싶은지 물을 수 있다. –집단원들이 피드백을 하도록 한다. 예) "우리는 지금까지 ○○에게 중요했던 대상을 만났습니다. 지금 ○○님이 어떤 상태일까요? 몸의 감각을 한번 이야기해 보시겠어요? 현재 감정은 어떠한가요?" 예) "지금까지 만났던 대상을 이제 떠나보낼 시간이 되었어요. 어떤 말을 하고 싶나요? 어떤 작별 인사를 해 볼까요?" 예) "함께 한 집단원들에게 하고 싶은 말이 있나요?" 예) "우리 중에 용기를 내어 중요한 작업을 한 ○○님에게 해 주고 싶은 이야기가 있나요? 우리의 마음을 한번 나누어 봅시다."

실습 1
집단상담에서 '빈 의자 기법' 적용 시 대화의 예

☞ 어린 시절 아버지가 갑작스러운 사고로 세상을 떠난 집단원의 미해결된 감정(상실감)을 해소하기 위해 빈 의자 기법을 적용한 회기다. 남자친구와의 관계에서 안정된 사랑을 경험하기보다 갑자기 헤어질까 염려하던 집단원은 자신의 곁을 갑자기 떠난 아버지에 대한 상실감을 해결하지 못한 것을 발견하였다. 집단상담자는 여러 가지 혼란스러운 경험을 표현하는 집단원의 동의를 얻어 빈 의자 기법을 적용하였다.

집단상담자: (집단원 앞에 빈 의자를 가져다 놓는다. 물끄러미 빈 의자를 바라보는 집단원에게 빈 의자를 가리키며 조용히 말한다.) 아버지를 마지막으로 본 것은 당신이 아홉 살 때였지요? 그땐 죽음이 무엇인지 몰랐고 아버지와 마지막을 정리하지도 못했지요. 오늘 아버지가 당신 앞에 와 계세요. 아버지에게 하고 싶은 이야기를 해 보세요.

상 실: (빈 의자를 물끄러미 바라보다가 갑자기 눈물을 흘린다.) 아빠…… 아빠…… 아빠…… 보고 싶어요. 아빠가 떠난 후로 너무 힘들었어요. (점차 격양되면서) 왜 왜? 하필, 제가 그렇게 어릴 때 떠나셨어요. 왜 하필 나에게 이런 아픔을 주셨어요?

집단상담자: 지금 어떤 느낌이 드나요?

상 실: 너무 슬퍼요. 하지만 정신을 차리고 살아야 해요. 엄마는 더 힘드니까, 아빠를 원망할 수는 없어요.

집단상담자: 슬퍼할 겨를이 없었군요, 더 힘든 엄마를 지키기 위해서 당신은 정신을 차려야 하니까. 오늘은 그 아홉 살 상실이로 아빠를 만나셔도 돼요.

상 실: (훌쩍이면서) 아빠…… 너무 힘들었어요. 엄마는 아빠 돌아가시고 정신이 없으셨고, 저는 그 순간부터 엄마를 돌봐야 했어요. 엄마가 아빠를 따라 죽고 싶다고 했어요……. 아빠 왜 그렇게 일찍 가셨어요. 내가 뭘 할 수 있다고. 나도 무서웠어요. 모든 게. 이를 너무 악물어서 잠을 잘 때도 편하지 않아요. 의사 선생님이 너무 심하게 이를 악문다고…… 너무 무섭고, 힘겨…… 워요(울음)…… 지금도.

집단상담자: 너무 무겁고 힘겨워요. 나는 겨우 아홉 살이잖아요.…… (이중 자아)

상 실: (계속 흐느끼다가) 그래요. 나는 겨우 아홉 살이었어요……. (큰 울음). 엄마가 아빠를 따라갈까 봐 그게 더 무서웠어요. 나는 그 이후로 아빠를 찾거나 그립다고 말하지 않았어요.

집단상담자: 아빠가 그리웠고, 아빠 이야기를 하고 싶었겠어요.

상 실: 아빠가 너무 보고 싶고, 아빠가 없다는 것이 너무 힘들었어요. 하지만 하나도 힘들지 않은 척, 아빠를 기억하지 못하는 사람처럼 살았어요. 아빠를 이야기하는 건 너무 어려운 이야기였어요. 엄마나 나에게 모두…….

집단상담자: 아빠에게 정말 힘들고 어려웠던 것이 무엇이었는지 이야기해 보세요. 시간 순서는 상관없고, 정확한 사실이 아니어도 돼요. 오늘은 당신이 정말 한 번도 편히 꺼내 보지 못한 이야기를 해 보세요.

(아빠와 역할 바꾸기 및 마무리 작업)

● 생각해 볼 질문

1. 집단상담자는 빈 의자 작업에서 어떤 주제를 다루고자 하였는가?

_____

_____

_____

_____

_____

2. 집단상담자의 빈 의자 작업 개입에 대한 자신의 생각을 정리해 보자.

_____

_____

_____

_____

_____

실습 2
'빈 의자 기법' 사례 분석

☞ 다음 자료를 통해 '빈 의자 기법' 실습해 보자. 사례의 내용을 읽은 후, 앞서 배운 절차에 맞춰 내가 집단상담자라면 어떻게 개입할 것인지 작성해 보자.

[사례 1]

♣ 집단에서 빈 의자 기법 스크립트

핵심 감정: 분노 or 애도

집단원 '그냥'은 집단에서 아무것도 하지 않고 그냥 있다 가고 싶다고 1회기 때 이야기하였다. 다른 집단원이 엄마에 대한 이야기를 꺼낼 때마다 긴장한 듯 두 손으로 무릎을 꽉 쥐어 잡는다. 다른 집단원들은 함께 공감하며 눈물을 흘리는 장면에서도 긴장감 서린 얼굴로 먼 곳을 응시하기도 한다. 그러한 모습을 관찰한 집단상담자가 '그냥'에게 "그냥 님이 그냥 여기에 있는 것 같지만 그냥 있지 않고 마치 모든 감정을 억누르려고 애쓰는 것 같아요."라고 이야기하자, 조심스럽게 자신의 이야기를 꺼내놓는다.

'그냥'은 덤덤한 얼굴로 자신의 어머니가 말기암 환자로 투병하다 얼마 전 돌아가셨다고 하였다. 의사는 6개월 시한부 판정을 내렸는데 정신없이 살던 중 1개월 만에 갑자기 세상을 떠났다고 하였다. 그녀는 7남매 중 다섯째로 집에서 존재감 없이 그냥 있는 존재로 내버려진 채 살아왔다고 하였다. 아버지는 일찌감치 돌아가셨고, 어머니는 홀로 7남매를 건사하느라 생계에 바빠 얼굴 볼 시간도 없었다. 자신의 이름을 불러 주는 일조차 없었고 유일하게 어머니가 말을 걸 때는 막내 남동생을 제대로 챙기지 않았을 때나 집안일을 해놓지 않았을 때였다. 그때 어머니는 매몰차게 '그냥'을 몰아붙이며 혼을 내곤 하였다. 그리고 매일 같이 한숨 섞인 짜증을 내는 어머니 눈을 피해 존재감 없이 방구석에서 조용히 지냈다.

그녀는 학교에서도 직장에서도 어디에서나 항상 있는 듯 없는 존재로 그냥 거기에 있는 채로 살아왔다고 한다. 누군가 감정이나 욕구를 물어보면 "그냥……"이라고 말을 흐리며 자기주장을 못하는 일이 허다했다. 결혼하고 나서 아이를 키우면서 "왜 우리 엄마는 나를 이렇게 사랑하지 않았을까? 내 이름을 한 번도 부르지 않았을까?" 원망스러웠지만 하고 싶은 말을 꾹 참은 채 어머니와 인연을 거의 끊다시피 살았다. 그런데 갑자기 어머니가 말기암 판정을 받은 후로 가슴이 요동치는 일이 많았고, 인연을 끊어 모든 걸 포기한 채 지냈다 생각했지만 그렇지 못했음을 깨닫기 시작했다. 그녀는 어머니가 돌아가시기 전 어떤 말이든지 못했던 말들을 나누고 싶었다. 그런데 갑자기 돌아가셔서 어떤 말도 하지 못한 채 어머니를 떠나보내 혼란스럽다고 하였다. 내 안에 묵혀 둔 말들이 너무나도 많은데 그 말들을 어떻게 어디서 풀어야 할지 몰라 집단상담에서 도움을 받고 싶다고 하였다.

---

1. 관찰

1) 어떤 장면에서 '빈 의자 기법'을 활용할 것인가?

2) '빈 의자 기법'에 누구를 초대할 것인가?

3) 어떤 주제에 초점을 둘 것인가?

2. 제안

1) 어떻게 제안할 것인가?(초대 멘트 고려)

_____

_____

_____

2) 의자에 어떻게 앉힐 것인가?

_____

_____

_____

3) 예상되는 저항은 어떤 것이 있는가? 저항을 어떻게 다룰 것인가?
   (집단원의 저항 vs 집단상담자의 저항)

_____

_____

_____

3. 실행

1) 초기 몰입을 어떻게 도울 것인가?

_____

_____

_____

2) 미해결 과제를 어떻게 다룰 것인가?(코멘트 고려)

_____

_____

_____

3) 실행에서 예상되는 저항은 무엇이며, 이를 어떻게 다룰 것인가?

_____

_____

_____

4. 마무리

1) 어떻게 마무리할 것인가?

_____

_____

_____

_____

_____

2. 두 의자 기법

1) 두 의자 기법의 정의

두 의자 기법은 두 개의 의자를 통해 자기 내부의 상반되는 양극의 갈등을 통합하도록 도울 수 있는 기법이다. 인간의 삶은 갈등의 연속이며 어느 정도의 갈등은 동기를 유발해 자기 성장의 기회가 될 수 있다. 우리 안의 내면적 갈등을 들여다보면 사랑과 미움, 공격성-의존성 등의 양가적인 감정이 혼재되어 나타난다. 또한, 자신의 감정을 스스로 부정하는 경우도 종종 있다. 이때, 집단원으로 하여금 자신의 감정을 자극하고 모순되는 감정을 표현함으로써 재해결 과정으로 이끌 수 있다. 집단원들이 처해 있는 내면의 갈등을 집단 장면에서 개방함으로써 서로를 이해하고 격려하는 과정을 가질 수 있다.

Staemmler(2002)는 빈 의자 기법의 사용을 크게 두 가지로 나누어 설명하였는데, 그중 하나는 집단원의 자기(self)에 대한 두 개의 표상들 사이의 대화다. 이는 'top-dog(상전)-내사된 가치관이나 명령'과 'under-dog(하인)-억압된 인격'으로 불리는 것 간의 대화로 자신과 이야기를 하는 것이다. 상전이란 정의를 내세우고 권위적이고 도덕적이며 의무를 강요하고 두목 역할을 하며 하인을 위협으로 조종한다. 상전은 프로이트의 초자아(Uberich) 개념 또는 교류 분석의 어른 자아에 해당하는 권위적이고 명령적이며 도덕적인 특성을 가지고 있다. '잔소리 심한 부모(critical parent)'로 항상 명령과 요구 사항으로 개인을 조작하고 통제하려고 한다. 반면, 하인은 희생당하고, 방어적이며 사죄하고 무기력한 역할을 함으로써 상전을 조정한다. 하인은 아무 힘도 없지만, 상전과의 싸움에서 만만치 않은 전략을 구사한다. 변명과 사과를 잘하는가 하면 억지 부리기, 보채기, 회피하기, 아양 떨기, 핑계 대기, 책임지지 않기 등을 무기로 상전을 괴롭히고 곧잘 상전을 궁지로 내몬다. 하인이 추구하는 목표도 상전과의 싸움을 통하여 환경을 통제하려는 데 있으므로 궁극적으로 상전과 일치한다고 볼 수 있다. 두 의자 기법 중 상전과 하인은 한 개인의 마음속에서 상전(top-dog)과 하인(under-dog)이 다투는 갈등 문제를 해결하기 위한 것으로 볼 수 있다.

2) 두 의자 기법의 장점

우리가 일상생활 속에 겪고 있는 갈등은 우리로 하여금 불안과 긴장을 유발하고 이것이 여러 가지 현실 부적응적인 모습으로 나타나기도 한다. 따라서 현재 우리가 처해 있는 내면의 갈등을 집단에서 개방함으로써 지금까지 갈등으로만 받아들여졌던 상황이 자신의 고유한 틀임을 재발견하면서 현실 적응의 대안을 마련하는 계기로 삼을 수 있다. 이렇게 각자의 내면에 있는 여러 가지 갈등을 밝힘으로써 서로를 이해하고 격려하는 과정을 통해 집단원 상호 간에도 신뢰를 쌓을 수 있을 것이다.

두 의자 기법은 집단원으로 하여금 자각하고 모순되는 감정을 재해결하도록 돕는다. 어떤 경우에는 감정에 대해 말로만 이야기하는 것보다 행동으로 옮기고 이를 표출하는 것이 더 쉬울 수 있다. 두 의자 기법을 통해 집단원은 억압된 부분과 접촉하여 자신의 내면세계를 깊이 탐색할 수 있다. 또한, 한 대상에게 있어서 숨겨지고 접히고 드러나지 않는 상보적인 측면이 드러나도록 할 수 있다. 이를 통해 이중 자아가 진실한 선택과 표현을 할 수 있도록 도우며, 문제와 사건을 명료하게 한다. 또한, 갈등을 극복하고 자신의 자발성을 증진하도록 도우며, 온몸과 마음으로 자신을 실험할 수 있게 돕는다. 자신의 갈등과 불안을 더 정확하게 지각하게 되는 계기가 됨으로써 자기 이해의 장이 될 것이다. 나만 갈등이 있는 것이 아니라 누구나 다 다른 내용의 갈등이 있다는 것을 발견하게 된다.

3) 두 의자 기법에서의 고려 사항

두 의자 기법이 효과적으로 활용되기 위해서는 기법을 적용하기에 앞서 집단원의 내적 갈등을 극명하게 구분해야 한다.

4) 두 의자 기법의 활용 단계

두 의자 기법의 활용 단계를 빈 의자 기법과 동일하게 〈관찰-제안-실행-마무리〉의 총 4단계로 구분하여 살펴보고자 한다.

(1) 관찰

두 의자 기법을 활용하기 위해서는 극명하게 자신의 감정이나 생각, 욕구 등이 양극으로 나뉘어 혼란스러움을 표현하는 집단원을 관찰해야 한다. 가장 대표적으로 부모 마음(어른)과 자녀 마음(어린이)이 충돌할 때를 살펴볼 수 있다. 예를 들어, 어린 시절 부모의 목소리를 내사한 집단원의 경우 자유롭게 살고 싶지만, 부모의 규칙이나 통제를 벗어나고자 하는 자신을 비난하는 목소리로 힘들어하는 집단원에게 두 의자 기법을 적용할 수 있다. 또는 부모 양쪽에 대해 화가 나는 마음을 표현하거나 엄마와 강렬한 융합관계를 가진 집단원이 결혼을 앞두고 엄마를 두고 떠날 수 없다는 두려움에 휩싸일 때도 활용할 수 있다.

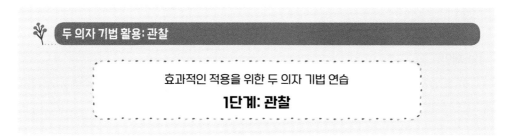

두 의자 기법 활용: 관찰

효과적인 적용을 위한 두 의자 기법 연습
1단계: 관찰

관찰	☞ 어떤 장면에서 '두 의자 기법'을 활용할 것인가? - 집단원 중 감정이나 생각, 욕구 등이 양극으로 나뉘어 혼란스러움을 표현할 때 - 대개 부모로부터 받아들인 것을 자신의 자아 체계에 무비판적으로 받아들여 혼란스러움을 경험할 때

－높은 의자에 앉아 있는 긍정적인 자신의 모습에 가려져 현재 갈등을 일으키거나 위축되어 있는 부분이 포착되었을 때
－'내사'된 자기로 인해 혼란을 경험할 때
－모범적인 자신, 즉 내사된 자신과 마음대로 행동하고 자유롭기 원하는 자신의 양극적 감정이 분열되어 있을 때

☞ **누구를 대상으로 할 것인가?**
－부모 마음(어른) vs 자녀 마음(어린이)
－책임지는 마음 vs 충동적인 마음
－금욕적인 마음(얌전) vs 성적인 마음(방종)
－착한 아이 마음 vs 나쁜 아이 마음
－공격적인 자아 vs 수동적 자아
－자율적인 마음 vs 원망하는 마음
－부지런한 마음 vs 게으름뱅이 마음
－감정 vs 이성
－남성성 vs 여성성

☞ **어떤 주제에 초점을 둘 것인가?**
－양가적인 감정, 생각, 욕구들 중 중 우세한 목소리를 가진 부분이 아닌 목소리를 내지 못하는 부분(자기-부분의 양극)

(2) 제안

제안 단계에서 집단상담자는 지나치게 위축된 집단원에게는 긍정적인 측면을 부각하고 자신의 모습에서 다루어야 할 구체적 갈등이나 대상을 상기시킨다. 두 개의 의자를 준비한 후, 각각의 의자에 갈등하고 있는 마음에 대해 투사할 수 있도록 안내한다. 의자를 둘 때, 서로 등지고 있는 의자, 마주 보는 두 의자, 한 의자 위에 올려진 의자, 서로 엉켜 있는 의자, 서로 멀리 떨어져 있는 의자 등으로 작업에 맞게 세팅할 수 있다. 여기서 두 의자는 집단원의 양면성을 대신한다.

두 의자 기법 활용: 제안

> 효과적인 적용을 위한 빈 의자 기법 연습
> # 2단계: 제안

제안	☞ **어떻게 제안할 것인가?** 　－자신의 마음속을 가만히 들여다보고 현재 자신이 처한 갈등을 생각해 보 　　도록 한다. 　－감정을 표출할 수 있는 분위기가 충분히 조성되었을 때, 집단상담자는 정 　　중하게 집단원을 두 의자 작업에 초대한다. 상전－하인 작업을 할 경우, 자 　　신의 상전 목소리(나를 비난하거나 괴롭히는), 하인(위축되거나 회피하는) 　　의 목소리를 생각해 보도록 한다. ☞ **어떻게 의자에 앉힐 것인가?** 　－집단상담자는 두 개의 의자를 준비한 후, 갈등을 일으키는 두 마음을 각각 　　의 의자에 앉힌다. 　－집단원에게 두 개의 의자 중 한 의자를 선택하도록 하여 모순되는 부분의 　　한쪽 측면을 두고 다른 한 측면에서 이야기할 것을 요청한다.

(3) 실행

　자신의 내적인 느낌이나 의도를 충분히 표현할 수 있는 분위기가 조성되면 집단원은 두 의자에 번갈아 앉으면서 자신의 긍정적인 측면과 부정적인 측면을 표현하게 된다. 이때, 집단상담자는 집단원이 언어적 반응과 함께 신체적 반응을 통해서 표현하도록 할 수 있다. 집단원이 양쪽 측면이 되어 충분히 이야기하고, 감정을 표출하며 경청받는 경험을 하면 두 측면이 모두 수면 위로 떠오르게 되고 동등한 상태에서 통합이 가능해진다. 집단상담자는 집단원에 따라 긍정적인 측면을 부각시킬 경우와 부정적인 측면을 더 깊이 있게 다루어야 할 경우를 잘 파악하고 적절하게 다룰 수 있어야 한다.

(4) 마무리

마무리 단계에 접어들면, 양극의 자아는 각자의 입장을 이해할 수 있게 된다. 즉, 자신의 갈등이 어느 정도 안정화가 되면서 적절한 통합 과정이 나타날 수 있다. 만약 두 의자 기법을 통해 갈등이 고조된다면 심도 있는 집단원 개인의 작업으로 유도할 수 있다.

 두 의자 기법 활용: 실행 ─ 마무리

> 효과적인 적용을 위한 두 의자 기법 연습
> # 3~4단계: 실행-마무리

실행─마무리	☞ 어떻게 실행할 것인가? 　─집단원은 한 의자에서 감정을 표현하고 난 후 곧바로 다른 의자로 이동해서 질문한다. 　─갈등의 양측의 입장이 되어 두 의자에 번갈아 앉으며 대화를 나눈다. 먼저 두 부분 간에 치열한 다툼이 벌어지도록 한다. 　─감정을 온전히 표현한 후 다른 측면에서 말한다. 　─그 과정에서 서로 대화를 통해 갈등을 해결하도록 촉구한다. 즉, 두 의자를 왔다 갔다 하며 대화를 통해 상전과 하인의 양극을 좁혀 준다. 　─집단상담자는 집단원의 약한 부분을 응원하여 "저쪽이 당신 말을 잘 안 듣는 것 같네요!", "그 점에 대해 어떻게 생각하세요?", "그 말 듣고 정말 아무렇지도 않으세요?" 등의 반응을 하며 갈등을 부채질할 수 있다.
	☞ 어떻게 마무리할 것인가? 　─양극의 갈등(예: 상전과 하인) 사이에 싸움을 통해 서로 간의 입장을 이해하게 되면 대화를 통해 서로 화해하거나 타협을 할 수 있도록 제시한다.

빈 의자 기법, 두 의자 기법 외에 세 의자 기법도 집단상담에서 활용할 수 있다. 〈내 인생의 중요한 작업〉 활동으로 3개의 의자를 배치한다. 첫 번째 의자에는 어린 시절의 나와 비슷한 집단원, 두 번째 의자에는 나와 비슷한 면을 가진 집단원, 세 번째 의자에는 나의 미해결 과제를 지닌 집단원을 앉힌 후 자신 안의 파편화된 모습 등을 다양하게 만나도록 도울 수 있다.

실습 3
'두 의자 기법' 사례 분석

☞ 다음 사례를 통해 '두 의자 기법'을 실습해 보자. 사례의 내용을 읽은 후, 앞서 배운 절
차에 맞춰 내가 집단상담자라면 어떻게 개입할 것인지 작성해 보자.

[사례 1]

♣ 두 의자 기법 스크립트

〈공격성 vs 수동성〉

'장미'는 자신 안에 감춰진 두 가지 부분으로 인해 혼란스러워하였다. '장미'라는 별
칭 또한 겉으로 보기엔 아름답고 남들이 그저 바라봐 주는 대로 있는 수동적인 모습이
지만 어떨 때는 독을 뿜어내는 독사처럼 공격성이 마구 나올 때가 있다고 하였다. 여자
집단원만 있었던 집단에서는 늘 조용하게 웃기만 하고, 집단상담자나 집단원이 원하는
대로 뭐든지 맞춰 줄 것처럼 수동적인 모습을 보이는 그녀를 집단원들이 모두 호기심
어린 눈으로 바라보고 있다. 얼마 전, 새롭게 들어온 남자 집단원 '유원'에게만큼은 평
소와 달리 쌀쌀맞던 말투를 보인 터라 '장미'의 이야기가 궁금했다.

그녀는 2남 1녀 중 둘째로 오빠와 남동생 사이에서 자기주장을 하지 못한 채 성장하
였다. 물론 어릴 때는 오빠나 남동생과 자주 싸우기도 했지만 그때마다 아빠는 오빠와
남동생 편을 들며 "계집애가 왜 이렇게 사납니? 참고 살아야지!"라고 하였다. 중학생 시
절, 남학생들의 놀림을 학교폭력으로 신고하려던 '장미'에게 아빠와 담임교사는 "참아
라! 남자아이들은 원래 짓궂어."라고 하였다. 그 이후로 '장미'는 남자만 보면 분노가 치
밀어 올랐지만 참았다.

다행히 여자 사원이 많았던 직장에서는 별문제 없이 수동적으로 지냈지만 최근 남
자 상사가 들어오면서 문제가 발생하기 시작했다. 남자 상사에게 걸핏하면 대들고, 주
어진 일들을 제대로 하지 않았다. 동료 여직원들과 여자 상사들은 '장미'에게 갑자기 왜
이러는지 물었다. '장미'는 여자들과 있을 때는 수동적인 모습인데 왜 남자만 보면 경쟁
하고, 다투며 싸움닭 같은 '공격성'이 올라오는지 혼란스럽다고 답했다.

1. 관찰

1) 어떤 장면에서 '두 의자 기법'을 활용할 것인가?

_____

_____

2) '두 의자 기법'에 누구를 초대할 것인가?

_____

_____

3) 어떤 주제에 초점을 둘 것인가?

_____

_____

_____

2. 제안

1) 어떻게 제안할 것인가?(초대 멘트 고려)

_____

_____

_____

2) 의자에 어떻게 앉힐 것인가?

_____

_____

_____

3) 예상되는 저항은 어떤 것이 있는가? 저항을 어떻게 다룰 것인가?
   (집단원의 저항 vs 집단상담자의 저항)

_____

---

3. 실행

1) 초기 몰입을 어떻게 도울 것인가?

---

2) 미해결 과제를 어떻게 다룰 것인가?(코멘트 고려)

---

3) 실행에서 예상되는 저항은 무엇이며, 이를 어떻게 다룰 것인가?

---

4. 마무리

1) 어떻게 마무리할 것인가?

실습 4
'두 의자 기법' 사례 분석

☞ 다음 사례를 통해 '두 의자 기법'을 실습해 보자. 사례의 내용을 읽은 후, 앞서 배운 절차에 맞춰 내가 집단상담자라면 어떻게 개입할 것인지 작성해 보자.

[사례 2]

♣ 두 의자 기법 스크립트

　집단원 '독고다이'는 인생은 홀로 살아가는 것이라며 자기소개를 할 때부터 누누이 말하기 시작했다. 그는 어릴 때부터 힘들게 사는 부모님에게 부담을 주지 말아야겠다는 생각을 많이 했었다. 어릴 적 할머니 집에 맡겨져 자랐던 '독고다이'에게 외삼촌은 너희 부모가 너무 경제적으로 어려워 입양을 보내려고 했었다고 하였다. 부담이 되는 순간 '부모가 나를 버리겠구나'라는 두려움에 사로잡혀 '독고다이'는 열 살 무렵부터 부모님과 함께 살게 됐지만 부모에게 부담을 주지 않기 위해 많은 것들을 혼자 처리해 왔다. 다른 사람에게도 부담감을 주지 않기 위해 자신이 힘든 감정, 외로움 등을 이야기하지 않았다. 이제는 그렇게 생각하지 않아도 된다는 것을 머리로는 알고 있지만 다른 한편으로는 여전히 "다른 사람들이 나를 받아 주겠어? 나에게 관심이 있겠어? 부모조차 나를 버리려고 했는데! 누군가에게 부담이 된다면 난 버림당할 거야!"라는 생각이 늘 마음속에 남아 우울감과 절망감, 외로움이 그를 짓누르고 있다.

　자신이 장으로 나올 회기였지만 자신이 주인공이 된 것에 집단원들의 눈치를 보고 미안한 감정이 든다고 하였다. 또한 집단상담자와 집단원들이 자신을 부담스럽게 생각할 것이라고 말하였다. 혼자서 세상을 살아온 '독고다이'에게 이제는 누군가의 관심과 도움을 필요로 하지만 여전히 두려워하고 있다. 그는 집단상담자에게 마침내 오랫동안 자신을 괴롭혀 왔던 가학자를 드러내며 "선생님도 저를 부담스럽게 생각하시죠?"라고 물었다. 그 물음은 역설적으로 "선생님은 그래도 저를 받아 주실 수 있으시죠?"라는 물음을 내포한 것이다.

1. 관찰

1) 어떤 장면에서 '두 의자 기법'을 활용할 것인가?

_____

_____

2) '두 의자 기법'에 누구를 초대할 것인가

_____

_____

3) 어떤 주제에 초점을 둘 것인가?

_____

_____

_____

2. 제안

1) 어떻게 제안할 것인가?(초대 멘트 고려)

_____

_____

_____

2) 의자에 어떻게 앉힐 것인가?

_____

_____

3) 예상되는 저항은 어떤 것이 있는가? 저항을 어떻게 다룰 것인가?
   (집단원의 저항 vs 집단상담자의 저항)

_____

_____

_____

3. 실행

1) 초기 몰입을 어떻게 도울 것인가?

_____

_____

_____

2) 미해결 과제를 어떻게 다룰 것인가?(코멘트 고려)

_____

_____

_____

3) 실행에서 예상되는 저항은 무엇이며, 이를 어떻게 다룰 것인가?

_____

_____

_____

4. 마무리

1) 어떻게 마무리할 것인가?

_____

_____

_____

_____

실습 5
'두 의자(상전–하인) 기법' 사례 분석

☞ 다음 자료를 통해 '두 의자 기법'을 실습해 보자. 사례의 내용을 읽은 후, 앞서 배운 절차에 맞춰 내가 집단상담자라면 어떻게 개입할 것인지 작성해 보자.

[사례 3]

♣ 집단에서 '높은 의자 & 쓰러진 의자 기법' 실습 시, 스크립트

집단원 '공감'은 청소년 상담자로 자신이 일하는 센터에서 매우 만족스럽게 일하고 있다. 하지만 부모님은 '공감'이 첫 월급을 받은 후부터 한숨 섞인 목소리로 '공감'을 한심하게 바라봤다. 자신 또한 열심히 일한 것에 비해 작은 월급을 보고 한숨이 나오기도 하였고, 내면에서 '실패자'라고 생각되었다. 어린 시절부터 '공감'의 부모는 공부로 성공해서 교수가 되든지, 대기업에 들어가 돈을 많이 벌어 성공하라고 하였다. 교수인 부와 사업으로 성공한 모는 '공감'에게 엄청난 투자를 해 왔다. 부모의 뜻대로 경영학과에 진학하여 유학까지 갔지만, 적성이 맞지 않아 공부를 포기하였다. 유학 생활 중 학생상담소에서 상담을 받았던 '공감'은 상담의 매력에 빠져 상담 공부를 시작하게 되었다.

부모는 상담 공부를 시작하는 그를 한심하게 바라보면서도 또 다른 기대를 하기 시작했다. 석사 공부를 할 때, 박사까지 진학하여 꼭 교수가 되길 바랐다. 하지만 그는 연구보다 상담이 재밌고, 무엇보다 힘들어하는 청소년을 만나는 게 행복하고 좋았다. 석사 시절 힘들게 논문을 썼던 터라 다시는 논문을 쓰고 싶지 않았다.

열심히 보채던 부모도 어느 정도 포기한 듯싶더니, '공감'의 월급 액수를 듣고는 더욱 비난의 목소리가 거세졌다. 그러던 중 우연히 대기업 심리상담사의 공고 글을 접하게 되었다. 그때부터 '공감'의 내면에서는 "돈을 많이 벌어야지 인간 구실을 하는 것이다", "부모님은 저렇게나 성공하였는데 돈을 많이 못 버는 내가 식충이 같다"라는 상전의 목소리에 휩싸이기 시작했다. 원래 상담은 돈을 많이 못 버는 일이라며 환경 탓을 하고, 비굴하게 굴었던 하인의 목소리는 더욱 작아지게 되었다. 하지만 그는 새로운 곳에서의 적응을 꽤 힘들어하고, 무엇보다 청소년 아이들이 너무 좋다.

1. 관찰

1) 어떤 장면에서 '두 의자 기법'을 활용할 것인가?

_____

_____

2) '두 의자 기법'에 누구를 초대할 것인가?

_____

_____

3) 어떤 주제에 초점을 둘 것인가?

_____

_____

_____

2. 제안

1) 어떻게 제안할 것인가?(초대 멘트 고려)

_____

_____

2) 의자에 어떻게 앉힐 것인가?

_____

_____

3) 예상되는 저항은 어떤 것이 있는가? 저항을 어떻게 다룰 것인가?

  (집단원의 저항 vs 집단상담자의 저항)

_____

_____

_____

3. 실행

1) 초기 몰입을 어떻게 도울 것인가?

_____

_____

_____

2) 미해결 과제를 어떻게 다룰 것인가?(코멘트 고려)

_____

_____

_____

3) 실행에서 예상되는 저항은 무엇이며, 이를 어떻게 다룰 것인가?

_____

_____

_____

4. 마무리

1) 어떻게 마무리할 것인가?

_____

_____

_____

_____

_____

실습 6
'두 의자(상전-하인) 기법' 사례 분석

☞ 다음 자료를 통해 '두 의자 기법'을 실습해 보자. 사례의 내용을 읽은 후, 앞서 배운 절차에 맞춰 내가 집단상담자라면 어떻게 개입할 것인지 작성해 보자.

[사례 4]

♣ 집단에서 '높은 의자 & 쓰러진 의자 기법' 실습 시, 스크립트

집단원 '성공'은 첫 회기부터 목소리가 크고, 자신만만하고 당찬 모습이었다. 자신은 자신이 일하는 분야에서 꽤나 성공을 거두고 있다고 한다. 집단 초기에는 다른 집단원이 자신의 작업을 하며 우는 모습을 볼 때면 다리를 꼬아 앉아 '마치 우는 아이가 꽤나 귀찮고 한심하다는 듯' 팔짱을 낀 채 냉소를 띠며 바라보았다. 그랬던 그가 집단상담이 진행될수록 눈물이 그렁그렁 맺히기도 하였다. 물론 눈물이 흐르기도 전에 고개를 돌려 아무 일도 없었던 양 닦아내기 바빴다. 이번 회기에 '연민'은 얼마 전 부모님의 반대로 이별한 남자친구를 떠올리며 힘든 작업을 끝낸 후였다. 갑자기 '성공'이 눈물을 흘리기 시작했다.

그 또한 얼마 전 부모님의 반대로 연인과 이별을 한 터였다. 부모님이 어릴 적 누누이 말하던 대로 그는 눈물 한 방울 흘리지 않고, 연인을 떠나보냈다. 슬픔의 감정을 억누른 채, 일에서 성공가도를 달리던 그는 모든 것이 하찮아지고 하기 싫어졌다. 그런 모습을 본 친구의 권유로 집단상담에 참여한 그는 회기가 진행될수록 자신도 모르게 눈물이 나기도 했지만 눈물을 흘리면 아주 나약한 인간이 되어 버릴 것 같은 두려움에 눈물을 참고 있다고 하였다. 어린 시절 눈물이 많았던 '성공'에게 부모는 "또 우니? 어휴 지겹다. 커서 뭐가 되려고 그러니?"라고 핀잔을 주었다고 한다. 심지어 자신을 가장 아껴 주던 외할머니가 돌아가셨을 때조차 부모님은 모두 눈물을 보이지 않았으며 '성공'의 시험을 더 중요시 여겼다고 한다. 그는 "우는 건 바보 같은 짓이야! 우는 건 인생의 실패자들이나 하는 짓이야! 울 시간에 더욱 공부해야 해! 성공해야 해!"라는 상전의 목소리에 사로잡혀 있었다.

하지만 집단상담이 진행될수록 집단원이 서로를 신뢰하고 우는 모습을 보는 것이 어쩐지 마음이 따뜻해짐을 경험한다. 나도 슬플 때 울고, 힘들 때 누군가에게 기대 울어보는 걸 경험하고 싶다고 한다. 하지만 여전히 그는 '상전'의 목소리에 지배당한 채 눈물을 하찮고 쓸데없는 것이라 여기고 있다.

---

1. 관찰

1) 어떤 장면에서 '두 의자 기법'을 활용할 것인가?

_____

_____

2) '두 의자 기법'에 누구를 초대할 것인가?

_____

_____

3) 어떤 주제에 초점을 둘 것인가?

_____

_____

_____

2. 제안

1) 어떻게 제안할 것인가?(초대 멘트 고려)

_____

_____

2) 의자에 어떻게 앉힐 것인가?

_____

_____

3) 예상되는 저항은 어떤 것이 있는가? 저항을 어떻게 다룰 것인가?

　(집단원의 저항 vs 집단상담자의 저항)

_____

_____

_____

3. 실행

1) 초기 몰입을 어떻게 도울 것인가?

_____

_____

_____

2) 미해결 과제를 어떻게 다룰 것인가?(코멘트 고려)

_____

_____

_____

3) 실행에서 예상되는 저항은 무엇이며, 이를 어떻게 다룰 것인가?

_____

_____

_____

4. 마무리

1) 어떻게 마무리할 것인가?

_____

_____

[활용 자료] 빈 의자 기법 활동

☞ 다음에 제시되는 활동 자료는 '빈 의자 기법'을 적용할 수 있도록 돕는 집단상담 활동으로, 집단상담의 한 회기의 일환으로 활용할 수 있다.

1. 언덕 위의 하얀 집

내가 생각하는 가장 안전한 장소나 장면을 상상하고 반드시 만나야 하는 대상, 만나고 싶은 대상을 만나도록 하는 것이다. 집단원들에게 눈을 감고 집단상담자의 안내에 잘 따라올 수 있는 분위기를 제공한다. 이와 같은 활동을 통해 미해결된 관계나 갈등의 대상을 떠올린 후, 이에 대해 이야기를 하도록 하고 빈 의자 기법으로 연결할 수 있다.

'언덕 위의 하얀 집' 실습 스크립트(권경인, 2008)

자, 이제 우리는 함께 잠시 여행을 떠납니다.

우리는 산새들이 지저귀고 잔잔한 바람이 부는 언덕 위로 올라갑니다.

이름 모를 들풀들이 나를 맞이해 줍니다.

나는 천천히 걸어갔습니다.

저 멀리 작은 마을도 보이고 파란 하늘엔 하얀 구름 몇 점이 떠 있습니다.

맑은 날이지만 그리 덥지 않고 바람만 살살 부는 날입니다.

나는 그런 풍경을 감상하면서 계속 앞으로 걸어갑니다.

약 20분쯤 갔을까? 저기 작은 샛길 사이로 하얀 집이 보입니다.

참 멋진 집입니다. 그리 크지도 않은 아담한 집입니다.

나는 갑자기 호기심이 생겼습니다. 조금씩 가까이 갑니다.

가까이 갈수록 더 아름다워 보이는 집입니다.

집 앞에는 작은 화단이 있었고, 노랑, 보라, 빨강 아름다운 꽃들이 화단에 가득합니다.

현관 앞 계단을 올라가서 보니 작은 문이 하나 있는데 약간 열려 있었습니다.

궁금한 마음이 들어서 집 안으로 들어갔습니다.

주인은 없는 것 같은데 아주 잘 정리된 집입니다.

벽에는 사진들도 붙어 있고 그림 액자들도 잘 정리되어 걸려 있습니다.

테이블에는 내가 가장 좋아하는 차가 끓고 있었습니다.

그리고 탁자 주위에는 두 개의 의자가 있었습니다.

나는 거기서 잠시 머물고 가야겠다 생각하고는 탁자 옆 의자에 앉았습니다.

그때, 저기 내가 왔던 길에서 어떤 사람이 오고 있었습니다.

점점 가까이 옵니다. 집 안으로 들어오더니 나에게 가까이 다가옵니다.

그는 꼭 만나고 싶은 사람이었습니다. 반드시 내가 만나야 할 사람이었습니다.

그 사람이 내 앞의 의자에 앉았습니다.

당신에게 꼭 만나고 싶은 사람은 누구인가요?

죽은 사람이든 산 사람이든 그 누구든 상관없습니다. 누가 떠올랐나요?

지금 이 자리에서 만나 보길 원하는 분 계신가요?

2. 타인이 되어 자기소개 하기

자기를 직접 소개하지도 않고, 타인의 눈으로 본 자신을 소개하는 방법이다. 이를 통해 타인이 자신을 어떻게 보고 있을 것인가에 대한 집단원 자신의 생각, 즉 집단원의 '투사'에 대해서 알 수 있다. 이 방법은 빈 의자 기법 중 하나로 활용할 수 있다.

■ 준비 사항
- 집단 운영: 소집단
- 소요 시간: 50분
- 장소: 실내
- 준비물: 없음

■ 진행
- 자신을 가장 잘 설명할 수 있는 가까운 한 사람을 마음속으로 정한다.
- 마음속에 생각한 사람이 누구인지 집단원들에게 알려 준다.
- 소개할 집단원은 집단원들 앞에 나가서 자신을 잘 아는 타인의 역할을 하면서 자신

이 빈 의자에 앉아 있다고 생각하고 자신을 집단원들에게 소개한다.
• 전체가 한 번씩 타인이 되어 자신을 소개한 뒤 느낌을 나눈다.

■ 정리 및 기대 효과
• 일차적으로는 자신을 타인에게 소개하고 친밀감을 형성하기 위한 방법이다.
• 자신을 좀 더 효과적으로 객관화하기 위한 방법이다.

■ 부수 효과
• 이것은 자신이 자신에 대해 보고 있는 방식을 알려 줄 수도 있다.
• 타인이 자신에 대해 어떻게 지각하고 있다고 생각하는지를 알려 줄 수 있다. 즉, 집
단원 자신의 투사 과정을 알 수 있다.

■ 유의 사항
• 지도자가 모델링을 하면 이해하기가 쉽다.
• 단점으로만 자신을 기술하는 사람에 대해 장점까지 기술하게 한다.

3. 내 인생의 주요한 3가지 장면

사이코드라마의 기법을 사용하여 자신의 인생에서 중요한 3가지 장면을 언어가 아닌
행동으로 표현해 볼 수 있다. 인생에서 가장 중요한 장면 또는 기억에 남는 세 가지 장면
을 이야기하는 것으로 가장 기뻤던 장면 또는 가장 슬펐던 장면 등을 묘사하도록 하는 활
동이다. 언어와 함께 행동을 통해서 개인의 핵심적인 감정과 함께 집단원의 이슈를 알
수 있도록 돕는다.

■ 준비 사항
• 집단 운영: 소집단
• 소요 시간: 50분
• 장소: 실내
• 준비물: 빈 의자 3개, A4 용지, 그림 도구(사인펜 등)

■ 진행

- 집단원은 눈을 감고 자신의 인생에서 가장 중요한 세 장면을 떠올릴 수 있도록 한다.
- A4용지를 3등분하여 그 상황을 그림으로 그린다.
- 한 사람씩 집단 앞으로 나와서 앞에 놓은 의자에 앉아서 자신의 연령을 이야기하고 어떤 장면인지 자신이 무엇을 경험했는지 행동이나 신체를 통해 표현한다.
- 3개의 빈 의자에 차례로 앉아서 이를 반복하고 그것이 무엇을 의미하는지 이야기 한다.
- 전체 집단원들이 각자 이러한 활동을 한 뒤 소감을 나눈다.

■ 정리 및 기대 효과

- 자신의 인생에 있어서 중요한 일을 말이 아닌 행동으로 나타냄으로써 더 깊이 있는 정서적 체험을 유도할 수 있다.
- 자신의 인생에서 중요한 경험들을 재경험함으로써 미해결된 과제를 발견할 수 있다.

■ 부수 효과

- 집단원 개인의 집단목표 설정에 도움이 된다.

■ 유의 사항

- 미세하게 드러나는 중요한 감정을 탐지하고 행동으로 나타내는 것에 대한 부담감을 줄이도록 해야 한다.
- 집단상담자의 모델링이 도움이 되기도 한다.

제8장

다루기 어려운 집단원

1. 다루기 어려운 집단원(소극적 참여, 의존, 습관적 불평, 집단상담자에 대한 공격)의 특성 및 대
   처 방안에 대해 이해한다.
2. 다루기 어려운 집단원의 개입 방안에 대한 토론 후 실습해 본다.

- 집단상담자로 경험했던 가장 어려운 집단원은 어떤 특성을 가지고 있었나요?
- 어려운 집단원이 힘들었던 이유는 무엇이었나요?
- 어려운 집단원에게 어떻게 대처하였나요?
- 어려운 집단원의 행동은 나의 집단 운영 방식에 어떠한 영향을 미쳤나요?

초심 집단상담자가 요구하는 교육내용 중 가장 높은 빈도로 나타난 것은 갈등 및 어려운 상황에서의 유연한 대처 기술 영역 중 '갈등 및 어려움 대처 기술'이었다. 대학원 학위과정 내의 집단상담 수업에서도 갈등 상황과 대처 방법에 대한 교육이 이루어지고 있으며(권경인 외, 2016), 학습자들이 가장 긍정적으로 인식한 수업의 내용 요소 또한 집단상담 이론에 이어 갈등, 어려움 대처 기술인 것으로 나타났다(권경인, 김지연, 계은경, 2016). 대학원 수업을 통해서 교육이 이루어짐에도 불구하고 갈등 및 어려움 대처 기술에 대한 교육 요구도가 여전히 가장 높다는 것은 집단 현장에서 갈등과 어려움이 빈번히 일어나며 이를 다루는 것이 집단상담자의 중요한 도전이기 때문일 것이다(Corey et al., 2012; Yalom, 2005; Gladding, 2012). 더욱이 초심 집단상담자에게 집단원 간 상호작용의 어려움을 보는 것은 쉽지 않은 과제이다. 특히, 어려운 집단원이 있을 경우 집단 전체 역동을 다루는 것이 쉽지 않다. 이번 장에서는 어려운 집단원에 대해 알아보고 그 개입 방안에 대해 살펴보고자 한다.

1. 어려운 집단원

- 어려운 집단원이란 "다른 집단원이나 집단상담자에게 어려움을 주는 행동을 보이는 집단원, 통상 어려운 집단원(difficult group members) 또는 문제 집단원(problem group members)"이라고 정의된다. 그러나 어려운 집단원을 문제 집단원으로 인식하는 것은 잘못된 것이다(Yalom, 1995).
- 또 다른 관점에서는 핵심 집단원(pivotal group member)으로 불리기도 한다. 핵심 집단원은 무의식적으로 집단을 지배하고 집단작업을 왜곡시킴으로써 치료를 저해하는 분위기를 만들어 낸다(Dub, 1997).
- 자기를 보호하려는 목적에서 집단원과 집단상담자를 조종하려는 경향이 있으며 은밀하게 집단을 위협하는 역할을 한다. 집단에 부정적인 영향을 직접적 또는 간접적

으로 미치며 응집력 있고 생산적인 집단 형성을 방해한다.
• 어려운 집단원은 집단상담자의 지식과 기술의 부족, 능력의 한계를 계속해서 상기 시키기 때문에 집단상담자에게 불편함을 불러일으킨다.

🌷 어려운 집단원의 특성(Kottler, 1992)

• 대인관계 기능을 손상시키는 만성적, 통제 불가능한 질병
• 드러내기 싫은 숨겨진 이슈가 있음
• 적절한 경계 무시
• 자신이 처한 곤경에 대해 자신의 책임을 부인하고 다른 사람을 비난함
• 논쟁적임
• 친밀감에 대한 두려움
• 집단상담을 통한 변화 기대가 비현실적이거나 참을성이 없음
• 생각, 감정을 분명하게 표현하지 못하거나 언어 기술 부족
• 현실과 상당히 괴리됨
• 지나치게 구체적이거나 모호함을 견디는 능력 부족
• 내면이 비어 있어 내적 상태에 대한 접근이 불가능
• 매우 낙담하여 절망 표현
• 충동 조절 능력이 부족하여 폭발적으로 화를 내는 경향
• 특정 상황에서 지배적인 특성

---

2. 어려운 집단원 발생 원인

어려운 집단원은 집단원의 병리적 방어기제에 의해 발생한다. 또한, 똑같은 집단원이라도 집단의 상황과 수준, 역동에 따라 다른 문제를 나타내기 때문에 어려운 집단원은

집단상담자, 집단원들 간의 상호작용 결과로 생긴다. 어려운 집단원 발생 원인으로 집단원의 개인적 역동 및 특성, 집단상담자의 역량 및 실수, 집단 내 상호주관성의 영향, 집단 전체의 역동으로 나누어 설명할 수 있다(Gans & Alonso, 1998). 초심 집단상담자 교육과정에서는 개인적 역동 및 특성을 중점적으로 다루고자 한다.

1) 개인적 역동 및 특성

- 집단에서 일어나는 여러 애착에 대한 두려움으로 인해 도움을 요청하면서도 집단이 도움을 제공할 때 밀어내는 특성을 염두에 둘 수 있다. 어려운 집단원은 집단과 안정적 정서적 거리를 유지하고자 한다.
- 한 집단원이 나머지 집단원들에 비해 정서적 발달 수준이 낮거나 보다 원시적인 방어 기제를 사용하는 경우 어려운 집단원이 발생할 수 있다.
- 자기애적, 경계선, 정신병적, 정신분열적 특성을 가지고 있는 경우가 많다. 자기애적 특성을 지닌 집단원의 경우 집단과 자신의 느낌을 나누지 못한다. 또한 경계선적 특성을 지닌 집단원의 경우에는 집단상담자가 다른 집단원에게 주의를 기울이는 상황을 견디지 못한다.
- 자살 충동을 지닌 집단원의 경우 자살 충동의 촉발로 인한 두려움을 불러일으켜 집단에서 적대감을 유발시킬 수 있다.

2) 집단상담자의 역량 및 실수

- 집단상담에 부적합한 대상이 집단원으로 선발되는 경우 어려운 집단원이 발생할 수 있다.
- 집단상담자가 집단원의 지각/결석, 상담료 체납, 집단 밖에서의 연락을 다루지 않는 경우 등 집단 계약 위반을 잘못 다룰 경우에 어려운 집단원이 발생할 수 있다. 또한 바람직하지 않은 집단 규범, 집단의 무의식적 행동에 대한 개입의 실패할 경우 어려

운 집단원이 발생할 수 있다.

• 집단상담자의 실수, 이에 대한 부인으로 집단은 짜증스러운 분위기가 표출되고 이에 대한 책임을 한 집단원에게로 돌려 희생양을 만들어 낼 수 있다.
• 집단원에 대한 반복적 공감이 실패할 경우 어려운 집단원을 양산할 수 있다.
• 집단원이 유발하는 역전이를 집단상담자가 견디지 못할 경우 어려운 집단원이 발생할 수 있다.

3) 집단 내 상호 주관성의 영향

• 어려운 집단원은 자기를 집단원들보다 자신의 내적 대상과의 관계에서 처리하는 존재로 다른 집단원과 지금-여기에서 관계를 맺을 수 있는 정신 구조와 힘이 부족하다고 이해할 수 있다.
• 집단상담자나 집단원들의 주관성이 합쳐져 다른 집단원을 객관화함으로써 그 집단원을 어려운 집단원으로 지정한다.

4) 집단 전체의 역동

• 특정 집단원이나 하위 집단의 역동의 영향은 때때로 너무 커서 전체 집단의 역동을 왜곡시킬 수 있으며 이러한 왜곡을 적절히 다루지 않으면 어려운 집단원이 된다.
• 집단원이 전체로서의 집단기능을 떠맡거나 다른 집단원들이 차마 말하지 못하거나 보여 주지 못하는 집단 전체의 감정을 말하거나 행동화하는 경우에 어려운 집단원이 발생할 수 있다. 이같은 경우에는 집단을 위해 집단원의 무의식적 역할을 하기도 한다.

3. 어려운 집단원을 분석(개념화)하는 틀

어려운 집단원을 개념화하는 데 있어 집단원 개개인의 개인적 관점과 집단 전체의 집단적 관점으로 나누어 생각해 볼 수 있다(Agazarian, 1987).

- 개인적 관점(Individual perspective)
  - 집단원의 정신병리, 성격, 대인관계 등
  - 집단과 맞지 않은 집단원
  - 개인의 역동을 이해하면 방어, 동기, 갈등을 다룰 수 있다.
  - 사회적 역할 이론은 집단원의 반복적인 행동 특성과 초기 시기 대상관계로 인한 영향을 인지할 수 있게 도와준다.
- 집단적 관점(Group perspective)
  - 집단의 행동을 집단의 구성, 발달적 역사, 환경적 영향으로 설명한다.
  - 집단 역할로 인해 한 명 또는 여러 집단원이 집단 갈등을 담아 표현할 수 있다.
  - 집단의 역동을 이해함으로써 집단 발달 이슈와 집단의 발달 단계 수준을 알 수 있으며 이를 통해 집단 전체가 성장을 도모하여 치료적인 역할을 할 수 있게 된다.

어려운 집단원을 분석(개념화)하는 데 있어 개인과 집단적 관점 모두를 고려해야 한다.

4. 어려운 집단원의 기능

어려운 집단원의 존재는 집단 내에서 부정적 기능과 동시에 긍정적 기능을 하기도 한다. 집단상담자는 어려운 집단원에 대해 부정적 기능, 긍정적 기능뿐만 아니라 이를 종합한 기능에 대해서도 인지하여야 한다(Schlachet, 1998).

1) 부정적 기능

- 집단이 침묵하게 하고, 집단원들이 압박감과 좌절감을 경험하게 한다.
- 집단의 발달을 멈추게 한다.
- 집단원들이 짜증스럽고 비판적으로 된다.
- 결석, 지각 등의 행동이 나타난다.
- 집단을 그만두는 것을 고려하게 만든다.

2) 긍정적 기능

- 다른 집단원보다 많은 집단작업을 일으키는 수행을 한다.
- 집단의 긴장을 고조시킨 뒤 해소를 통해 집단작업을 촉진하는 역할을 한다.
- 다른 집단원들의 반응을 이끌어 낸다.
- 집단원들의 문제가 되는 부분을 상징화함으로써 다른 집단원들이 자신의 문제에 대해 작업을 할 수 있도록 한다.
- 집단원들의 역동을 드러냄으로써 중요한 치료적 동맹을 맺도록 돕는다.

3) 종합적 기능

- 어려운 집단원은 단순히 그들 개인의 문제가 아니라 전체로서의 집단의 증상을 드러내므로 다른 집단원들이 붙잡고 있지 못하는 감정을 담아내고 표현한다.
- 따라서 그들이 아니었다면 집단이 피했을 깊은 정서적 경험을 다른 집단원들도 점차 하도록 이끌 수 있다. 이를 통해 집단원들은 감정적으로 강해지고 집단에 협조적이 되지만 너무 어려운 경우에는 집단을 떠날 수도 있다.
- 따라서 그들을 집단상담자가 집단의 선물로 여기며 감사할지, 방해꾼으로 대할지 보는 시각에 따라 집단의 운영이 달라질 수 있다.

5. 어려운 집단원의 기본적인 개입 방안

어려운 집단원은 단순히 그들 개인만의 문제가 아니라 집단의 문제가 되므로 집단에서 다룰 수 있는 방법으로 개입하는 것이 중요하다. 집단상담자는 어려운 집단원들의 문제 행동이 무엇이며, 어떻게 대처해야 할 것인지 사전에 알고, 이를 비난 또는 비판하기보다는 집단원들과 솔직하고 건설적인 방식으로 상호작용하도록 유도하는 것이 필요하다(Rutan, Stone, & Shay, 2014).

1) 어려운 집단원을 대하는 집단상담자의 태도와 일반적 지침

어려운 집단원을 대하는 데 있어 집단상담자의 태도 및 자세는 매우 중요하다. 집단의 자원 활용하기, 실수, 집단상담자의 자기공개 및 자세 등에 대해 살펴보고자 한다. 또한 집단에 어려움을 끼치는 집단상담자의 문제가 되는 태도들에 대해서도 살펴보고자 한다(Earley, 2004).

(1) 집단의 자원 활용하기
- 집단원을 존중한다.
- 집단원에게 의지할 수 있는 태도를 기른다.
- 집단원들의 통찰과 그들의 기술을 활용한다.

(2) 실수
- 집단은 복잡하기에 집단상담자가 실수할 기회가 많다.
- 실수를 바로잡는 조치를 취한다.
- 실수를 인정함으로써 집단원과의 관계가 안정되고 치유적 반응을 이끌어 낼 수 있다.

(3) 집단상담자의 자기 공개

• 자기 공개를 적절히 다룰 수 있다면 치료 과정을 상당히 고양시킬 수 있다.

• 간헐적 사실 공개는 문제되지 않는다.

• 집단원에게 긍정적 피드백은 치료 동맹에 도움을 주나 감정 표현을 받지 못한 집단
  원도 충분히 살피고 다른 집단원의 감정과 비교해서는 안 된다.

• 집단원에게 부정적 피드백은 치료 동맹을 손상시킬 수 있으나 집단원이 충분히 강
  하고 치료 동맹이 군건하며, 관계를 풀어 나갈 때 꼭 필요한 경우에는 활용 가능
  하다.

• 집단에서 일어나는 일에 대해 솔직하고 건설적인 방식으로 상호작용한다.

• 관찰된 행동을 구체적으로 말해 준다.

(4) 집단상담자 자세

• 집단을 정서적으로 보살피고, 공감적인 방식으로 개입한다.

• 집단원이나 집단 전체를 보살피고 관심을 둔다.

• 역전이를 지속적으로 살피며 잘 다루어야 한다(집단원과 작업할 때 드는 느낌/집단원
  이 내가 알고 있는 누군가를 떠오르게 하진 않는지 등을 확인할 필요가 있음).

• 문화적 배경을 고려하여 편견, 고정관념이 배제된 중립적 입장에서 조망한다.

(5) 문제가 되는 태도

• 집단상담자의 두려운 영역으로 인해 특정 영역 또는 갈등을 탐색하는 것을 피하는 것

• 집단상담자의 욕구 만족은 개인의 삶에서 충족되어야 하는데 집단원을 희생하면서
  자신의 욕구를 충족시키는 일

• 집단원의 문제행동을 지나치게 개인적 · 방어적으로 받아들이는 태도

• 꼬리표를 붙이거나 진단적 어투로 범주화하는 것

(6) 상담자 중심에서 집단 중심으로의 이동

• 집단원들에게 책임감을 부여하여 집단을 주도하도록 한다.
• 다른 집단원들에게 문제행동으로 인한 영향에 관해 이야기할 기회를 제공한다.

2) 어려운 집단원에게 접근하는 방식

(1) 어려운 집단원의 문제에 대한 개념화(현상, 의미, 원인 파악)

• 의미 있는 행동을 발견하고, 주목하기
• 어려운 집단원 행동에 이름(개념) 붙이기
• 행동의 의미, 원인 파악하기(개인 심리 내적 역동에 대한 개입으로 집단원이 집단상담
  장면에서 경험하는 내적 경험, 집단원의 가족배경 및 성장배경, 스트레스 요인 등에 대한
  there-and-then 정보를 활용하여 집단원이 보이는 행동에 대한 의미나 원인을 파악해 볼 수
  있다.)
• 집단원의 핵심 문제에 대한 이론적 추론/설명

(2) 심리 내적인 수준에서 집단원의 핵심적 문제에 대한 설명의 예

집단원 '조용'은 대부분의 회기를 침묵으로 일관하고 있다. 급기야 지난번 회기에는 불
참하였다. 이번 주에 집단에 참여한 후에도 여전히 침묵하고 있을 뿐이다. 다른 집단원
들이 지난주에 빠진 이유를 물어도 별다른 반응 없이 웃으며 집에 일이 있었다고 할 뿐
이다. 많은 집단원이 불편한 기색을 보였지만 '조용'의 침묵을 이해하고 받아들이는 것
으로 보여졌다. 하지만 집단원 '바다'는 제대로 된 설명을 하지 않는 '조용'에게 도저히
참을 수 없다며 화를 내기 시작했다. 이제까지 차분하게 집단 회기에 참여하던 모습과
다른 '바다'로 인해 모두들 놀란 상황이다.

집단 회기 내에서 이런 일들이 발생하였을 경우 우리는 앞서 살펴본 세 가지 수준에서 이를 개념화해 볼 수 있다. 그중 집단원 바다의 심리 내적인 수준을 탐색해 보면 바다는 어린 시절 집단의 대소사에 침묵으로 일관하는 부모님 밑에서 양육되었다. 집안에 일이 생길 때마다 바다는 엄마, 아빠에게 질문하였지만 돌아오는 대답은 구박뿐이었다. 무엇보다 힘들었던 건 갑작스런 아버지의 죽음에 대해서 아무런 말도 할 수 없었던 집안의 분위기였다. 집안에 비밀이 감도는 것, 집단원이 자신의 이야기를 하지 않는 모습에 격렬한 분노를 한 이유는 이러한 전이로부터 나온 것이다.

실습 1
어려운 집단원 (1)

☞ 다음 사례를 읽고 질문에 답해 보자.

> '잡초'는 집단 안에서 거의 침묵으로 일관하고 있다. 때때로 다른 집단원들의 이야기를 들으며 고개를 끄덕이거나 공감을 하지만 자신이 전혀 드러나지 않는 형태로 반응하였다. 다른 집단원들이 '잡초'의 이야기를 듣고 싶다고 하면 자신의 이야기는 이곳에서 별로 중요하지 않고 도움이 되지 않을 것이라고 말한다. 이러한 장면이 몇 회기 동안 반복되어 왔고, 집단의 종결은 1회기밖에 남지 않았다. 많은 집단원들이 자신들은 도움을 받고 가지만 '잡초'에게 신경이 쓰이고 미안한 마음이 든다고 이야기를 한다.

1. '잡초'는 어떤 유형의 집단원으로 생각되는가?

_____

_____

_____

2. 집단상담에서 침묵은 언제 발생할 것으로 생각하는가? 침묵은 어떤 의미일까?

_____

_____

_____

3. 내가 집단상담자라면 '잡초'의 침묵에 대해 어떻게 개입하고 싶은가?(대안 반응 작성)

_____

_____

_____

4. 만약 '잡초'가 조용하게 과정을 관찰하는 것만으로 집단에서 큰 도움을 받았다고 말한다 면 당신은 어떻게 반응하고 싶은가?

_____

_____

_____

5. 침묵하는 집단원의 권리와 책임에 대한 당신의 생각은 무엇인가? 집단상담자로서 책임은 무엇이라고 생각하는가?

_____

_____

_____

6. 침묵은 집단에 어떤 영향을 미칠 것으로 생각되는가?

_____

_____

_____

6. 어려운 집단원의 유형

1) 소극적 참여(침묵)

(1) 정의

• 집단 회기가 진행되는 중에도 침묵으로 일관하거나 철수 행동을 보이는 등 집단 활동에 참여하지 않는 소극적 태도를 말한다.

• 집단에서 이야기하는 동안 자신이 초점의 대상이 되는 것이 불편거나, 자신의 이야기가 그렇게 중요하다고 생각되지 않는 경우, 또는 집단에서 거절되는 것을 염려하거나, 비자발적 참여자인 경우, 침묵하는 등 집단 참여에 소극적인 태도를 보일 수 있다.

참고 자료: 집단상담에서 침묵(Gans, & Counselman, 2000)

• 집단원의 딜레마: 집단에 어느 정도로 참여할 것인가? 나의 개별성을 어느 정도로 유지할 것인가?

• 침묵은 내담자 선택의 결과물: 내담자는 침묵 또는 말하기를 선택한다.

• 집단에서 나타나는 다양한 침묵의 형태: 특정 집단원, 하위 집단, 집단상담자, 전체 집단 수준의 침묵이 있을 수 있다.

• 전경−배경의 관점에서의 침묵 분석: '집단은 무엇을 말하고 있는 반면, 무엇을 말하고 있지 않은가?', '집단에서 많은 말이 오가고 있지만, 한편으로 누가, 지금 어떤 주제에 대해 침묵하고 있는가?'를 생각해 볼 수 있어야 한다.

• 집단상담에서 침묵이 나타날 수 있는 개인 역동과 관련된 요인
  − 그동안의 일상생활을 통해 습관화된 것일 수 있다.
  − 특정 집단원의 심리적 갈등과 관련(미해결 과제와 관련)될 수 있다.
  − 집단원들에게 침묵은 무언가 해야 한다는 성취, 생산성에 대한 욕구, 순종, 존경 등 다양한 의미일 수 있다.

－과거에 그러한 요구에 순응해 왔던 사람은 침묵해야 한다는 생각으로 자기표현의 기회를 놓칠 수 있고, 집단에서 거짓된 자기를 형성한다.

    －집단에 집단 참여자만 있는 것이 아니라, 그러한 과거 삶 속에서 형성된 타인의 기대와 관련된 사람들이 함께 존재한다고 볼 수 있다.

---

(2) 문제점

• 집단상담자는 집단원이 어떤 경험을 하고, 어떤 영향을 받는지 알 수 없다.

• 다른 집단원들에게 불필요하게 의구심을 자아낸다. 심한 경우, 죄책감을 느끼는 집단원이 생길 수 있다.

• 다른 집단원들은 소극적으로 참여하는 집단원에 대해 아는 바가 별로 없다고 느낀다.

• 다른 집단원들이 위험을 감수하고 자기 개방을 할 때, 소극적으로 참여하는 집단원이 자신들을 일방적으로 관찰(또는 평가)당하는 느낌을 갖게 되어 불안, 두려움 혹은 분노를 유발할 수 있다.

• 소극적인 집단원을 의식하게 되어 집단원들의 참여가 전반적으로 둔화된다.

• 집단에서 다룰 필요가 있는 감춰진 사안이 묻히게 되고, 집단원들의 억압된 감정은 신뢰하는 분위기를 저해하게 된다.

• 집단역동이 침체되어 집단응집력이 저하된다.

🌱 침묵의 다양한 원인(강진령, 2019b)

• 집단원의 성격적 특성(조용한 경우)

• 자기 개방에 대한 두려움(한 마디 내뱉을 때마다 자기 개방을 하게 된다고 경험)

• 말할 가치가 없다는 느낌, 거절되거나 수용 받지 못할 것에 대한 두려움

• 의사소통 또는 침묵과 관련된 정신적 상처

• 언어 표현력 부족으로 어리석게 보일 것 같은 두려움(완벽하지 못할까 봐 두려움)

• 남들에게 자신, 가족 또는 집안에 관해 노출해서는 안 된다는 신념

• 특정 집단원 또는 집단상담자에 대한 저항감(개인 내적 특성보다 상호작용적 맥락)

• 집단상담자를 시험하기 위한 교묘한 힘겨루기(게임 or 불만 or 열등감)

• 내부의 공격성 갈등으로 인한 자기주장의 어려움

• 아동기에 원했던 마술적 구원을 원함

• 집단의 관심을 끌기 위한 목적

• 집단에 대한 신뢰나 헌신 부족, 안전감, 신뢰성 상실

• 고상하고 우월하게 침묵을 지킴으로써 집단으로부터 거리를 유지 · 통제

• 무너지거나 울지 않도록 침묵을 유지, 약점을 내보이는 것이 두려움

• 집단원 역할의 몰이해

• 다른 생각을 하는 경우, 준비가 되어 있지 않은 경우

• 집단상담자나 한 집단원이 지배적일 경우

(3) 침묵하는 집단원에 대한 개입 방안

① 생산적 침묵과 비생산적 침묵을 구분하라

- 생산적 침묵이란 집단에서 일어난 일들을 통합하거나 깊이 숙고하느라 말이 없어지는 것이다.

  ☞ 집단상담자는 2~3분 정도 말없이 기다려 주면서 집단원이 생각과 감정을 정리하여 말하도록 여유를 주어야 한다.

- 비생산적 침묵이란 두려움, 분노, 지루함 같은 감정 상태에 놓이거나 어떻게 해야할지 몰라 말하기를 주저하는 것을 말한다.

  ☞ 집단원과 집단 상황에 맞게 개입 방안을 고려할 필요가 있다(집단원의 연령이 낮은 경우 침묵이 길어지면 안 된다. 집단 초기 '침묵'이 길면 집단발달이 저해될 수 있으므로, 이야기할 수 있는 구조를 주는 것이 필요하다. 반면 작업 단계에서의 '침묵'의 경우, 허용하는 것도 필요하다.).

② 침묵의 의미 탐색을 위하여 집단상담자 스스로 점검해 보기

-집단원의 침묵은 어떤 의미를 지니고 있을까?

-주로 어떤 경우에 침묵하는가?

-이 집단원은 이 집단에 속해 있는 것에 대해 어떤 느낌을 지니고 있는가?

-이 집단원의 침묵에 대해 다른 집단원들은 어떤 반응을 보이는가?

-쉬는 시간이나 집단 시작 전과 후, 집단 밖에서도 이 집단원은 말이 없거나 소극적인 태도를 보이는가?

-침묵하는 집단원은 집단 내에서 어떤 모습을 원하는가?

☞ 즉, 집단원의 성격적 특성인지, 상황적 특성에 따른 반응인지 등을 파악할 필요가 있다. 침묵은 결코 침묵 그 자체가 아니다. 침묵도 행동이고 집단에서의 다른 행동과 마찬가지로 지금-여기 맥락 안에서 모두 의미가 있다. 대인관계 및 세계와 맺는 내담자의 독특한 방법을 대표하는 예로 보아야 한다.

③ 침묵하는 집단원 행동을 관찰해서 다루기

-정기적으로 비언어적인 반응(몸짓인 행동으로 어떤 관심, 긴장, 슬픔, 권태 또는 즐거움을 나타내는 모습 등)을 관찰한 것을 집단상담자가 피드백하기

-집단상담자가 침묵하는 집단원에게 주목하여 그가 말하지 않아도 집단상담자가 집중하고 관심을 보인다는 것을 알려 주기

-집단에서 말하기 어려운 것을 공감적인 방식으로 전달해 주기

④ 집단상담 장면에서 이유를 탐색하기(비난이 아닌 격려로)(강진령, 2019b)

• 당신의 침묵은 어떤 의미가 있나요?

• 주로 어떤 경우에 말이 없어지나요?

• 이 집단에서 말을 꺼내기 힘들게 하는 것은 무엇인가요?

• 이 집단에 속해 있는 것에 대해 어떤 느낌이 드나요?

⑤ 집단 참여 기회 제공하기

　　-연결하기 등의 기술을 통하여 집단원의 참여 유도하기

　　-자신이 원하는 것을 적극적으로 표현하는 법을 학습할 기회 제공하기

- '쉿'님은 이번 집단 회기에서 원하는 것을 얻었는지 궁금합니다.
- '바람'님 이야기를 들으면서 '쉿'님은 어떤 느낌이 들었는지 궁금합니다.
- '바람'님이 당신을 주인공으로 만들었을 때 어떻게 느꼈나요?
- 당신이 집단에 들어오도록 도와주려면 우리가 무엇을 해야 할까요?

---

⑥ 매 회기 마무리 과정에서 집단 경험에 대한 소감을 말할 기회 제공하기

☞ 집단상담에 참여하는 것만으로 의의가 있다며, 침묵을 선택하겠다고 요청하는 집단원이 있다면 이를 수용해 주는 것도 필요하다. 즉, 침묵을 선택한 집단원의 자유와 책임을 격려할 수 있다.

실습 2
어려운 집단원 (2)

☞ 다음 사례를 읽고 아래 질문에 답해 보자.

> 집단 초기부터 집단원 '냥이'는 집단원이나 집단상담자가 자신을 보살피고 자신에 대한 사안을 대신
> 결정해 주길 기대하는 듯한 행동으로 일관하고 있다. 직간접적으로 다른 사람에게 도움을 구하지만
> 어떤 도움도 받아들이지 않고 실행하지 않는다. 집단원들이 아무리 도움을 주려고 애써도 집단원의
> 도움을 주는 피드백을 수용하기보다는 "네…… 그렇지만…… 저는 못할 것 같아요."라고 반응하며 교
> 묘히 제안을 회피하거나 무시한다. 그는 단순히 자신의 의존성을 지속적으로 유지하기 위한 수단으
> 로 도움을 요청하는 듯하다. 집단원 '냥이'를 도우려던 집단원들은 이제는 지친 마음이 든다고 이야기
> 하고 있다.

1. '냥이'는 어떤 유형의 특성을 지닌 집단원인가?

_____

_____

_____

2. '냥이'는 어떤 마음으로 집단원에게 의존하는 것일까?

_____

_____

_____

3. '냥이'를 대하는 집단원들은 어떤 감정을 경험할까?

_____

_____

_____

4. 내가 집단상담자라면 '냥이'에 대해 어떻게 개입하고 싶은가?(대안 반응 작성)

_____

_____

_____

5. 개입 시 주의해야 할 점은 무엇일까?

_____

_____

_____

2) 의존적 행동

(1) 정의

• 의존적 집단원이란 집단상담자나 다른 집단원들이 자신을 보살피고 자신에 관한 사안을 대신 결정해 줄 것으로 기대하는 듯한 집단원의 행동과 태도로, 필사적으로 해결책을 구하거나 일종의 지시를 기대하는 집단원을 말한다.

• 집단원에 따라서는 아내나 남편 또는 자녀나 이성 친구 없이 살 수 없다고 하거나 무력감을 호소하기도 한다.

🌿 의존적 행동의 특징(강진령, 2019b)

- 자기중심적이다.
- 자기 자신 또는 자신의 관심사에 관해서만 언급한다.
- 자신이 의존하는 권위를 지닌 사람을 탓하는 성향이 있다.
- 은밀하게 도움을 구하지만 어떤 도움도 받아들이지 않는다. 충고는 공공연하게 또는 간접적으로 거절한다.
- 충고를 듣기 위해 집단상담자에게 전적으로 매달리기도 한다.
- 다른 집단원의 호소는 자신의 것과 비교하여 평가 절하한다.
- 끊임없이 문제를 제기하면서 이 문제를 극복할 수 없는 것처럼 보이게 한다.
- 도움이 필요하다는 입장에서 대인관계를 형성·유지한다.
- 다른 집단원이 문제를 제기함으로써 집단상담자나 다른 집단원들의 관심을 끌려고 할 때 경쟁심을 나타낸다.

---

(2) 문제점

• 집단원 간 상호작용에서 긍정적인 대답을 반복하는 특성, 즉 '네'라는 대답을 반복한다.

- 긍정적 반응에 대해 다른 집단원들은 그 집단원이 미처 생각지 못했을 거라고 여기고 그를 돕기 위해 열심히 정보·조언·피드백을 제공하는 패턴이 생긴다.
- 다른 집단원들에게 자신을 위해 조언을 하도록 분위기를 조성해 놓고 그들의 조언을 비웃듯이 받아들이지 않는다. 설령 조언을 받아들여도 즉각 실행에 옮기지 않는다.
- 집단원이 자신을 원하고 자신에게 의존하려고 할 때 자신이 중요한 존재라는 느낌을 받는 집단상담자의 경우, 집단원의 의존적 자세를 부추기는 오류를 범할 수 있다.

(3) 의존적인 집단원에 대한 개입 방안

① 집단상담자 스스로 집단원의 '의존적 행동'을 부추기지 않는지 점검하기
- 의존하는 집단원을 보듬어 주기만 하면 당사자뿐만 아니라 집단원 전체에 비효과적일 수 있다. 또한, 당사자에게 의존성을 더 강화할 수 있으며 다른 집단원들에게 학습이 되거나 그 사람에게만 집중하고 있는 것으로 오해하여 서운함을 느끼거나 원망하는 마음을 갖게 해 집단역동에 악영향을 끼칠 수 있다.

🌱 **집단원의 '의존적 행동'을 부추기는 집단상담자 성향의 원인(강진령, 2019a)**
- 집단원들의 지속적 참여를 통해 재정적 보상이 따를 수 있음
- 일상생활에서 충족하지 못한 욕구를 충족시킬 수 있음
- 일종의 정신적 지주 또는 부모로서 집단원의 삶에 방향을 제시한다는 작위적 의미를 부여함
- 다른 사람들로부터 감사의 말을 듣거나 인정을 받기 위한 주요 원천으로 집단을 사용하고자 함
- 자신의 미해결 과제를 집단에서 작업하려는 무의식적 의도가 있음

② 집단원의 문제행동을 올바르게 인식하도록 돕기

- 타인에게 의존함으로써 얻거나 누릴 수 있었던 욕구(자신에 대한 책임 회피 등) 충족의 고리를 끊기
- 공감적인 방식으로 집단원의 의존적 행동을 직면시킴으로써 자신의 태도와 행동에 대해 인식하도록 돕기
- 집단원이 어느 정도 직면할 힘이 있다면 소거를 통해 강한 직면하기

실습 3
어려운 집단원 (3)

☞ 다음 사례를 읽고 질문에 답해 보자.

[사례] 학교폭력 가해자 집단상담에 참여한 '일짱'은 첫 회기부터 내가 이곳에 왜 와야 하는지 시간이 아깝다고 말한다. 오늘도 여전히 지난주에 이어 집단상담자와 집단상담 활동에 대해 불만을 표현한다. "이야기하고 싶지 않아요. (짜증스러운 말투와 표정으로) 어쩔 수 없이 담탱이가 가라고 하니까 오긴 했지만 진짜 지루하고 피곤해요. 상담 선생님 말도 뭔 말인지 모르겠고…… 샘은 얼마나 우리 같은 애들 만나 보신 거예요? 뭐 하나 이해하는 것도 없고, 집단상담 해 봤자일 텐데…… 이걸 왜 하는 건지…… 솔직히 이런 거 하려고 한 건 아닌데……."

---

1. '일짱'은 어떤 유형의 특성을 지닌 집단원인가?

_____

_____

_____

2. '일짱'이 불만을 표현하는 이유는 무엇일까?

_____

_____

_____

3. '일짱'을 대하는 집단상담자는 어떤 마음을 경험하겠는가?

_____

_____

_____

4. 내가 집단상담자라면 일짱에 대해 어떻게 개입하고 싶은가?(대안 반응 작성)

_____

_____

_____

5. 개입 시 주의해야 할 점은 무엇인가?

_____

_____

_____

3) 습관적 불평

(1) 정의

- 매 회기마다 집단, 집단상담자 및 집단원들에 대해 문제를 제기하거나 불평불만을 늘어놓는 행동으로, 특히 비자발적 집단일 경우 더욱 빈번하게 나타난다.
- 집단 초기에는 종종 집단상담자의 운영 방식이나 집단 과정 등에 대해 불만을 품거나 불평을 토로하는 집단원이 나타날 수 있다. 습관적 불평을 일삼는 집단원은 흔히 집단 초기에 많이 나타난다.
- 습관적으로 불평하는 성향은 대화 독점 행동의 변형으로 '도움 거부 불평자(Yalom, 2005)'로 불린다.

(2) 문제점

- 집단의 분위기를 해치고 집단 과정의 자연스러운 흐름을 저해한다.
- 집단원들 사이에 다른 불평불만이 번져 집단응집력에 부정적이고, 신뢰에 문제가 생긴다.
- 다른 집단원과 논쟁으로 이어지기도 한다.
- 집단상담자나 집단원이 지치게 된다.

(3) 습관적 불평을 하는 집단원에 대한 개입 방안(강진령, 2019b)

① 집단원의 불평불만이 습관적 또는 만성적이라는 판단이 든다면, 일단 초점을 다른 사람 또는 주제로 돌리기(집단상담 중 불평에 대해 직면하게 될 경우, 논쟁으로 확대될 수 있으므로 지양해야 한다.)

② 개별 면담을 통해 불평의 이유를 알아보기

③ 생산적인 집단을 위해 정중하게 협조와 도움을 요청하기

④ 해당 집단원과 시선 접촉을 피함으로써 나서지 않게 하기

⑤ 단순히 집단상담자의 관심과 집단에서의 역할을 원하는 경우, 이에 대해 적절히 다

루기

⑥ 불평자들에게 충고, 격려하기보다 오히려 그들의 염세적 내용에 동의하는 모순적 자세를 취하기(Yalom, 2005). 이를 통해, 예상하지 않은 반응을 보일 때 사람들은 멈칫하게 되고 생각하게 되기 때문에 새로운 관점에서의 방법을 시도해 볼 수 있다.

※ 비자발적 청소년 집단의 경우, 습관적 불평을 하는 집단원을 자주 만날 수 있을 것이다. 집단상담 장면에서 이를 직접 다룸으로써 많은 시간과 에너지를 소모할 경우, 다른 집단원들의 집단 참여 기회를 박탈하는 잘못을 범할 수 있다. 따라서 비자발적 청소년 집단의 경우에는 무엇보다 집단 초기 과정에서 그들의 분노 등 부정적 감정 및 비자발적 동기에 대해 충분히 표출할 수 있도록 도우며 라포 형성에 힘써야 할 것이다. 집단원의 습관적 불평은 대부분 집단의 긍정적 가치를 깨닫게 되면서 감소 또는 사라지게 된다(Marmarosh & Van Horn, 2010).

실습 4
어려운 집단원 (4)

☞ 다음 사례를 읽고 질문에 답해 보자.

> **[사례]** 두 번째 회기에 간단히 지난 회기에 대한 경험을 나누던 중 한 집단원이 집단상담자의 개입이 마음에 들지 않았다고 말한다. 실망스럽다고 이야기하며 집단상담자의 역량에 대한 불만을 말하였다. 이에 다른 집단원들도 '자신도 그렇게 느꼈다'든가 '집단상담자의 개입이 지나치다'라든가 등의 이야기를 꺼낸다. 어떤 집단원은 사전 면접 때부터 서운했던 부분까지 언급하였다.

1. 만약 이와 같은 상황이라면 집단상담자는 어떤 감정을 경험할까?

_____

_____

_____

2. 한 집단원이 집단상담자가 적절히 개입하지 않음으로써 필요한 것을 얻지 못한다고 반응하며 불만을 털어놓을 때 어떻게 반응하고 싶은가? (대안 반응 작성하기)

_____

_____

_____

3. 만약 다른 집단원들도 '자신도 그렇게 느꼈다'든가 '집단상담자의 개입이 의미가 없었다' 등의 이야기를 나눈다면 당신은 어떻게 개입하고 싶은가? (대안 반응 작성하기)

_____

_____

_____

4. 초심 집단상담자로서 집단원들이 경력, 자격증 등에 관해 물으며 전문적 자질에 대해 공
   격한다면 어떻게 반응하고 싶은가?(대안 반응 작성하기)

_____

_____

_____

5. 개입 시 주의해야 할 점은 무엇일까?

_____

_____

_____

4) 집단상담자에 대한 공격

(1) 정의

• 개인적 측면과 전문가적 측면에서 집단상담자를 공격하는 행동을 말한다.
• 집단상담자는 집단 과정 전체에 걸쳐 도전을 받지만 과도기 단계에서 특히 공격을 더 받을 수 있다. 이때 집단상담자는 모든 직면을 자신의 기술이나 본래의 모습에 대한 공격이라 가정하는 것은 잘못이다.

(2) 문제점

• 초심 집단상담자일 경우, 집단원의 공격으로 크게 위축되거나 경직되어 독단적으로 집단을 운영하거나 수동적으로 대처할 수 있다.
• 집단상담자가 역전이에 휘말릴 수 있다.

(3) 집단상담자를 공격하는 집단원에 대한 개입 방안

① 저항을 집단원의 저항이 아니라 집단상담자 자신의 문제로 보는 겸허함을 가진다.
② 부정적 감정이나 경험에 대한 솔직성에 대해 격려한다.

참고 자료

「소극적 참여-침묵하는 집단원」에 대한 개입 방안

> **[사례 1]** '잡초'는 집단 안에서 거의 침묵으로 일관하고 있다. 때때로 다른 집단원들의 이야기를 들으며 고개를 끄덕이거나 공감을 하지만 자신이 전혀 드러나지 않는 형태로 반응하였다. 다른 집단원들이 '잡초'의 이야기를 듣고 싶다고 하면 자신의 이야기는 이곳에서 별로 중요하지 않고, 도움이 되지 않을 것이라고 말한다. 이러한 장면이 몇 회기 동안 반복됐고, 집단의 종결은 1회기밖에 남지 않았다. 많은 집단원들이 자신들은 도움을 받고 가지만 '잡초'에게 신경이 쓰이고 미안한 마음이 든다고 이야기를 한다.

1. 침묵하는 집단원에 대한 이해 필요

(대안 반응 1)

-침묵하는 이유에 대해 탐색

　: 자기 개방에 대한 두려움? 집단상담자에 대한 불만? 누군가 자기를 알아차려 주기를 바라는 마음? 비자발적 참여로 인한 저항? 사회불안?

　※ 주의 사항: 집단이 종결되기 전에 미리 침묵의 이유를 파악해서 개입하는 것이 필요함

-거의 종결 시까지 참여했다면 분노, 불만일 가능성은 낮다고 볼 수 있다.

2. 침묵에 대한 공감(을 통한 촉진)

-공감적 방식으로 집단원의 침묵이 얼마나 힘들 것인지 전달하는 것이 필요하다.

　(대안 반응 1)

　예) "이곳에서 당신의 이야기가 맞지 않고 중요하지 않을 것이라는 말이 나는 좀 슬프게 들립니다. 그렇게 생각한다면 당신의 침묵은 참 적절한 반응일 수도 있습니다. 그러나 나는 당신의 이야기가 중요하게 여겨집니다. 당신의 이야기를 조금이라도 듣고 싶습니다."

(대안 반응 2)

예) "저는 ○○씨가 이야기하지 않은 것에는 그만한 이유가 있으리라 생각되고, 또 그것이 당신에게 정말 편안하다면 이 집단에서만큼은 그래도 된다고 생각합니다. 다만 실제 말을 하고 싶고 드러내고 싶은데 별로 도움이 안 될 것 같거나 다른 분들의 이야기처럼 중요한 것 같지 않다고 느껴져서 꺼려진다면 그건 마음이 쓰이네요."

"당신이 집단 안에서 말을 하지 않았지만 □□의 이야기를 들을 때는 눈물을 흘리고 ##의 이야기에 고개를 돌리고 아주 열심히 듣고 있었던 모습을 저는 보았습니다. 분명 행동으로는 우리와 함께 있다고 느꼈고, 그 행동을 말로 표현해 준다면 저는 ○○씨의 이야기를 들을 수 있고 좀 더 정확히 이해할 수 있어서 기쁠 것 같습니다."

〈주의 사항〉

• 침묵을 허용해야 하는 집단원과 침묵을 깨 보는 경험을 해야 하는 집단원으로 구분할 필요가 있다.

• 침묵을 선택한 집단원에게 요청한 후 진짜 참여하고 싶지 않다고 한다면 기꺼이 수용해라.

• 초기 침묵은 길어지면 좋지 않으므로 이야기를 할 수 있는 구조를 주는 것이 중요하고, 작업 단계에서 침묵은 허용해야 하는 경우가 있다.

[사례] 집단 초기부터 집단원 '냥이'는 집단원이나 집단상담자가 자신을 보살피고 자신에 대한 사안을 대신 결정해 주길 기대하는 듯한 행동으로 일관하고 있다. 직간접적으로 다른 사람에게 도움을 구하지만 어떤 도움도 받아들이지 않고 실행하지 않는다. 집단원들이 아무리 도움을 주려고 애써도 집단원의 도움을 주는 피드백을 수용하기보다는 "네…… 그렇지만 저는 못할 것 같아요."라고 반응하며 교묘히 제안을 회피하거나 무시한다. 그는 단순히 자신의 의존성을 지속적으로 유지하기 위한 수단으로 도움을 요청하는 듯하다. 집단원 '냥이'를 도우려던 집단원들은 이제는 지친 마음이 든다고 이야기하고 있다.

1. 의존하는 집단원에 대한 이해 필요

－의존하는 이유에 대해 탐색

: 의존의 내부적 이유는 자아의 힘이 부족하거나 어린 시절 미해결 과제가 있는 경우가 있다. 또한 냉담한 부모로부터 관심을 끌어오는 방식으로 의존적인 특성을 강화하였을 수도 있고, 자신에 대한 표상 형성에 '나는 당신이 없이는 안 돼요'라는 핵심적 메시지를 가지고 있을 수도 있다. 의존적인 특성을 형성하게 된 집단원의 심리적 이유를 파악하는 것은 공감과 작업에 매우 유용하다.

－집단이 종결되기 전에 미리 이유에 대해 파악해서 개입하는 것이 필요하다.

2. 의존하는 마음에 대한 공감

－공감적 방식으로 지속적으로 의존하려고 하는 태도가 얼마나 힘들 것인지 전달하는 것이 필요하다.

(대안 반응 1)

예) "이곳에서 당신이 지속적으로 집단원들에게 도움을 요청하지만 받아들이지 않는 당신의 태도가 '다 소용없다'고 말하는 것 같아 무력감을 경험합니다. 마치 아무것도 할 수 없어 그저 엄마의 손길만 기다리고 있는 어린아이를 보는 듯해서 마음이 아픕니다."

(대안 반응 2)

예) "제가 보기에는 ○○님은 지난 회기에서도 ○○를 도우려는 집단원의 제안에 귀기울이지 않았던 것 같습니다. ○○는 남편이 자신의 이야기를 들어주지 않고 제멋대로 한다고 불평하고 원망하지만 오히려 이런 태도가 남편과의 관계를 더 힘들게 하는 건 아닌가 하는 생각이 들었습니다."

〈주의 사항〉

• '도움을 요청하는 것 같은 행동'을 '도움이 필요한 것'으로 혼동하지 않아야 하며, 그 의존적 욕구를 계속 충족시켜 강화하는 것을 거절하고 동시에 그런 행동이 자신의 의존성을 유지하려는 수단이라는 사실을 지적해 주어야 한다.

[사례] 학교폭력 가해자 집단상담에 참여한 '일짱'은 첫 회기부터 내가 이곳에 왜 와야 하는지 시간이 아깝다고 말한다. 오늘도 여전히 지난주에 이어 집단상담자와 집단상담 활동에 대해 불만을 표현한다. "이야기하고 싶지 않아요. (짜증스러운 말투와 표정으로) 어쩔 수 없이 담탱이가 가라고 하니까 오긴 했지만 진짜 지루하고 피곤해요. 상담 선생님 말도 뭔 말인지 모르겠고, 샘은 얼마나 우리 같은 애들 만나 보신 거예요? 뭐 하나 이해하는 것도 없고, 집단상담 해 봤자 일 텐데…… 이걸 왜 하는 건지…… 솔직히 이런 거 하려고 한 건 아닌데……."

1. 불평하는 집단원에 대한 이해 필요

−불평하는 이유에 대해 탐색

 : 집단원의 불평에는 심리 내적인 관점에서 자신의 통제나 힘의 과시를 공격적 형태로 드러내는 경우가 있다. 또한, 얻고자 하는 것을 얻지 못한 좌절에서 나오는 공격성일 수도 있으며, 때로는 깊은 내면의 수치나 슬픔을 드러내기 어려운 경우도 있다.

−집단이나 집단상담자에 대한 불평을 하는 경우에도 구체적인 내용이 아닌 습관적인 불평이 일어날 경우, 집단상담자에 대한 공격이라기보다 집단원의 심리 내적인 원인이 있을 수 있다는 것을 염두에 두어야 한다.

2. 불평하는 마음에 대한 공감 〈불안과 저항 다루기〉

−집단원의 불평하는 마음에 대해 방어적으로 반응하기보다 좌절감, 분노 등에 대해 공감하며 불평의 원인을 탐색하고, 그가 기대하는 것 표현하도록 돕기

(대안 반응 1)

 예) "○○가 진짜 오고 싶지 않았는데 어쩔 수 없이 왔구나. 지난 회기에도 오기 싫었던 마음을 이야기했던 것 같아. 수업도 지루한데 집단상담까지 억지로 들어야 하니 진짜 짜증나겠다. 나라도 오기 싫었겠다. 그래도 이렇게 와서 얼굴 볼 수 있으니 샘

은 좋은데⋯⋯ ○○는 이 집단에서 그래도 무얼 하면 좀 기분이 나아질 수 있을까?"

(대안 반응 2)

예) "이걸 해 봤자 소용없다고 생각하는데 억지로 와서 앉아 있어야 하니 진짜 싫겠다. 선생님도 내가 하기 싫은데 사람들이 억지로 시키면 참 싫거든. 그럴 수 있지. 여기에 온 친구들 중에도 너와 비슷한 감정을 가진 친구들이 있을 것 같아. 지금 무엇이 너희를 제일 힘들게 하는지 말해 줄 수 있니?"

〈주의 사항〉

• 비자발적 참여, 집단상담자와의 기 싸움과 같은 힘의 분배 등으로 인해 습관적 불평이 지속적으로 나타나면 개별 면담을 통하여 개입하는 것이 필요하다.

「집단상담자를 향한 공격」에 대한 개입 방안

> [사례] 두 번째 회기에 간단히 지난 회기에 대한 경험을 나누던 중 한 집단원이 집단상담자의 개입이 맘에 들지 않았다고 말한다. 실망스럽다고 이야기하며 집단상담자의 역량에 대한 불만을 말하였다. 이에 다른 집단원들도 '자신도 그렇게 느꼈다'든가, '집단상담자의 개입이 지나치다'라든가 등의 이야기를 꺼낸다. 어떤 집단원은 사전 면접 때부터 서운했던 부분까지 언급하였다.

1. 저항을 집단원의 저항이 아니라 집단상담자 자신의 문제로 보는 겸허함 가지기

– 여러 사람에 의해 경험되는 집단상담자의 문제는 집단원 개인의 문제로 돌리기보다는 실제로 개입의 실패나 문제점이 있나 겸허하게 돌아보는 것이 필요하다. 그러나 이런 작업을 할 때 겁을 먹거나 비굴해질 필요는 없다.

(대안 반응)

예) "여러분이 저의 개입에 대한 불편감을 이야기할 때는 이 부분에 대해서 제가 들여다보아야 할 부분이 있다고 보여집니다. 개입이 불편하고 아무것도 하지 않다는 것에 대해 좀 더 자세히 듣고 싶습니다."

2. 부정적 감정이나 경험에 대한 솔직성에 대한 격려

– 집단원의 초기 저항이나 집단에 대한 경직성이 집단상담자에게 풀고자 하는 저항이라면 이를 수용함으로써 과도기적 단계의 불안을 처리해야 한다.

(대안 반응 1)

예) "이런 이야기를 솔직하게 이야기하는 것이 쉽지 않을 텐데 여러분의 솔직한 표현이 가능하다는 점에서 저는 오히려 긴장이 좀 풀립니다. 물론 제가 잘하지 못했다는 지점에 대해서는 살짝 혼이 났다는 것 같은 긴장이 되기도 합니다."

(대안 반응 2)

예) "저도 조금은 당황스럽고, 제가 여러분들에게 많은 것을 드리지 못한다는 것에 대해 점검해 보게 되는 것도 있지만 한편으론 저에 대한 기대와 믿음이 있으시구나 하는 마음도 듭니다. 그리고 이 집단이 생각보다 서로에게 중요한 이야기를 해 주며 갈 수 있겠다는 기대감도 생깁니다. 지금 이렇게 이야기된 것에 대해 경험한 것을 이야기해 주실 분 계신가요?"

〈주의 사항〉
• 많은 경우 집단상담자의 개입을 돌아보아야 한다.
• 진정성의 확보가 매우 중요하다.

참고 자료: 어려운 집단원의 종류

Yalom(1975)	Earley(2004)	Motherwell & Shay(2015)	Corey et al. (2006)	Rutan et al. (2014)	Gladding(2012)	Jacobs et al. (2016)	강진령(2005)
독점자	독점하려는 집단원		독점적 행동	독점자	독점하려는 집단원	지배적인 집단원	대화 독점
조용한 집단원	침묵하는 집단원		침묵, 참여 부족, 의존성		조용한 집단원	침묵하는 집단원	소극적 참여 의존적 자세
성격장애 특성 집단원	자기애적 집단원 경계선 성격 분리	자기애성 성격 경계선 성격		경계선 성격			
정신병적 혹은 양극성 우울				취약하고 연약한 집단원			
			우월한 척 행동		조종하려는 집단원	구원하는 집단원	우울한 태도 일시적 구원
도움을 거절하는 불평가				도움 거절하는 불평가	저항하는 집단원	저항하는 집단원	습관적 불평
			적대적 행동		상호 적대적인 집단원들 비꼬는 or 빈정대는 집단원	부정적인 집단원 집단상담자를 괴롭히려는 집단원	적대적 태도
			주지화	방어(투사, 주지화)	집단적으로 분석하는 집단원		주지화
			충고하기				충고 일삼기
			이야기 기준			수다스러운 집단원	사실적 이야기 늘어놓기
			질문하기			신입견, 편협한 반응 없는 집단원	질문 공세
지루한 집단원		전체로서의 집단 기능을 앉은 집단원	가짜 지지 제공	감정 확인 및 공감이 어려운 집단원	다른 사람에게 초점 맞추는 집단원	산만한 집단원	감정화
독선적인 도덕주의자		부적절한 의뢰	집단상담자의 보조자 되기		하위집단	웃음을 보이는 집단원	하위 집단화
		상담자 역전이	친목 도모			성적인 감정을 느끼는 집단원	

제9장

종결 다루기

종결 단계는 집단 경험을 통해 변화되고 학습한 것들을 총체적으로 정리하고, 공고히 하는 단계다. 집단원들이 이제까지 배운 것을 종합해서 통합적으로 일상생활에 연결하고 적용하는 방법을 배울 수 있도록 돕는다는 점에서 종결 단계는 매우 중요한 과정이다. 또한, 종결 단계에서는 집단원의 다양한 이별 감정에 대해 다루어야 하며 종결에 대한 다양한 저항이 나타날 수 있기에 종결 단계의 특징을 잘 이해하고 다루는 것이 필요하다.

1. 종결 단계의 특징

1) 집단원의 복잡한 감정

- 집단을 떠나야 하는 데서 오는 분리감 또는 상실감 등의 이별 감정 경험
- 집단에서 습득한 새로운 행동을 실생활에 잘 적용할 수 있을 것인가에 대한 의구심과 두려움
- 집단에서 알게 된 것에 대한 성취감과 새로운 삶에 대한 기대감
- 긍정적인 감정과 부정적인 감정이 뒤섞이면서 혼란 경험

2) 소극적 참여

- 집단 종결에 대한 저항
- 새롭게 탐색할 문제를 제시하는 것을 꺼리며 집단 활동에 냉담해지거나 소극적으로 참여

따라서 집단상담자는 종결 단계에서 자연스럽게 겪게 되는 집단원들의 분리감, 상실

감 등에 초점을 맞추고 이를 확인하고 탐색해야 한다. 이러한 과정을 통해 집단원들이 이별을 받아들이고 집단 종결을 끝이 아닌 새로운 출발이라고 인식할 수 있도록 도와야 한다. 또한, 집단원들이 집단에서 성취한 인식과 사고의 변화 등을 제고하고 새로운 행동을 실생활에 적용할 수 있도록 지지하고 격려할 수 있는 장을 만들어야 한다.

2. 종결 단계에서의 집단 발달 과제

1) 집단 경험의 검토와 요약

- 집단 경험을 통한 학습 결과 정리: 집단 과정에서 인상 깊었거나 의미 있는 경험 떠올리기
- 집단에서의 성과를 확인하고 긍정적 시각으로 집단을 떠날 수 있도록 돕기
- 집단 전체뿐 아니라 매 회기 마무리가 될 때, 집단 경험 피드백, 소감을 나누기

2) 집단원의 성장과 변화 평가

- 행동의 변화와 성장에 대한 평가: 집단의 초기 상태와 현재의 차이를 비교하여 집단원이 무엇을 학습하였는지를 평가하기
- 집단원의 변화에 대한 격려와 지지를 통해 변화 강화하기
- 집단 밖에서 새롭게 시도할 행동에 대해 희망을 갖도록 지지하기
- 나, 집단원(타인), 집단 전체에 대한 발견 나누기
- 나에 대한 중요한 발견, 앞으로의 과제, 집단에 대한 소감 나누기

◈ 집단상담을 통한 성취 경험 및 변화를 확인하는 방법

• 집단을 처음 시작했을 때와 마무리하는 지금 시점을 돌아본다면 어떤 점이 변화됐나요?

• 집단을 처음 시작했을 때와 비교해 볼 때, 나는 어떻게 달라졌나요?

• 첫 회기와 비교할 때, 어떤 점이 달라졌나요? 나에 대한 변화도 좋고 집단에 대한 피드백
도 괜찮습니다.

• 집단상담을 통해 내가 깨닫거나 알게 된 것을 함께 이야기했으면 합니다.

• 집단상담 경험이 여러분에게 어떤 영향을 미쳤나요?

• 집단상담을 통해 나의 생활방식이나 태도, 관계 방법 등에 대해 구체적으로 알게 된 것은
무엇인가요?

• 집단에 참여하면서 자신에게 일어난 변화나 성취에 대해 이야기 나누었으면 합니다.

• 집단상담에서 좋았던 점은 무엇인가요?

• 집단상담에서 아쉬웠던 점은 무엇인가요?

3) 이별 감정 및 미해결 과제 다루기

• 집단상담이 종결되는 것에 대한 아쉬움, 슬픔 등의 이별 감정 공유하기

• 미해결된 과제를 평가하고 마무리하기

• 미해결된 과제에 대한 아쉬움을 표현한다면 시간을 고려하여 개입하기
만약, 할애할 수 있는 시간이 있는 경우 미해결 과제에 대해 다룰 수 있도록 하고, 시
간이 허락하지 않는다면 다음을 기약하거나 개인상담이나 집단상담 권유하기

◈ 집단상담 종결에 대한 복잡한 감정 다루는 방법

- 집단이 마무리되어 가는데 지금 마음(감정)은 어떤가요?
- 집단을 마무리하는 소감을 나누어 보도록 합시다.
- (이별 감정에 몰입된 집단원이 있는 경우) 지금 느껴지는 이별의 감정들을 과거에도 경험해 본 적이 있을까요?
- 서로 지지하고 격려했던 집단원과의 이별은 참 쉽지 않은 경험입니다. 지금 여러분의 마음은 어떨까요?
- (미해결 과제가 있는 집단원의 경우-여유 시간이 있으면) 현재 해결되지 못한 문제에 대해 어떤 마음이 드나요? 시간이 충분하지 않지만, 조금이라도 다루길 원한다면 한번 이야기해 볼까요?
- (미해결 과제가 있는 집단원의 경우-종결 시간이 다가올 경우) 현재 해결하지 못한 문제가 있어 여러 가지 감정이 들 것 같습니다. 아쉽게도 우리에게 허락된 시간이 마무리되어 가요. 만약 이 문제에 대해 다루길 원한다면 개인상담이나 다른 집단상담도 신청해 볼 수 있길 권유합니다.

4) 작별 인사하기

- 마지막 작별 인사는 집단을 성공적으로 마무리하는 중요한 요소로 집단원 간의 언어와 비언어적 작별 인사를 나누도록 마무리하기(예: 전체 집단원과 둘씩 짝지어 말하기, 전체 라운드로 작별 인사 나누기, Hot seat 형식으로 한 집단원을 두고 이야기하기 등)
- 집단상담자는 특별히 집단이 이룬 전체 성과와 개인이 성취한 긍정적인 학습에 대해 피드백하기
- 집단을 떠나는 집단원에게 위로와 희망 제공하기

한편 초심 집단상담자로 스스로 미진하다고 여겨져 좌절스러울 때 기억해야 할 것이

있다. 에베레스트를 오를 때는 규칙이 있다. '에베레스트산을 정복한다'가 아니라 '어느 지점에서 내려올 것인가'를 정하는 것이다. 어디서 내려갈 것인가를 정하지 않고 계속 더 가면 큰 위험에 빠질 수 있다. 이처럼 숙련된 사람은 무리해서 더 오르지 않는다. 여기에 집단상담자의 겸허함이 필요하다. 억지로 집단원을 데려가지 말고 집단상담자가 스스로 모든 것을 하려고 하지 않아도 된다.

3. 종결 단계의 촉진 전략

1) 행동 변화 실습

• 집단상담을 통해 습득한 새로운 행동을 연습하기
• 역할극을 통해 자신의 변화된 모습 실천해 보기
• 집단 밖의 실생활에서 예상되는 반응에 대한 시연 등을 통해 변화 실습하기

◈ 집단 경험의 학습을 실생활에 적용하도록 돕는 방법
　• 이번 집단상담을 통해 배운 것 중 가장 중요한 것은 무엇일까요?
　• 앞으로 어떤 것들을 삶에서 적용하고 싶나요?
　• 집단에서 배운 것들을 한번 시연해 보도록 할까요?
　• 집단에서 배운 것들을 실생활에서 어떻게 적용해 볼 수 있을까요?
　• 집단에서 배운 것을 삶에서 실천할 수 있으려면 어떻게 연습해 볼 수 있을까요?

2) 피드백 주고받기

• 집단원들의 변화에 대해 집단원 간에 서로에게 피드백하는 시간 갖기

- 집단원의 진솔함이 담긴 피드백을 통해 집단을 마무리하기
- 피드백의 종류로는 집단을 통해 배운 것, 집단을 통해 변화된 느낌이나 생각, 집단 원에 대한 중요한 핵심 갈등 등이 있다.
- 특별히 종결 단계에서는 부정적인 것보다 긍정적인 것에 초점을 맞추어 집단 과정에서 성취 및 변화한 것에 대해 관찰 가능하고 구체적인 행동 용어로 피드백하는 것이 도움이 된다.
- 종결 시기의 피드백은 갈등이 생기면 이를 다룰 시간이 충분하지 않기 때문에 부정적인 생각이나 갈등을 풀어놓지 않도록 유의하기
- 립 서비스처럼 진정성 없는 말을 하지 않도록 유의하기

3) 변화 다짐하기

- 집단 밖에서 새롭게 시작하도록 집단 안에서 다짐하기
- 집단원들이 동의하면 집단원들 앞에서 큰 소리로 다짐하도록 하고, 집단원들의 피드백이나 지지를 구할 수 있도록 하기
- 너무 거창한 계획보다는 삶에서 적절히 적용할 수 있는 다짐을 할 수 있도록 돕기

4. 집단상담 평가 방법

1) 집단상담자 평가

- 집단상담자에 관한 질문지(척도 등 활용)
- 집단상담자의 경험 보고서 등

2) 집단원 평가

- 집단원의 자기 경험 보고서
- 집단상담 주제에 맞는 심리검사나 척도를 활용하여 사전－사후 검사 실시
- 행동 관찰(참여 목적 및 행동 목표에 비교하여 변화된 정도)
- 집단원 역할 행동 평가지 등

3) 집단 프로그램 평가

- 만족도
- 평가서
- 인터뷰 등

참고 자료: 집단상담 평가 시 활용할 수 있는 척도 및 질문지

1. 집단상담자에 대한 평가

1) 집단상담자에 대한 평가

문항	내용	매우 그렇지 않다	그렇지 않다	보통 이다	그렇다	매우 그렇다
1	집단상담자가 집단상담을 자기 식으로만 끌고 가려고 하는가?	1	2	3	4	5
2	집단원들이 골고루 참여하고, 주도권을 행사할 수 있도록 기회를 주는가?	1	2	3	4	5
3	집단상담에 대한 설명은 집단원들에게 정확하게 전달되었는가?	1	2	3	4	5
4	집단상담의 목표 진술이 구체적으로 잘되었는가?	1	2	3	4	5
5	집단원들의 반응에 적절하게 대처하였는가?	1	2	3	4	5
6	집단상담자의 기술적인 면이 뛰어나다고 생각하는가?(명료화, 반영, 공감하기 등)	1	2	3	4	5
7	집단상담자의 태도가 적절했다고 생각하는가?(표정, 자세, 어투, 진실성 등)	1	2	3	4	5
8	집단상담자의 피드백이 적절했는가?	1	2	3	4	5
9	집단상담의 시간 안배는 잘되었는가?	1	2	3	4	5
10	집단의 진행이 자연스러운가?	1	2	3	4	5
11	집단상담자가 집단원들의 상호작용을 촉진하였는가?	1	2	3	4	5

출처: 천성문 외(2019).

2. 집단원 평가

1) 집단원 역할 행동 평가지

문항	내용	매우 그렇지 않다	그렇지 않다	보통 이다	그렇다	매우 그렇다
1	집단의 목표에 충실한 집단원이다.	1	2	3	4	5
2	공감보다는 문제를 해결하기 위한 방법을 제시하려고 애쓴다.	1	2	3	4	5
3	다른 집단원들에게 솔직한 피드백을 한다.	1	2	3	4	5
4	자신의 느낌에 충실하고 그것을 표현한다.	1	2	3	4	5
5	촉진적인 질문을 자주 한다.	1	2	3	4	5
6	자신이 주목받기를 원한다.	1	2	3	4	5
7	다른 사람을 설득하려고 노력한다.	1	2	3	4	5
8	다른 사람의 이야기에 끼어들어 방해한다.	1	2	3	4	5
9	자신과 의견이 다른 집단원을 공격한다.	1	2	3	4	5
10	주제와 상관없는 이야기로 집단의 초점을 흐린다.	1	2	3	4	5
11	옳고 그름에만 관심이 있다.	1	2	3	4	5
12	집단에서 다른 집단원을 돕기 위해 애쓴다.	1	2	3	4	5
13	웃음이나 농담으로 집단의 흐름을 방해한다.	1	2	3	4	5
14	집단에서 집단원을 상대로 편을 가른다.	1	2	3	4	5
15	긴장이나 불안이 높아서 상호작용이 어렵다.	1	2	3	4	5
16	자기에게 오는 부정적인 피드백에 과민하다.	1	2	3	4	5

출처: 천성문 외(2019).

2) 경험 보고서 작성에 도움을 주는 질문의 예(강진령, 2019a)

- 집단에서 나는 나 자신을 어떻게 보고 있는가?
- 집단 내에 있는 것에 대해 나는 어떤 느낌이 드는가?
- 집단상담자 또는 다른 집단원들에 대한 나의 반응은 무엇인가?
- 집단에서의 나의 초기 염려와 두려움은 무엇인가?
- 집단에서 나는 어떻게 시간을 보내기를 원하는가?
- 이 집단에서 내가 배우고 싶고, 경험해 보고 싶은 것은 무엇인가?

3. 집단 프로그램 평가

1) 집단상담 성과 척도

내용	매우 그렇지 않다	그렇지 않다	보통 이다	그렇다	매우 그렇다
집단상담을 통해 다른 사람들의 행동이 나에게 어떤 영향을 주고 있는지 이해하게 되었다.					
집단상담을 통해 나의 행동이 다른 사람들에게 영향을 주고 있는지 이해하게 되었다.					
집단상담을 통해 내가 주위에 있는 사람들에게 무엇을 바라고 있는지 더 잘 이해하게 되었다.					
집단상담을 통해 나의 어려움과 문제가 생긴 이유를 이해하게 되었다.					
집단상담을 받기 전에 비해 정서적으로 더 안정되었다.					
집단상담을 받기 전에 비해 주위에 있는 사람들과의 관계가 더 편안해졌다.					
집단상담을 받기 전에 비해 나의 어려움과 문제는 해결되었다.					

출처: 정남운(1998); 윤소민(2015) 수정 사용.

2) 집단상담 만족도 척도

내용	매우 그렇지 않다	그렇지 않다	보통 이다	그렇다	매우 그렇다
집단상담은 훌륭한 상담이었다.					
나는 집단상담을 통해 내가 원하는 도움을 받았다.					
집단상담을 통해 나의 기대는 충족되었다.					
나는 집단상담이 끝났을 때 만족스러웠다.					
집단상담은 내가 고민을 해결하고 극복하는 데 도움을 주었다.					
집단상담 시간은 가치 있었다.					
집단시간은 깊이 있었다.					
집단상담 시간에 마음이 편안했다.					

3) 집단상담 운영 평가

내용	매우 그렇지 않다	그렇지 않다	보통 이다	그렇다	매우 그렇다
집단상담에 참여하는 것이 즐거웠다.					
집단상담에 적극적으로 참여하였다.					
집단상담자의 전문성에 신뢰가 갔다.					
집단상담자의 집단상담 진행 방법이 집단상담 참여에 많은 도움이 되었다.					

4) 집단상담 효과 평가

내용	매우 그렇지 않다	그렇지 않다	보통 이다	그렇다	매우 그렇다
나의 ○○을 하는 데 도움이 되었다.					
나의 ○○을 이해하는 데 도움이 되었다.					
나의 ○○을 탐색하는 데 도움이 되었다.					
다음에도 이 집단상담에 참여하고 싶다.					
다른 사람에게 이 집단상담을 권하고 싶다.					

5) 프로그램 만족도 평가

내용	전혀 도움이 되지 못했다	별로 도움이 되지 못했다	보통 이다	도움이 되었다	매우 도움이 되었다
이 프로그램이(운영한 집단상담 목적 제시) 얼마나 도움이 되었나요?					

출처: 천성문 외(2022).

☞ 각 회기의 활동을 평가해 주세요.

_____

_____

_____

_____

_____

회기	활동	매우 나쁨	나쁨	보통	좋음	매우 좋음
1회기	각 회기 활동명 제시					
2회기	각 회기 활동명 제시					
3회기	각 회기 활동명 제시					
4회기	각 회기 활동명 제시					
⋮	각 회기 활동명 제시					
종결 회기	각 회기 활동명 제시					

☞ 이 프로그램의 활동 내용 중에서 가장 기억에 남거나 도움이 되었던 것은 무엇이고 그
이유는 무엇인가?

_____

_____

_____

_____

_____

6) 집단상담 프로그램 평가 질문지

- (긍정적이든, 부정적이든) 가장 인상에 남는 프로그램(또는 회기)은 무엇입니까? 그 이
유는 무엇입니까?
- 집단상담 장소와 분위기는 어떻다고 생각합니까?
- 집단상담 시간은 어떻다고 생각합니까?
- 집단상담자의 진행은 어떻다고 생각합니까?
- 본 집단상담을 다른 사람에게 권유하고 싶으십니까? 그 이유는 무엇입니까?
- 본 집단상담에서 보완되어야 할 점은 무엇입니까?
- 집단상담자에게 건의하고 싶은 이야기는 무엇입니까?

출처: 김영경(2018).

7) 집단 경험의 평가

- 집단상담이 당신의 인생에 전반적인 영향을 미쳤습니까?
- 당신의 삶의 방식이나 태도, 대인관계에 대해 구체적으로 깨닫게 된 것은 무엇입니까? 집단상담을 통해 당신 인생이 조금이라도 변했다고 생각하는 부분은 무엇입니까?
- 집단상담이 끝났다는 사실과 변하겠다는 결심을 실행하는 과정에서의 문제점은 무엇입니까?
- 집단 참여가 당신의 일상생활에서 만나는 중요한 사람에게 어떠한 영향을 미쳤다고 생각합니까?
- 상담이 종결될 때까지 일상생활에서 위기를 맞은 적이 있습니까?
- 집단을 경험하지 않았다면 지금 당신의 생활이 어떠할 것 같습니까?
- 집단상담 동안 또는 끝난 후에 당신 자신과 당신의 경험에 보탬이 되는 것은 어떤 것입니까?

출처: Corey, Corey, & Corey (2019).

> ### 실습 1
> ### 종결 (1)

☞ 다음 사례를 읽고 질문에 대해 생각해 보자.

> **[사례]** 종결을 앞둔 시점, 집단상담자 A는 전체 소감문 및 피드백을 서로 나눌 수 있도록 준비하고
> 자 하였다. 이때, 갑자기 한 집단원이 이대로 집단이 끝나는 것이 아쉽고 나는 아직 해결해야 할 문제
> 가 많다며 자신의 새로운 문제를 꺼내놓기 시작하였다. 집단상담자는 적절히 마무리하려고 하였으
> 나, 매우 심각한 주제를 이야기하기 시작했다.

1. 만약 이와 같은 상황이라면 집단상담자는 어떤 감정을 경험할까?

_____

_____

_____

2. 이와 같은 상황을 다루는 데 있어 어떤 점이 염려되는가?

_____

_____

_____

3. 만약 다른 집단원들도 '우리 모두 돕고 싶어요.', '지금 마무리하지 않아도 괜찮아요' 등의
   이야기를 나눈다면 당신은 어떻게 개입하겠는가? (대안 반응 작성하기)

_____

_____

_____

4. 내가 만약 집단상담자라면 어떻게 개입하겠는가? (대안 반응 작성하기)

_____

_____

_____

5. 개입 시 주의해야 할 점은 무엇인가?

_____

_____

_____

■ **개입 예시**

1) 집단원이 중요한 이야기를 하고 싶어 하는 욕구를 존중하라.

"그 주제가 ○○님에게 얼마나 중요한지 제가 알 것 같아요. 집단의 시간을 통해 이야기 하고 싶은 용기가 생겼다는 것에 참 반가워요."

2) 한계 설정하기

"하지만 안타깝게도 우리에게 주어진 시간이 얼마나 남지 않았어요. (제한에 대해 설명) 저는 당신의 이야기를 쫓기듯 생략해서 듣고 싶지 않고 안전하게 듣고 싶어요."

3) 다음 과제로 두기(심각할 경우, 개인상담 권유)

"이 시점에 나는 왜 내 문제를 꺼낼까 다음 집단에서 보면 좋겠어요."

4) 성공 경험으로 만들어라.

"당신이 양보하면서 그래도 얻은 것들이 있죠?"

5) 집단원 피드백 듣기

실습 2
종결 (2)

☞ 다음 사례를 읽고 질문에 대해 생각해 보자.

> [사례] 집단원들끼리 피드백과 종결 소감을 나누며 훈훈한 분위기였다. 하지만 주로 침묵을 선택하
> 였던 한 집단원이 "저는 다른 분과 다르게 돈과 시간이 아깝네요. 생각보다 별로였어요."라고 반응하
> 며 집단상담자와 집단에 대한 공격을 하기 시작했다.

1. 만약 이와 같은 상황이라면 집단상담자는 어떤 감정을 경험할까?

_____

_____

_____

2. 이와 같은 상황을 다루는 데 있어 어떤 점이 염려되는가?

_____

_____

_____

3. 만약 다른 집단원들도 당황해하며 자리를 뜨지 못하고 있다면 당신은 어떻게 개입하고 싶
   은가? (대안 반응 작성하기)

_____

_____

_____

4. 내가 만약 집단상담자라면 어떻게 개입하겠는가?(대안 반응 작성하기)

_____

_____

_____

5. 개입 시 주의해야 할 점은 무엇인가?

_____

_____

_____

■ 개입 예시

마지막에 공격을 하는 집단원의 경우에는 집단 회기 내에 누적된 문제일 수 있다. 집단원의 공격에 대해 집단상담자는 당황스러울 수 있다. 하지만 이때, 집단상담자는 집단원의 공격에 대해 관찰해야 한다. 또한 정신화를 활용하여 집단원이 지금 이 시점에 왜 공격을 해야 하는지 궁금함을 가지고 접근해야 한다.

1) 집단원의 기대 묻기

"돈, 시간이 아깝다고 하는데 어떤 걸 기대하고 오셨을까요?"

2) 공감하기

"지금 이 시점에 이렇게 이야기해 주어 반가워요."

3) 진짜 하고 싶은 이야기 묻기

"강렬하게 저와 집단에 대해 하고 싶은 이야기가 무엇일까요? 마지막에 나와서 아쉽지만 꼭 보고 싶어요."

4) 집단원의 주요 주제와 연결하기

"마지막에 한 방 이렇게 이야기하는 방법이 당신 삶의 주제와 맞닿아 있을지 궁금해요."

실습 3
종결 (3)

☞ 다음 사례를 읽고 질문에 대해 생각해 보자.

> **[사례]**　집단이 전체 마무리되기 10분 전, 한 집단원이 눈물을 멈추지 않고 계속해서 울고 있다. 주변 집단원이 달래고, 아쉽지만 마무리되었다고 아무리 이야기해도 부동자세로 계속해서 울고 있다. 심각한 상실 경험을 했던 집단원이라 마음이 더 쓰인다. 더 이상의 헤어짐은 내 삶에 없었으면 좋겠다고 통곡하며 집단이 마무리되어서는 안 된다고 울부짖는다.

1. 만약 이와 같은 상황이라면 집단상담자는 어떤 감정을 경험할까?

_____

_____

_____

2. 이와 같은 상황을 다루는 데 있어 어떤 점이 염려되는가?

_____

_____

_____

3. 만약 다른 집단원들도 당황해하며 자리를 뜨지 못하고 있다면 당신은 어떻게 개입하고 싶은가? (대안 반응 작성하기)

_____

_____

_____

4. 내가 만약 집단상담자라면 어떻게 개입하겠는가? (대안 반응 작성하기)

_____

_____

_____

5. 개입 시 주의해야 할 점은 무엇인가?

_____

_____

_____

실습 4
종결 (4)

☞ 다음 사례를 읽고 질문에 대해 생각해 보자.

> [사례] 집단이 전체 마무리되기 10분 전, 집단원들이 집단 밖에서도 서로 연락하며 지내자고 연락처
> 를 주고받기 시작했다. "이 집단상담이 끝나도 집단원들과 모임을 지속하고 싶어요. 바다(집단상담자
> 별칭)님도 함께 연락하며 자주 얼굴 보아요."라며 사적 모임을 만들고자 한다.

1. 만약 이와 같은 상황이라면 집단상담자는 어떤 감정을 경험할까?

_____

_____

_____

2. 이와 같은 상황을 다루는 데 있어 어떤 점이 염려되는가?

_____

_____

_____

3. 만약 다른 집단원들도 집단상담자와의 개인적 만남을 요청한다면 당신은 어떻게 개입하
   고 싶은가? (대안 반응 작성하기)

_____

_____

_____

4. 내가 만약 집단상담자라면 어떻게 개입하겠는가? (대안 반응 작성하기)

---

5. 개입 시 주의해야 할 점은 무엇인가?

참고 자료: 집단상담 종결 시 활용할 수 있는 집단 활동

활동 1. 장점 세례

■ 활동 설명

　개별 집단원의 자존감을 높이는 방법 중 하나는 집단원의 장점이나 긍정적인 면을 발견해 그가 인식하도록 도와주는 것이다. 집단원들 서로가 상대의 부정적인 측면보다 긍정적인 측면을 보려고 하고 그것들을 서로가 인정하는 것은 각 개인에게 지지와 격려로 작용하면서 자존감을 높일 수 있도록 돕는다. 본 프로그램은 각 집단원의 숨은 특성을 발견해서 적절한 때에 진지하게 서로 반응함으로써 사기를 북돋아 살려 주기 위한 활동이다.

■ 준비 사항

－집단 운영: 소집단

－소요 시간: 100분

－장소: 실내

－준비물: 없음

■ 진행

• 활동에 대한 전반적인 방식과 활동의 취지에 대해 집단상담자가 설명해 준다.

• 집단원 중 한 사람이 지정된 자리에 앉는다.

• 다른 집단원들은 솔직하게 주인공의 좋은 점과 존경스럽고 칭찬해 줄 만한 점들을 사방에서 폭탄 세례 하듯이 얘기해 준다.

• 모든 집단원이 주인공이 되도록 활동을 하고 난 후에, 전체 과정을 통해서 자신에 대해 느낀 점이나 깨달은 점에 대해 경험을 나눈다. 이때 집단상담자는 각 집단원이

타인의 표현을 진심으로 받아들이고 이를 더욱 개발하도록 촉구한다.
- 활동을 통해 각 집단원이 자신의 장점을 찾아 지적해 주는 상대방에게 느낀 감정들을 서로 교환한다.

■ 정리 및 기대 효과
– 집단원들이 스스로에 대해서 알지 못했던 자신의 장점을 발견할 기회를 제공한다.
– 긍정적인 피드백을 통해서 집단의 전체 분위기가 호의적으로 형성된다.

■ 부수 효과
– 긍정적이고 활발한 집단 분위기는 전체 집단 과정의 마무리가 효과적으로 되도록 돕는다.
– 타인의 숨은 특성을 발견할 수 있는 안목을 길러 준다.

■ 유의 사항
– 집단원의 장점들이 막연한 좋은 느낌만을 전달하는 것이 되지 않고 보다 구체적인 행동이나 특성을 지적해 볼 수 있도록 집단상담자는 이끌어야 한다.

활동 2. 종결 단계 라운드

■ 활동 설명

집단상담을 전체 마무리하는 종결 단계의 주요 과제들을 달성하기 위해 본 활동을 한다. 집단의 중요 사건, 특별한 경험에 대한 전체적 의견 등을 요약하고, 자신의 목표 달성 정도 확인 및 소감 나누기 등을 전체 집단원 모두가 돌아가면서 이야기할 수 있도록 한다.

■ 준비 사항

－집단 운영: 소집단

－소요 시간: 100분

－장소: 실내

－준비물: 없음

■ 진행

• 활동에 대한 전반적인 방식과 활동의 취지에 대해 집단상담자가 설명해 준다.

• 전체 집단원이 서로를 돌아보도록 한다.

• 다양한 질문을 통해 변화 정도를 측정하고, 집단의 주요 사건에 대해 정리할 수 있도록 한다.

■ 질문 예시

• 이번 집단 동안 자신의 발전에 대해 얼마나 만족하나요? 1~10점까지의 척도로 한번 표현해 보세요. 그 이유는 무엇인가요?

• 집단 경험에 대한 느낌을 한 문장 혹은 두 문장으로 표현한다면 뭐라고 이야기하고 싶나요? 돌아가면서 모두의 이야기를 들어보도록 하겠습니다.

• 마지막 회기입니다. 지금 집단의 마지막에 대해 여러분들의 느낌을 단어나 문구로 표현해 보세요.

- 우리가 집단상담에서 나누었던 이야기들, 집단의 장면들을 생각해 보길 원합니다. 마치, 영화처럼 영상으로 사건을 본다고 상상해 보세요. 첫 회기로 돌아가 볼까요? 여러분은 무엇을 기억하나요? 그때, 당신은 어떤 경험을 했었나요?
- 여러분이 가장 분명하게 기억하고 또 의미가 있었던 사건은 무엇인가요? 여러분이 느끼고 기억하는 것들에 대해 함께 나누도록 합시다.
- 집단 참여를 통해 삶에 영향을 줄 만한 경험이 있었다면 무엇인가요?
- 이제, 집으로 돌아가는 자신에 대해 상상해 봅시다. 이 집단에 대해 여러분은 어떤 생각을 하게 될까요?
- 혹시 말하지 않아 후회되는 것들이 있다면 어떤 것이 있나요?

■ 정리 및 기대 효과
- 집단원들이 집단에서 배운 대부분을 회상하고 일상적인 생활에 적응하도록 도울 수 있다.
- 집단원들에게 그들이 함께 나누었던 순간들을 자발적으로 회상하도록 요구하여 집단상담의 성과를 다질 수 있다.

■ 부수 효과
- 종결 단계에서의 집단 밖 일상생활로 나가는 데에 있어 희망을 고취할 수 있다.

■ 유의 사항
- 집단원의 막연한 소감보다 전체 회기를 돌아보며 요약할 수 있도록 집단상담자가 준비한다. 또한, 집단상담자의 적절한 피드백을 통해 변화의 의지를 고취시킨다.

활동 3. 내게 비친 당신의 모습은?

■ 활동 설명

본 활동을 통해 집단원들은 세상의 그 어떤 것으로도 확인해 볼 수 없는 자신의 모습
(특히, 행동)을 타인의 눈을 통해 확인해 봄으로써 자신의 모습이 상대에게 어떻게 비치
고 있는지를 각성해 볼 기회를 제공받게 된다. 그럼으로써 활동에 참여한 집단원들이 타
인과의 관계에서 부작용을 초래하는 행동이 있으면, 이를 보다 나은 행동으로 변화시킬
수 있는 계기를 제공받게 된다.

■ 준비 사항

-집단 운영: 소집단

-소요 시간: 100분

-장소: 실내

-준비물: 없음

■ 진행

-전체 집단원이 원으로 둘러앉는다.

-집단상담자가 먼저 본 활동의 취지를 설명하고 활동방법에 대해서도 알려 준다.

-한 사람씩 돌아가면서 주인공이 되고, 나머지 집단원들은 그때의 주인공이 자신에
　게 비친 느낌에 대해 집단 활동 가운데 있었던 구체적인 행동을 예로 들어가면서 피
　드백해 준다.

-이렇게 모든 집단원들에게 자신의 모습에 대해 이야기를 듣고 난 당사자는 자신의
　소감이나 특히 기억나는 피드백에 대해 느낌을 나눈다.

-이와 같은 방식으로 모든 집단원이 주인공이 되도록 집단상담자는 집단 활동을 진
　행한다.

■ 정리 및 기대 효과

―본 활동은 현재 자신의 모습을 타인의 눈을 통해 구체적으로 확인해 볼 기회를 제공
 해 줄 것이다.

―새로운 행동을 경험할 수 있는 장을 마련해 줄 것이다.

■ 부수 효과

―표현력을 기른다.

―타인의 지적을 받아들이는 자신의 패러다임을 인식한다.

■ 유의 사항

―자칫하면, 집단원들 간에 부정적인 피드백을 통해서 상처를 받게 되는 경우도 있다.
 그래서 집단상담자는 명령적이거나 부정적인 표현을 보다 긍정적인 방향으로 이끌
 도록 해야 한다.

―집단원들이 그동안 집단 활동에서 본 서로의 모습이 보다 구체적으로 표현될 수 있
 도록 집단상담자는 필요에 따라서 집단원의 말을 명료화시켜 주어야 한다. 그렇지
 못할 경우에는 피상적인 느낌 나누기로 집단 활동이 진행될 수 있을 것이다.

활동 4. 선물 주기(피드백 주기)

■ 활동 설명

집단상담의 전체 과정을 마무리하는 활동으로 활용할 수 있다. 집단원들이 서로에 대한 피드백을 주고받으면서 타인에게 지각되는 자신을 발견하고, 자신의 장점에 대한 새로운 자각을 가질 수 있다. 피드백을 주는 방식으로 선물 주기 형식을 통해 각 집단원들에게 세 가지씩 선물을 준다면 어떤 선물을 줄 것인지를 적어 보고, 한 사람씩 다른 집단원들의 선물을 받는 시간을 갖는다. 이때 선물은 구체적인 물건이 될 수도 있고, '희망'이나 '용기' 같은 마음이 될 수도 있다. 형식적인 피드백이 되기보다 진솔한 마음으로 솔직한 피드백을 전달하며 선물 주기를 할 때는 촛불을 켜고 하는 것도 분위기에 어울린다.

■ 준비 사항
-집단 운영: 소집단
-소요 시간: 100분
-장소: 실내
-준비물: 종이

■ 진행
-활동에 대한 전반적인 방식과 활동의 취지에 대해 집단상담자가 설명해 준다.
-집단원 중 한 사람이 지정된 자리에 앉는다.
-다른 집단원들은 솔직하게 주인공의 좋은 점과 존경스럽고 칭찬해 줄 만한 점들을 반영하는 선물과 부족한 점, 아쉬운 점을 반영하는 선물이 고루 섞이도록 주는 것이 좋다.
-활동을 통해 모든 집단원이 주인공이 되도록 하고 난 후에, 전체 과정을 통해서 자신에 대해 느낀 점이나 깨달은 점에 대해 경험을 나눈다. 이때 집단상담자는 각 집단원이 타인의 표현을 진심으로 받아들이고 이를 더욱 개발해 나가도록 촉구한다.

- 활동을 통해 각 집단원이 자신의 장점을 찾아 지적해 주는 상대방에게 느낀 감정들을 서로 교환한다.

■ 정리 및 기대 효과
- 집단원들로 하여금, 자신이 스스로에 대해서 알지 못했던 자신의 장점을 발견할 기회를 제공해 준다.
- 긍정적인 피드백을 통해서 집단의 전체 분위기가 호의적으로 형성된다.

■ 유의 사항
- 집단원의 장점들이 막연한 좋은 느낌으로만 전달되지 않고 보다 구체적인 행동이나 특성을 지적해 줄 수 있도록 집단상담자는 이끌 수 있어야 한다.

■ 응용
- 선물을 주고 싶은 사람이 자발적으로 일어나 다른 한 집단원에게 가서 피드백(선물)을 전한다. 이때 피드백을 공개적으로 준다.
- 피드백을 받은 사람이 다시 다른 사람에게 갈 수 있는 자격을 가진다. 단, 앞서 피드백을 받지 않은 사람에게 가는 것을 추천한다.
- 전체 집단원이 한 번 정도씩 공개적으로 피드백을 받고 나면 서로 피드백을 주고받지 못한 집단원들이 둘씩 짝이 되어 피드백을 주고받는다.

활동 5. 문장 완성

■ 활동 설명

집단 마무리 때 활용할 수 있는 활동으로 문장을 완성함으로써 집단 경험에 관한 피드백을 나누도록 한다. 구체적이고 의미 있는 피드백을 통해 집단원의 진솔한 관심을 표현할 수 있도록 하며, 종결 이후에 지속적인 변화의 계기를 마련하도록 한다.

■ 준비 사항

• 집단 운영: 소집단
• 소요 시간: 60분
• 장소: 실내
• 준비물: 필기도구, 완성되지 않은 문장 목록

■ 진행

• 다음의 문장을 집단원들에게 알려 주고 그 문장을 해당 집단원을 생각하며 완성하도록 한다.

(활동 **TIP** 여러 집단원에 대해 사용해야 하므로 몇 문장만 선택하여 활용한다.)

> "내가 당신에 대해 가장 좋아하는 점은 _____"
> "이번 집단상담을 통해 당신에게 배운 점은 _____"
> "내가 당신에게 바라는 것은 _____"
> "당신 삶에서 내가 배우고 싶은 점은 _____"
> "집단상담 이후 당신은 _____ 변화되었으면 좋겠습니다."

• 한 집단원씩 가운데 의자에 앉도록 한다.
• 한 집단원에 대해 나머지 집단원들이 돌아가면서 완성된 문장을 발표한다.
• 피드백을 받은 소감(생각, 느낌 등)을 이야기하도록 한다.

■ 정리 및 기대 효과

• 타인의 눈에 비친 자신의 모습을 통해 변화의 동기를 갖는다.

• 자신의 변화에 대해 좀 더 명확하게 자각하는 계기가 되도록 한다.

■ 유의 사항

• 집단원들이 의도적으로 긍정적인 부분에만 초점을 맞추지 않도록 한다.

• 진솔한 피드백을 하도록 한다.

활동 6. 나에게(거울 보고 자신에게 말하기)

■ 활동 설명

이 세상에서 자신의 모습에 대해 가장 잘 알 수 있는 사람은 아무래도 자기 자신일 것이다. 나는 자신이 좋아하는 것, 지금까지 살아오면서 만난 역경, 힘들었던 일, 무거웠던 짐들, 지금까지의 경험들을 가장 잘 알고 있는 사람이다. '나에게'라는 활동은 자신에게 하고 싶은 이야기를 마음 놓고 해 주는 시간이다. 이 활동은 자신에게 비판적으로 이야기하는 것보다는 스스로 위로하고 그동안의 인생에 대해서 인정해 주는 말을 하는 것이 효과적이다.

■ 준비 사항

• 집단 운영: 소집단
• 소요 시간: 60분
• 장소: 실내
• 준비물: 거울, 종이, 필기구

■ 진행

• 집단상담자가 집단 활동 방법에 대해서 설명해 준다.
• 집단원들 중 한 명씩 나와서 거울에 비친 자신의 모습을 보면서, 자신에게 위로나 격려의 말이나, 새로운 다짐의 말, 자신에게 고백하는 말 등으로 표현하도록 한다.
• 각 집단원이 모두 활동을 참여하고 나면, 각 참여자들이 활동을 통해서 자신에게 느낀 점과 타인에게 느낀 점들에 대해서 소감 나누기로 활동을 마무리한다.

■ 정리 및 기대 효과

• 자신의 내면세계에 있는 갈등, 자신에게 바라는 것, 희망과 기대, 위로의 말을 함으로써 스스로 자신에게 힘을 주도록 한다.

• 다른 사람보다 자신이 스스로를 사랑해야 함을 안다.

■ 유의 사항

• 집단상담자가 집단원들 앞에서 먼저 모델링을 보여 주면, 효과적인 집단 활동이 될 수 있을 것이다.

• 거울 앞에 서서 자신에게 어떤 말인가 한다는 자체를 어색해하고 쑥스러워서 장난스럽게 활동에 임하는 집단원이 있을 수 있다는 점을 집단상담자는 미리 염두에 두어야 한다.

제 10 장

집단상담 기초 윤리 및
슈퍼비전

학습목표

1. 집단상담의 기초적인 윤리를 습득한다.
2. 집단상담의 윤리적 딜레마를 간접경험하고 실습한다.
3. 집단상담 슈퍼비전 보고서 작성법을 습득한다.

들어가며

- 집단상담 운영 중, 경험할 수 있는 윤리적 딜레마는 어떤 것들이 있을까요?

- 집단상담의 윤리적 딜레마를 어떻게 해결할 수 있을까요?

- 집단상담 슈퍼비전에서 중요한 내용은 어떤 것들이 있을까요?

- 집단상담 슈퍼비전을 받을 때, 어려움은 어떤 것이 있을까요?

- 집단상담 슈퍼비전 보고서를 작성할 때 중요한 요소들은 어떤 것이 있을까요?

1. 집단상담 윤리

　윤리는 전문가가 질적인 서비스를 제공하고 함께 작업하는 사람의 권리를 존중하는 규범이다. 또 윤리적으로 행동한다는 것은 직업을 다스리는 법과 규칙을 따르는 것이다 (Hill, 1999). 집단상담에서의 윤리는 집단상담 자체가 가지고 있는 특징 및 방법으로 인해 개인상담과 차이가 있다(Welfel, 2015). 집단상담에서 윤리규준은 잠재적 위험 요소로부터 집단원을 보호하고, 갈등 상황에 놓였을 때 올바른 대처 방향을 결정하도록 도와 집단상담자 자신을 보호할 수 있게 해 준다. 또한, 자신이 속한 사회의 규범이나 도덕적 기대, 전문가로서의 윤리규정에 의해 집단상담자의 활동이 수행될 것이라는 신뢰를 통해 전문가의 자율성을 확보하도록 해 준다(이형득 외, 2002). 즉, 윤리는 해당 분야에 종사하는 사람들에게 요구되는 일련의 행동 규준이자 수칙으로 법적인 제재력이나 강제성이 반드시 뒤따르는 것은 아니다.

　집단상담 현장에서 경험할 수 있는 윤리적 딜레마는 매우 다양하지만 본 교육과정에서는 대표적으로 비밀보장, 전문적 역량, 다중관계, 상담료 지불 등과 관련된 민감한 사안에 대해 다루고자 한다. 먼저, 윤리적 딜레마를 지혜롭게 해결하기 위해서는 대표적인 학회의 윤리강령들을 준수하는 것이 필수적이다. 국내 대표적 학회인 한국상담심리학회의 경우, 별도의 집단상담 윤리강령을 제공하고 있지 않으며 전체의 윤리강령 속에 부분적으로 집단상담 윤리 내용을 제공하고 있다. 치료적 개입과 윤리적 개입이 상치될 수도 있으므로 윤리적 딜레마를 해결하는 데 신중해야 한다. 먼저, 대표적인 윤리강령을 살펴보자.

1) 국내 집단상담 관련 윤리강령

(1) 한국상담심리학회

　상담심리사의 윤리적 강령으로는 '전문가로서의 태도', '사회적 책임', '내담자의 복지와 권리에 대한 존중', '상담관계', '정보의 보호와 관리', '심리평가', '수련감독 및 상담자

교육', '윤리문제 해결'의 8개의 항목 중 '상담관계' 내의 집단상담 하위 항목에서 제시되고 있다.

- 집단 목표에 부합하는 집단원들을 모집하여 집단상담이 원활히 진행되도록 한다.
- 집단 참여자를 물리적 피해나 심리적 외상으로부터 보호하기 위해 충분한 주의를 기울인다.
- 집단상담자는 지위를 이용하여 집단원의 권리와 복지를 훼손하지 않는다. 또한, 집단 과정에서 집단원의 선택의 자유를 존중하고, 이들이 집단 압력으로부터 보호받을 권리가 있음을 유념한다.
- 집단상담자는 다중관계가 될 수 있는 가까운 친구나 친인척, 지인 등을 집단원으로 받아들이지 않는다. 또한, 집단상담이 끝난 후 집단원과 사적인 관계를 맺거나 유지하지 않는다.

또한 '정보의 보호 및 관리' 항목에서 '집단상담을 할 경우, 상담심리사는 그 특정 집단에 대한 비밀 보장의 중요성과 한계를 명백히 설명한다.'는 내용이 제시되고 있다.

(2) 집단상담학회(한국상담학회)
- **사회적 관계**: 자신이 속한 기관의 목적 및 방침에 모순되지 않는 활동을 할 책임, 도덕적 기준과 윤리를 존중하고, 전체 지역사회의 공익과 상담 전문직의 발전을 위해 최선을 다한다.
- **전문적 태도**: 전문상담자로서 갖추어야 할 이론적 지식, 임상 경험 및 연구 능력을 유지 향상시키기 위해 지속적으로 노력, 집단역동에 대한 전문적 바탕으로 상담 수혜자의 정신건강 향상에 노력하기, 자신의 능력 및 기법의 한계를 잘 인식하고, 상담 수혜자에게 도움을 줄 수 없다고 판단될 경우에는 다른 전문가 및 관련 기관으로 의뢰하기
- **비밀보장**: 비밀보장과 그 한계를 규정함으로써 상담 수혜자를 보호할 조치 취하기, 집단의 특성상 집단 내에서는 비밀유지가 완벽하게 보장될 수 없다는 사실을 집단

구성원들에게 분명히 전달하기, 상담 수혜자에 대한 정보를 상담 사례 발표, 상담교육, 연구의 목적으로 사용할 경우에는 상담 수혜자의 동의를 받고, 동의를 받았다 하더라도 구체적 신분에 대해 익명성이 보장되도록 하기 등

- **상담 수혜자의 복지**: 상담 활동 과정에서 소속 기관 및 비전문인과 갈등이 있을 경우, 상담 수혜자의 복지를 최우선으로 고려하고 자신의 전문적인 활동 및 집단의 이익은 부차적인 것으로 간주하기, 상담 환경, 기간 및 기타 여건으로 인해 상담 수혜자에게 적절한 전문적인 도움을 주기 어렵다고 판단될 경우 상담관계를 시작하지 말아야 하며, 이미 시작된 상담관계는 즉시 종결하기 등

- **상담관계**: 상담 수혜자와 성적인 친밀 관계를 맺지 않기, 교육과정의 일부로서 학점에 큰 영향을 미칠 수 있는 상담 수혜자와는 상담관계를 형성하지 않기, 상담 시작 때 상담 수혜자에게 상담 서비스의 목적, 목표, 기법, 절차 및 한계점 등을 알려 주기 등

- **심리검사**: 심리검사 및 해석에는 충분한 교육 및 훈련을 받은 사람이 실시하며, 단순 수치만 통보하거나 상담 수혜자의 동의 없이 검사 결과를 제삼자에게 통보하는 행위를 하지 않기

- **상담 연구**: 연구 실시 전에 상담 연구 피험자에게 연구의 필요성을 포함하여 연구에 관한 전반적인 사항에 대해 충분히 설명하고 피험자의 동의를 얻기, 연구 결과를 발표할 때 상담 수혜자의 신상 정보가 노출되지 않도록 하기

- **다른 전문가와의 관계**: 다른 상담전문가 집단의 고유한 전통과 상담 접근법을 존중하기, 자신의 상담 수혜자가 다른 정신건강 전문가의 치료를 받고 있음을 알게 되는 경우, 상담 수혜자에게 다른 전문가에 대한 정보를 요구할 수 있으며, 상담 수혜자의 복지를 위해 그와 긍정적인 협조 관계를 유지하기

(3) 국외 집단상담 관련 윤리강령

① 미국상담학회(American Counseling Association: ACA)

- **스크리닝(사전 선별)**: 집단상담자는 사전에 집단상담 참가자를 선별한다. 집단상담

자는 욕구와 목표가 집단의 목표와 일치하고 집단 과정을 방해하지 않을 집단원을 선별한다. 집단상담자는 집단상담 경험으로 인해 복지가 위험에 처하지 않을 집단원을 선별한다.

• 집단원 보호: 집단상담자는 내담자를 신체적 · 정서적 또는 심리적 외상으로부터 보호하기 위해 합리적인 예방 조치를 취한다.

② **집단작업전문가협회**(Association for Specialists in Group work: ASGW)

• 윤리적 과정을 집단작업에 필수적인 것으로 여긴다. 집단상담자는 집단원들에 대해 책임을 지고 반응적이어야 하기 때문에 자신의 개입 의도와 맥락에 상당한 주의를 기울여야 한다.

• 집단상담을 최상으로 실행하기 위한 지침으로 집단상담자의 집단 계획(사정, 프로그램 발달 및 평가, 집단과 구성원 준비, 전문적 발달 등), 수행(자기 지식, 집단 역량, 집단 계획 조정, 치료적 요인과 역동, 의미 등), 집단 과정에서의 책임(과정 분석, 반성적 실천, 평가 및 후속 조치, 다른 기관들과의 자문과 훈련)에 대해 언급하고 있다.

2. 초심 집단상담자의 윤리적 딜레마

1) 비밀보장

(1) 비밀보장의 정의

• 집단원이 집단에서 드러낸 개인적인 내용이 당사자의 허락 없이 집단 밖에서 발설되지 않도록 보호해 주어야 할 윤리적 · 법적 책임(강진령, 2019b)

• 비밀보장은 안전한 집단환경 조성을 위한 필수적 조건이다.

• 집단에서 얻은 정보는 사소한 것일지라도 비밀이 누설될 경우 발생할 수 있는 문제점과 집단원의 피해를 최소화하기 위해 강조되어야 한다. 다만, 상담 목적에 따라

명백히 그 사례와 긴밀하게 관련된 사람과만 논의할 수 있다.

• 집단상담자에게는 비밀보장이 의무 사항이지만 집단원들에게는 권고 사항일 뿐 의무 사항은 아니므로 개인상담과 달리, 집단상담에서는 다른 사람의 비밀을 지킨다는 것은 쉽지 않다. 따라서 집단에서의 비밀유지가 완벽하게 지켜지기에는 한계가 있음을 집단원들에게 알려 주어야 한다(Lasky & Riva, 2006).

• 집단상담자는 집단상담이 시작되기 전과 집단상담 과정 중에 계속해서 비밀유지의 의미, 비밀유지가 중요한 이유, 비밀유지의 한계, 비밀유지에 대한 책임 등에 관해 설명해 주는 한편, 모든 집단원의 사적인 정보 유출 방지를 위한 규범을 세워야 한다.

(2) 비밀보장과 관련하여 고려해야 할 윤리적 쟁점

• 비밀보장의 한계 고지: 비밀보장 원칙의 예외 상황(자살 및 타인 위협, 법원 등의 요청 등)에 대해 미리 알려야 한다.

참고 자료: 비밀보장 원칙의 예외 사항

1. 내담자가 자신의 생명 혹은 안전을 위협하는 경우

자살 의도와 같이 집단원의 생명과 안전이 위협되는 상황을 인지하였다면 비밀유지 원칙이 파기될 수 있다. 이는 집단상담자의 윤리적·법적 의무다. 이때, 집단원의 위기수준에 대한 면밀한 위기평가를 실시하여야 하며, 슈퍼바이저나 경험이 많은 동료 전문가에게 자문을 구하여야 한다. 그리고 이 과정을 반드시 문서로 상세히 기록해 두는 것이 필요하다.

2. 내담자가 타인의 생명 혹은 사회의 안전을 위협하는 경우

집단상담자는 집단원으로부터 위협을 받을 당사자를 보호하기 위해 비밀보장 원칙을 파기하고, 해당인에게 경고해야 할 의무가 있다. 실제 집단원이 다른 사람을 해한 상황이 발생한다면, 집단상담자는 전문가로서 최선의 조치를 취했다는 사실을

입증해야 법적 책임을 면할 수 있다.

한편, 집단원이 전염성이 있는 치명적인 질병을 앓고 있는 경우 역시, 관계 기관에 이 사실을 신고해야 한다. 그러나 그 병에 전염될 위험이 큰 제3자에게 알려 주어야 할 의무는 없다.

3. 미성년자 집단원이 아동학대, 성폭력 등 여타 범죄의 피해자인 경우

아동을 보호하기 위한 법률(「아동복지법」 제2조)에 의하면 아동의 복지에 대한 책임 있는 자는 만 18세 미만의 아동이 학대나 방치되고 있다는 것을 발견하는 경우, 아동보호전문기관이나 수사기관에 신고하도록 되어 있다.

4. 법적으로 정보의 공개가 요구되는 경우

집단원의 사건을 맡은 법원은 집단상담자에게 집단 작업을 통해 얻은 집단원의 정보를 집단원의 동의 없이 공개하도록 요구할 수 있다. 이때, 집단상담자는 상담관계에 해가 될 수 있으므로 법원의 공개 명령을 철회해줄 것을 요청할 수 있다. 그러나 정보 제출이 반드시 필요하다고 판단될 경우, 집단상담자는 집단원에게 정보공개 요청 사실을 알리고, 꼭 필요한 정보만을 공개할 수 있다. 한편, 법원에서 집단상담자에게 증언을 요청할 경우, 확실히 알고 있는 내용에 대해서만 말해야 하며, 증언거부권이 법적으로 보장된다면 비밀공개를 거부할 수도 있다.

5. 집단상담자의 연구, 교육, 출판이 필요할 때

집단상담자는 집단원의 신상이 드러나지 않도록 조치하고, 정보 공개에 앞서 집단원의 동의를 구해야 한다.

(3) 녹음 및 녹화

- 슈퍼비전이나 연구 등의 이유로 집단원들에게 녹음/녹화를 요청할 때에는 녹음/녹화 자료의 용도에 대해 상세히 설명하고, 집단원의 의문에 충실히 답해 주어야 한다. 녹음/녹화에 대해 집단원의 합의가 이루어졌다면, '녹음/녹화 동의서'를 받아 서면으로 남겨두어야 한다.
- 사전동의가 있었더라도, 집단 과정 중 단 한명의 집단원이라도 녹음/녹화로 인한 불편감이나 이의를 제기한다면 이를 수렴하여 중단하여야 한다.
- 필요하다면 녹음/녹화에 대한 집단원이 받는 영향을 탐색할 수 있다.

(4) 미성년자 참여 및 강제 참여

- 미성년자를 대상으로 하는 집단의 경우, 집단상담자는 비밀유지의 한계를 구체적으로 명시한다.
- 집단을 시작하기 전, 반드시 미성년자의 부모나 법적 보호자에게 허락을 받는다.
- 강제 조항에 따라 집단에 참여하게 되는 집단원들에게는 집단상담자가 관련 기관에 의무적으로 보고해야 하는 절차가 있다는 사실을 알려 준다.
- 만약, 부모나 보호자가 미성년자 집단원의 상담 내용을 요구한다면, 집단상담자는 먼저 부모나 보호자에게 상담 내용이 비밀유지를 전제로 한 것임을 알리고 집단원에게 직접 물어보도록 제안한다. 그럼에도 집단상담자에게 요청하는 경우, 집단원에게 허락을 받은 후 최소한의 정보만 제공해야 한다(※ 관련 조항: 「아동복지법」 제4조: 부모 등 보호자는 그 보호하는 자녀 또는 아동이 바른 인성을 가지고 건강하게 성장하도록 교육할 권리와 책임을 가진다.).
- 학교에서 진행되는 집단상담의 경우, 학교장이 학생의 집단상담 내용을 요구한다면, 집단상담자는 미성년자인 집단원의 부모, 보호자, 다른 교직원 등의 권리도 존중해 주어야 한다. 이 같은 경우에도 비밀보장의 중요성, 비밀보장이 파기될 때 우려되는 상황 등에 대해 충분히 안내한다.

(5) 기관 내 집단상담 운영 시 고려 사항

- 집단 참여가 법정 명령이나 학교 등과 같은 기관에서 강제적으로 진행될 경우 집단의 성격과 목표, 비밀유지의 한계(기관 보고), 집단 참여 정도가 자신에게 미칠 영향 등에 대해 집단원에게 자세한 설명이 제공되어야 한다.
- 기관에서 요청하는 것이 무엇인지 명확히 파악한 후, 기관장에게 집단원의 사전 안내 및 동의받는 과정이 필요함을 설명하고 비밀보장의 한계로 인해 집단원들이 자기 개방을 제한적으로 할 수 있고, 원하는 성과에 도달함에 한계가 있을 수 있음을 안내해야 한다.

(6) 온라인 내에서의 비밀유지 교육

- 집단원들이 소셜 미디어를 활용할 경우 비밀유지 규정을 위반할 위험성이 더 커질 수 있다(Wheeler & Bertram, 2019). 따라서 집단상담자는 사전 동의를 통해 온라인상 행동의 한계를 다루어야 한다.
- 온라인에 사진이나 의견 또는 다른 집단원에 관하여 비밀유지를 해야 하는 정보를 게시하지 않겠다는 규칙을 정하는 것이 필요하다.

(7) 상담 기록 관련

- 집단원 각 개인을 위해 개별적인 기록지를 작성하는 것이 바람직하며 다른 집단 구성원에 대한 정보는 되도록 포함하지 않으려고 노력해야 한다.
- 집단상담 기록이 집단원 및 타인에게 노출되지 않도록 주의를 기울여야 한다(방기연, 2004).

(8) 집단상담자의 부주의로 인한 비밀보장의 침해

- 부적절한 장소에서 부적절한 대상에게 누설(가족 모임에서 공개)
- 부적절한 장소에서 적절한 대상에게 누설(식당에서 전문가에게 자문 구하기)
- 집단원을 의뢰해야 할 때, 적절한 공개이지만 내담자 동의 절차를 누락하고 의뢰하

는 행위
- 집단원에 대한 과잉 공개
- 기술적 부주의: 이메일, 팩스 등의 실수

(9) 집단상담 도중 실제로 비밀보장의 윤리적 상황이 발생하였을 때 대처 방안
- 이 상황을 집단에 알리고 규칙을 다시 한번 상기시켜 주의 주기
- 누가 이런 상황을 만들었는지 밝히는 데 주력하기보다 앞으로 유사한 상황이 발생
  하지 않도록 함께 재점검하는 기회로 삼기
- 비밀보장 위반의 상황이 현재 자신의 집단 참여에 어떤 영향을 주고 있는지 등에 대
  해서도 함께 이야기 나누기

2) 전문 역량

(1) 정의
- 전문성은 어떤 영역에서 보통 사람들의 수준 이상의 수행 능력을 보이는 것으로써
  매우 장기적이고 체계적인 훈련을 통해 획득되는 것
- 집단상담자는 집단원들의 어려움을 이해하고 이를 해결하며, 집단원의 성장을 돕는
  역할을 수행하기 위해 전문성을 갖추어야 한다.
- 전문성이 부족한 상담자가 상담을 이끌어갈 경우, 내담자에게 피해를 줄 의도가 없
  었다 할지라도 내담자에게 피해를 끼치는 결과를 초래할 수 있다. 따라서 집단상
  담자는 자신의 집단 운영 능력이나 자격에 대해 자문하는 태도가 필요하다(Corey,
  Williams, & Moline, 1995).

(2) 집단상담자로 역량 수준을 높이는 데 유익한 일반적 제안(ASGW, 2008)
- 지속적인 교육, 전문적인 슈퍼비전 및 개인적 · 전문적 계발 등을 통해 뒤처지지 않
  고 지식과 기술 역량을 증진하기

- 효과적인 상담 실제를 보장하기 위해 집단상담자로서 효과적으로 기능하는 데 방해가 되는 윤리적 사안에 관하여 자문과 슈퍼비전을 받기
- 전문가로서 내리는 판단이나 집단을 촉진하는 능력을 저해할 수 있는 개인적 문제나 갈등이 있을 때 적절한 전문적인 도움을 구하기

(3) 집단상담자가 갖춰야 할 전문 영역

- 전문지식: 집단 유형/ 집단 작업의 장단점/ 집단역동의 기본 원리/ 집단상담자의 문제행동/ 집단의 치료 요인/ 집단원 모집 선별 전략/ 집단의 발달 단계별 특성 및 역할/ 집단 과정 촉진/ 저해 요소와 대처방안/ 집단원들에게 영향을 주는 성격적 특성/ 집단 활동에 관한 윤리문제 기술/ 집단 작업에 관한 연구물 이해 및 적용/ 집단 평가 및 집단원 평가
- 전문기법: 집단원의 참여 촉진/ 집단 과정의 관찰과 지각/ 집단원의 행동 관찰/ 기본적인 상담기법 적용/ 집단 회기의 시작과 종결/ 시의적절한 정보 제공/ 생산적 행동을 통한 모델링/ 적절한 자기 개방 격려/ 피드백 교환/ 비형식적 질문/ 공감적 이해와 신뢰관계 형성/ 집단원의 비생산적 행동에 대한 직면/ 집단원의 의미 있는 경험 촉진/ 소속 학회의 윤리기준 준수/ 집단 목적 달성을 위한 방향 유지/ 집단원의 학습통합과 실생활에서의 적용 촉진

(4) 집단상담자로 역량 증진 방법

- 집단상담 실습: 집단작업 연습과 실습/ 집단원 경험/ 집단에 대한 관찰 경험/ 집단 운영 경험 등
- 자격증, 학위: 전문가와 비전문가를 구분하는 데 있어 중요한 요소이지만 자격증이나 학위를 소지하고 있다는 사실만으로 자격 있는 집단전문가로 단정 지을 수 없다. 지속적인 훈련과 자신의 능력의 범위와 한계에 대해 깊이 인식하여야 한다.
- 슈퍼비전, 자문: 집단 과정에서 해결하기 어려운 문제 또는 윤리 관련 문제가 발생하거나 집단상담자로서의 기능에 방해되는 어려움에 봉착하는 경우, 임상 경험이

많은 다른 전문가에게 자문 또는 슈퍼비전을 요청하기/ 전문적 판단과 치료 역량을 저해할 수 있는 개인적 어려움이나 갈등이 발생하는 경우에도 반드시 전문가의 도움받기(자문) 등

- 전문성 개발: 자격증 취득, 공식적 교육(공식적 슈퍼비전, 세미나, 워크숍, 계속 교육연수), 비공식적 교육(독서, 논문 및 저술, 실천 경험의 반성) 등을 지속적으로 수립하기
- 훈련 프로그램 외에 필요한 보조 과정: 개인 심리치료/ 집단상담자를 위한 자기 탐색 집단 등

3) 상담관계

(1) 다중관계의 정의

- 상담자가 자신의 내담자를 대상으로 다른 의미 있는 관계를 형성하는 것(Pope, 1991)
- 상담자가 자신의 욕구를 충족시키기 위해 상담의 목적과 경계를 주도하는 모호한 관계(Craig, 1991)
- 전문가와 내담자 사이의 전문적 경계를 넘어선 상태(Kagle & Giebelhausen, 1994)
- 상담자가 자신의 개인적 욕구를 충족시키기 위해 내담자와 한 가지 이상의 역할에 관여하여 전문적인 관계를 손상시킬 때 이중관계가 발생한다(Corey et al., 1993).
- 집단상담자와 집단원 관계 외에 집단 참여 목적과는 다른 형태로 형성되는 관계로 다중관계는 집단상담자의 중립적인 태도 유지를 어렵게 하고, 전문적 판단력에 손상을 줄 수 있다.
- 다중관계의 전형적인 예: 가족(부모, 자녀), 혈연(친척), 사회적 관계(친구, 동창생), 사업적 관계(고용자/피고용자)

(2) 집단상담자와 집단원 관계에서의 금지 사항

- 사적인 목적을 위한 만남
- 사적인 이익의 확대

- 물물교환
- 사회적 접촉, 즉 교제
- 성적 친밀감 형성
- 사회적 · 사업적 관계

(3) 다중관계의 고려 사항

- 집단상담자가 모든 다중관계를 피하는 것은 어렵다. 상호작용이 잠재적으로 유익할 때는 예외적으로 다중관계가 허용된다(ACA, 2014).
- 만약, 유익한 관계를 증명할 수 없고 자신의 이익 추구를 위해 집단원을 이용한다면 비전문적 관계를 피하기
- 집단상담자는 집단원을 선별할 때부터 다중관계의 정당성, 유익성, 예상되는 결과, 파생되는 문제점 등을 상담기록부에 정리하기
- 비전문적인 관계를 갖는 것이 유익하다고 판단되는 경우, 관계의 정당성, 잠재적 이익, 그리고 기대되는 긍정적인 효과에 대해 기록하기
- 다중관계로 인해 예기치 못한 역동이나 문제가 발생하면 즉시 중단하고 이를 진솔하게 이야기하며 최대한 집단원의 복지를 우선으로 고려하기

(4) 다중관계 문제 대응 방안

- 집단상담자나 동료 간에 다중관계로 인한 윤리적 갈등이 발생할 수 있음을 알고 경계하기
- 다중관계로 인한 윤리적 갈등에 처했을 때, 드러나는 실제적인 문제뿐만 아니라 잠재적인 위험까지 고려하여 해결책 강구하기
- 동료나 슈퍼바이저에게 자문을 구하고, 윤리규정, 관련 법규를 검토하는 등 합리적 대안 마련을 위해 접근 가능한 자원을 충분히 활용하기
- 다중관계 경계 문제를 표명하고, 집단원, 동료 등을 보호할 수 있는 구체적인 실행계획 마련하기

(5) 학습 현장에서 이루어지는 이중(다중)관계의 긍정적인 측면

- 국내의 자격제도 중 집단상담 참가나 운영 경험이 요구되고 대학원에서의 집단상담 수업 중 집단원 경험이 포함된 경우가 있기 때문에 다중관계가 발생할 수밖에 없다 (고향자, 이소라, 2008; 권경인, 계은경, 김지연, 2016).

- 비성적 이중/다중관계의 경우에는 이를 피하는 것이 불가피하기도 하고 일부 상황 에서는 잠재적으로 도움이 될 수도 있다(Barnett & Yutrzenka, 2002; Boyd-Franklin & Bry, 2001; Congress, 2001; Hill & Mamalakis, 2001; Lazarus, 1994; Nickel, 2004; Reamer, 2003; Zur & Lazarus, 2002). (예: 집단상담 수업 중 집단 참여 경험)

- 교수와 학생 간의 기존 신뢰관계는 더 빠르게 응집력을 형성하고 집단원의 자기 공 개를 장려하며 집단에 대한 기대와 동기를 높이는 데 긍정적인 영향을 미친다.

- 집단상담 훈련을 통해 상담자에게 필요한 전문적인 네트워크 형성과 사회적 지원을 얻을 수 있는 집단 외 관계 개선이 향상된다.

- 집단상담 수업이라는 모호한 이중관계 구조 속에서 응집력을 형성하고, 자기 공개 촉진 등의 치료적 요인을 경험한다면 직업과 일상생활에서 발생할 수 있는 윤리적 딜레마에 더욱 잘 대처할 수 있도록 도울 수 있다. 이 경험을 통해 추후 자신이 집단 상담자로 집단을 운영할 경우, 집단원들의 자기 공개의 어려움 등을 잘 이해할 수 있게 될 것이다(Davenport, 2004).

(6) 학문적 환경에서 이중/다중관계 해결 방법(Forester-Miller & Duncan, 1990)
- 교수가 지도하는 박사 지도생들이 학생들을 위한 집단을 이끌기
- 맹목 등급 시스템(blind-grading system) 사용
- 학생들이 외부 감독집단에 참여하도록 요구
- 역할극 기술 사용
- 강사가 관찰하는 동안 학생들이 자신의 집단을 공동으로 이끌기
- 학생들이 내부와 외부 원 사이를 번갈아 가며 집단을 이끌고 강사가 다시 집단 활동 을 관찰하고 돕는 '낚시 훈련(fishing training)' 기술 사용 등 활용하기

읽기 자료: 다중관계 다루기

1. 집단상담자-집단원 간 다중관계인 경우
   - 집단상담자는 다중관계에 있는 집단원에게 다른 집단원과 유사한 수준에서 상호작용할 것임을 먼저 안내해 주어야 한다.
     - 다중관계에 있는 집단원은 다른 집단원보다 집단상담자와 친밀하다고 생각하여 더 친근한 반응을 기대할 수 있다. 자신이 기대한 반응과 다르게 집단상담자가 상호작용을 할 경우, 상처받을 수 있으므로 사전에 집단상담자가 어떠한 태도를 보일지 설명해 주는 것이 좋다.
     - 만약 학교(기관)에서 집단상담을 운영할 경우 집단상담자는 집단 밖에서 집단원을 마주칠 수 있다. 이때, 집단원이 자신이 집단상담에 참여함을 다른 사람들에게 알리길 원하지 않을 수 있다. 집단원 보호 및 비밀보장을 위해 일반적인 수준에서 인사를 나눌 것임을 미리 안내해 주어야 한다. 만약 집단원이 먼저 다가와서 인사를 하거나 집단상담과 관련된 깊은 이야기를 할 경우, 그에 맞춰 반응할 수 있다.

2. 집단원 간에 다중관계일 경우
   - 학교(기관)에서 집단상담을 실시할 경우, 혹은 우연한 계기로 아는 사람과 집단상담에 참여하게 될 수 있다. 이때 다중관계를 다루는 원칙은 집단 안에서 나눈 것이라 할지라도 일상에서 다른 집단원에 대한 이야기를 먼저 꺼내지 않도록 하는 것이다.
     - 집단 밖에서 집단에서 나눈 이야기에 대한 안부를 묻거나, 집단 이후에 상황이 어떻게 되었는지 묻는 일 등은 본인의 의도와 다르게 당사자에게 상처가 될 수 있음을 알려 주어야 한다.
     - 다만, 다른 집단원이 먼저 자신의 이야기를 먼저 개방하며 나누길 원한다면 지지집단으로서 역할을 할 수 있다.

4) 상담료 지불 문제

(1) 상담료 지불에 대한 고려 사항

- 상담료 지불 관련은 사전 동의의 한 요소에 포함된다. 사전 동의에서 상담료와 납부 방법에 대해 안내할 필요가 있다.
- 집단상담 서비스에 대한 상담료는 집단원의 재정 상태와 처지를 고려하여 결정해야 한다.
- 집단원이 미처 상담료에 관한 규정에 대해 알지 못한 상황에서는 상담료를 부과해서는 안 된다.
- 집단상담자는 집단원들과 상담료 지불 관련 계약을 체결해야 하고, 계약서에 명시된 기간 만료 전까지는 상담료를 인상해서는 안 된다.

(2) 집단에서 상담료를 받는 세 가지 가능한 대안(Motherwell & Shay, 2015)

- 장기집단일 경우, 집단원들에게 매월 초 한 달 치 상담비를 지불하고, 집단 회기가 계속되는 한 상담비 지불하기
- 집단이 시작되기 전에 다음 달 상담비를 지불하고, 그 이후 매주 혹은 매월 상담비를 지불하도록 하기. 이 방침은 집단원들이 떠날 준비가 되면 4주 전에 미리 이야기해 주기
- 집단상담자가 매 회기 시작할 때 비용 지불문제를 포함한 공지를 하기(회기에 불참하는 경우에도 집단원이 책임감을 갖도록 하기)

(3) 윤리적 의사결정

① 상담자 윤리 결정 원칙

원칙	설명
자율성 (Autonomy)	• 모든 개인의 선택은 타인으로부터 강요받아서는 안 되며 스스로 선택할 수 있는 자유를 보장해야 한다. • 자신의 선택에 대한 책임을 포함한다. • 상담자가 지나치게 내담자를 간섭하여 내담자 스스로 결정할 수 있는 것을 방해하면 윤리적 문제가 된다. • 예외: 타인의 자유를 침해하는 경우, 자신의 선택이 갖는 의미를 이해할 수 없는 경우(예: 미성년자, 정신질환자 등)
비해악성 (non-malevolence)	• 집단원에게 해를 끼치지 않을 것이라고 확신하는 개입 방법만을 사용해야 할 의무가 있다. • 집단원을 위한 개입의 위험성을 인식 및 평가하고 유해성이 없음을 확인한 후에 개입해야 한다. • 해를 입힐 수 있는 행동을 하는 것보다는 아무런 개입을 하지 않는 것이 오히려 더 나을 수 있다.
선의성 (Beneficence)	• 선한 일을 해야 할 책임, 즉 상담 서비스에 적극적으로 참여하는 사람들에게 진정한 도움이 되도록 하는 의무를 이행해야 한다. • 상담자의 개입이 집단원에게 해를 입히지 않는 범위에서 집단원에게 유익한 도움을 제공해야 한다. • 상담자는 집단원이 기대하고 있는 전문성을 발휘해야 하며 이미 공지된 서비스를 제공하여야 한다.
공평성 (Justice)	• 사회적 정의, 즉 집단전문가가 한쪽으로 치우치지 않고 모든 사람의 존엄성을 인정해야 한다. • 도움이 필요한 사람에게 추가 서비스를 제공하여 차별당하지 않도록 도와주는 동시에 누구나 상담 서비스를 받을 수 있게 해야 한다. • 인종, 나이, 성, 문화 등과 같이 실제 문제와 직접적인 관련이 없는 다른 어떤 변인들에 기초해 편파성을 보이지 말아야 한다. • 사회적 약자에게 미숙한 상담자를 배정하는 것은 윤리에 저촉된다.

| 충실성 (Fidelity) | • 집단원에게 충심을 다하며 약속을 충실히 이행해야 한다.
• 자신의 이익보다 집단원의 이익을 우선시해야 한다.
• 심리적으로 불편하고 거북할 때조차 집단원에게 주어진 사명을 충실히 다해야 한다.
• 소속 기관과 동료 전문가에게 충실해야 한다.
• 보수를 받는 대가로 전문적인 서비스를 제공하겠다고 고용주와 계약한 것이므로 계약 사항을 충실하게 이행해야 한다.
• 자신의 전문적 지위를 이용하여 이익을 얻는 대신 전문직의 규칙에 맞게 행동할 것과 다른 전문가들을 존중해야 한다.
• 상담자가 내담자에게 더는 흥미를 느끼지 못한다고 해서 상담을 그만둘 수 없다. |

② 윤리적 의사결정 모형(강진령, 2019)

Kitchner(1986)의 윤리적 의사결정 모형에 따라 집단상담자가 거쳐야 하는 의사결정 과정은 다음과 같다.

단계	내용
준비 및 대안 수립 과정	• 1단계: 집단작업의 윤리적 측면에 대해 민감하게 반응하기 　-대두된 문제가 '과연 윤리적 문제인가?'를 확인하는 과정 　-윤리적 문제에 앞서 기술적 문제로 변환시킬 수 있는 여지가 많다. • 2단계: 사례와 관련된 사실과 이해당사자 구체화하기 　-관여된 사람들(상담자, 내담자, 내담자의 가족이나 교사, 관련인들)에게 어떤 영향을 주는지, 그것이 즉각적으로 이루어지는지 혹은 지연되어 영향을 미치는지 등을 확인해야 한다. • 3단계: 윤리적 갈등 상황에서 핵심 문제 확인 및 가능한 대안 수립하기
대안 평가 과정	• 4단계: 전문가 윤리기준과 관련 법률 및 규정 참조하기 　-자신이 속한 학회의 윤리 요강, 자신의 자격증을 발행한 주체 기관의 윤리강령, 기관의 내규, 관련 법조문 등 우선 성문화되어 있는 내용을 검토한다. • 5단계: 윤리적 갈등에 관한 윤리 문헌 참조하기 • 6단계: 기본 윤리 원칙과 이론 적용하기 • 7단계: 슈퍼바이저 및 동료 상담자 자문받기
의사결정 및 실행 과정	• 8단계: 심사숙고 후 대안 결정하기 • 9단계: 관련자들에게 통보 후, 결정 내용 실행하기 • 10단계: 실행 내용 성찰, 반성하기

실습 1
집단상담 윤리 (1)

☞ 다음 사례를 읽고 질문에 대해 함께 생각해 보자.

> [사례] 청소년들을 대상으로 구조화 집단상담을 진행하던 중, 동물 가족화를 그리는 시간이었다. 집단원 '딴따'는 가족 중 아빠를 흑곰이라며 아주 커다랗게 그렸다. 우리 아빠는 재밌는데 술만 마시면 눈에 보이는 것을 던지고 때리는 안 좋은 습관이 있어 걱정이라고 이야기하였다. 어제도 흑곰이 술을 잔뜩 마신 채 들어와서는 '딴따'에게 손으로 툭툭 얼굴을 때리던 중, 반지에 잘못 맞아 심하게 멍들었다며 귀 뒤를 보여 주었다. '딴따'의 이야기를 들을수록 아동학대가 점점 의심되었다.

1. 이와 같은 상황은 윤리적 문제인가? 그 이유는 무엇인가?

_____

_____

_____

2. 사례와 관련된 사실은 이해당사자(집단상담자, 집단원, 집단원 가족이나 교사, 관련인들)에게 어떤 영향을 줄 것이라 예상되는가?

_____

_____

_____

3. 이 사례에 적용할 수 있는 전문가 윤리기준이나 관련 법률 및 규정이 있는가?

_____

_____

_____

4. 내가 만약 집단상담자라면 어떻게 개입하고 싶은가?

_____

_____

_____

5. 개입 시 주의해야 할 점은 무엇이겠는가?

_____

_____

_____

실습 2
집단상담 윤리 (2)

☞ 다음 사례를 읽고 질문에 대해 함께 생각해 보자.

> [사례] 갓 석사를 졸업하고 건강가정지원센터에서 일하게 된 상담자 A는 센터장의 요청하에 집단상담을 운영하고자 계획을 수립 중이다. 상담에 관심이 많은 센터장은 'EMDR'에 입각한 집단상담의 형식으로 부모교육을 운영하길 원하고 있다. 상담자 A는 교육자료를 찾던 중 이전 상담자가 받은 연수자료인 'EMDR 기반 집단상담 운영 계획서'를 보게 되었다. 이를 기반으로 집단상담을 운영하고자 했지만 처음 들어보는 생소한 용어에 어리둥절할 뿐이다. 센터장에게 자신 있게 할 수 있다고 하였으나 직접 부모들을 만나 집단상담을 운영하고자 하니 두려워진다.

1. 이와 같은 사례는 윤리적 문제인가? 그 이유는 무엇인가?

_____

_____

_____

2. 사례와 관련된 사실은 이해당사자(집단상담자, 집단원, 집단원 가족이나 관련인들)에게 어떤 영향을 줄 것이라 예상되는가?

_____

_____

_____

3. 이 사례에 적용할 수 있는 전문가 윤리기준이나 관련 법률 및 규정이 있는가?

_____

_____

_____

4. 내가 만약 집단상담자라면 어떻게 개입하고 싶은가?

_____

_____

_____

5. 윤리적 의사결정 시, 주의해야 할 점은 무엇이겠는가?

_____

_____

_____

실습 3
집단상담 윤리 (3)

☞ 다음 사례를 읽고 질문에 대해 함께 생각해 보자.

[사례] 집단상담자 A는 학교 상담자로 '또래관계 향상 집단상담'을 진행하였다. 집단상담 회기 중 집단상담자를 잘 따르던 '햇님'은 집단상담이 끝난 후에도 상담자가 다른 친구들보다 자신을 더 예뻐 해 주길 기대하였다. 하지만 집단상담자가 다른 학생들과 동일하게 대하자 '햇님'은 쉬는 시간마다 와 서 자신이 특별한 존재임을 상기시킨다. 또한, 동아리를 운영 중인 상담자는 '햇님'에 대해 평가를 해 야 한다. '햇님'은 동아리 수업 시간에 집중하지 않고, 딴짓을 많이 하였지만 좋은 내용을 쓰지 않을 경우 '햇님'이 상처받을까 집단상담자 A는 염려된다.

1. 이와 같은 사례는 윤리적 문제일까? 그 이유는 무엇인가?

_____

_____

_____

2. 사례와 관련된 사실은 이해당사자(집단상담자, 집단원, 집단원 가족이나 교사, 관련인들) 에게 어떤 영향을 줄 것이라 예상되는가?

_____

_____

_____

3. 이 사례에 적용할 수 있는 전문가 윤리기준이나 관련 법률 및 규정이 있는가?

_____

_____

_____

4. 내가 만약 집단상담자라면 어떻게 개입하고 싶은가?

_____

_____

_____

5. 집단상담 경험에서 다중관계로 걱정되었던 지점이 있었는가?

_____

_____

_____

실습 4
집단상담 윤리 (4)

☞ 다음 사례를 읽고 질문에 대해 함께 생각해 보자.

> [사례] 매주 이루어지는 장기집단에서 집단상담자 A는 매달 5일에 상담료를 지불하고, 24시간 전에 협의되지 않은 당일 불참일 경우에도 상담료를 지불하도록 사전안내하였다. 하지만 시간이 흐를수록 5일에 상담료를 내지 않는 집단원들이 허다하고, 한 명의 집단원은 자신이 참석한 회기만을 기준으로 상담료를 지불하고 있다. 설상가상으로 집단상담자 A는 최근 상담전문가 자격증을 취득하여 상담료를 인상하고 싶은 상황이다. 하지만 왠지 돈 이야기하는 것이 치사한 것 같고, 주저하게 된다.

1. 이와 같은 문제는 윤리적 문제인가? 그 이유는 무엇인가?

_____

_____

_____

2. 사례와 관련된 사실은 이해당사자(집단상담자, 집단원, 집단원 가족, 관련인들에게 어떤 영향을 줄 것이라 예상되는가?

_____

_____

_____

3. 이 사례에 적용할 수 있는 전문가 윤리기준이나 관련 법률 및 규정이 있는가?

_____

_____

_____

4. 내가 만약 집단상담자라면 어떻게 개입하고 싶은가?

_____

_____

_____

5. 집단상담료를 책정하는 과정에서의 딜레마(예: 적정 집단상담료, 상담료 안내, 홍보, 차감 등)에 대해 생각해 보자.

_____

_____

_____

참고 자료: 집단상담학회 윤리강령

1. 사회적 관계

   1) 집단상담자는 자신이 속한 기관의 목적 및 방침에 모순되지 않는 활동을 할 책임이 있다. 만일 소속 기관의 방침이 상담 수혜자의 성장 및 복지에 큰 위협이 된다면, 소속 기관 내에서는 상담자로서의 활동을 중단한다.

   2) 집단상담자는 자신이 속한 지역사회의 도덕적 기준과 윤리를 존중하고, 전체 지역사회의 공익과 상담 전문직의 발전을 위해 최선을 다한다.

   3) 집단상담자는 자신이 실제로 갖추고 있는 자격 및 경험에서 벗어나는 활동이나 업무를 수행해서는 안 되며, 실제 사실과 다르게 오도되었을 때는 시정해야 할 의무가 있다.

2. 전문적 태도

   1) 집단상담자는 전문상담자로서 갖추어야 할 이론적 지식, 임상 경험 및 연구 능력을 유지하고 향상시키기 위해 지속적으로 노력한다.

   2) 집단상담자는 집단역동에 대한 전문적 바탕으로 상담 수혜자의 정신건강 향상에 노력한다.

   3) 집단상담자는 자신의 능력 및 기법의 한계를 잘 인식하고, 상담 수혜자에게 도움을 줄 수 없다고 판단될 경우에는 다른 전문가 및 관련 기관으로 의뢰한다.

3. 비밀보장

   1) 집단상담자는 비밀보장과 그 한계를 규정함으로써 상담 수혜자를 보호할 조치를 취한다. 단, 상담 수혜자 개인 및 사회에 심각한 위협을 줄 수 있다고 판단될 경우에는 충분히 고려한 후, 상담 수혜자에 관한 정보를 가족, 보호자, 적정한 전문인, 사회 기관, 정부 기관에 공개한다.

   2) 집단상담자는 집단의 특성상 집단 내에서는 비밀유지가 완벽하게 보장될 수 없

다는 사실을 집단 구성원들에게 분명히 전달한다.

3) 집단상담자는 상담 수혜자에 대한 정보를 상담 사례 발표, 상담교육, 연구의 목적으로 사용할 경우에는 상담 수혜자의 동의를 받아야 하며, 동의를 받았다 하더라도 구체적 신분에 대해 익명성이 보장되도록 한다.

4) 집단상담자는 상담 수혜자에 관한 정보를 보관 혹은 처분할 경우 소속 기관의 방침에 따르도록 한다.

4. 상담 수혜자의 복지

1) 집단상담자는 상담 활동 과정에서 소속 기관 및 비전문인과 갈등이 있을 경우, 상담 수혜자의 복지를 최우선으로 고려하고 자신의 전문적인 활동 및 집단의 이익은 부차적인 것으로 간주한다.

2) 집단상담자는 상담 환경, 기간 및 기타 여건으로 인해 상담 수혜자에게 적절한 전문적인 도움을 주기 어렵다고 판단될 경우 상담관계를 시작하지 말아야 하며, 이미 시작된 상담관계는 즉시 종결해야 한다. 이 경우 집단상담자는 상담 수혜자에게 적절한 대안을 제시해 주어야 한다.

3) 집단상담자는 상담 수혜자에게 도움이 된다고 판단되는 경우에 한하여 상담 수혜자의 동의를 얻은 후, 검사를 실시하거나 가족 및 관련 인물을 면접한다.

5. 상담관계

1) 집단상담자는 상담 수혜자와 성적인 친밀 관계를 맺어서는 안 된다.

2) 집단상담자는 교육과정의 일부로서 학점에 큰 영향을 미칠 수 있는 상담 수혜자와는 상담관계를 형성하지 않는다.

3) 집단상담자는 상담을 시작 때 상담 수혜자에게 상담 서비스의 목적, 목표, 기법, 절차 및 한계점 등을 알려 준다.

4) 집단상담자는 집단 장면에서 상담 수혜자들이 신체적 혹은 심리적 외상을 겪지 않도록 적절히 예방하고 신중을 기한다.

6. 심리검사

  1) 심리검사를 실시할 때는 자격이 있는 검사 실시자가 표준화된 절차에 따라 실시
    하도록 하며, 소속 기관에서 부적격자가 심리검사를 하게 될 경우에는 이를 시정
    하도록 노력한다.

  2) 심리검사 및 해석에는 충분한 교육 및 훈련을 받은 사람이 실시하며, 단순 수치만
    통보하거나 상담 수혜자의 동의 없이 검사 결과를 제삼자에게 통보하는 행위를
    하지 않도록 한다.

7. 상담 연구

  1) 집단상담자는 연구 실시 전에 상담 연구 피험자에게 연구의 필요성을 포함하여
    연구에 관한 전반적인 사항에 대해 충분히 설명하고 피험자의 동의를 얻는다.

  2) 집단상담자는 연구 결과를 발표할 때 상담 수혜자의 신상 정보가 노출되지 않도
    록 한다.

8. 다른 전문가와의 관계

  1) 집단상담자는 다른 상담전문가 집단의 고유한 전통과 상담 접근법을 존중한다.

  2) 집단상담자는 자신의 상담 수혜자가 다른 정신건강 전문가의 치료를 받고 있음
    을 알게 되는 경우, 상담 수혜자에게 다른 전문가에 대한 정보를 요구할 수 있으
    며, 상담 수혜자의 복지를 위해 그와 긍정적인 협조 관계를 유지한다.

3. 집단상담 슈퍼비전

초심 집단상담자의 역량을 강화하기 위해 집단원으로서의 경험과 슈퍼비전을 받는 학
습이 가장 도움이 되는 것으로 확인되었다. 상담에서 슈퍼비전은 유능한 상담자로서의

능력을 개발하기 위한 필수적인 요소다(Altfeld & Bernard, 1997; Bahrick, Russell, & Salmi, 1991; Bernard & Goodyear, 1992; Conyne, 1997). 개인 슈퍼비전과 마찬가지로 집단상담 슈퍼비전은 슈퍼비전 과정에서 개입 기술에 대한 교육이 이루어지며, 숙련 집단상담자인 슈퍼바이저의 짧은 시연도 포함될 수 있으므로 종합적 교육 형태로 볼 수 있다. 따라서 슈퍼비전은 초심 집단상담자의 불안을 줄이고, 구체적인 능력 향상에 효과를 줄 수 있다(Harvill, West, Jacobs, & Masson, 1985).

   효과적인 슈퍼비전을 위해서는 집단상담의 세부적 과정 및 내용을 적절히 구현할 수 있는 보고서 양식이 필요하다. 집단상담 과정은 주제와 상호작용 모두를 고려해야 하기 때문에 개인상담보다 더 복잡하며 한두 명의 집단상담자, 집단상담자와 집단원, 집단상담자와 다양한 집단원들, 집단원 간의 상호작용이 다 포함되어야 하기 때문에 이를 서술하는 과정 또한 까다롭고 어려운 일일 수 있다. 하지만 집단상담 슈퍼비전 사례 보고서는 집단에서 무엇이 일어나고 있는지를 생각하는 데 도움이 되는 틀(framework)로 활용될 수 있으며, 집단의 진행, 역동, 집단원의 행동들에 대한 정보를 조직화하는 데 도움이 된다. 이를 통해 초심 집단상담자는 슈퍼비전에서 보아야 할 중요한 것이 무엇인지를 결정할 수 있으며, 집단상담과 관련된 중요 이슈들에 대해 파악할 수 있다. 이 장에서는 집단상담 슈퍼비전에서 활용할 수 있는 사례 발표 양식을 살펴보고, 작성하는 방법에 대해 숙지하고자 한다.

   국내에서 주로 활용되는 집단상담 슈퍼비전 보고서 양식은 한국상담학회와 한국상담심리학회에서 제공되는 사례 발표 양식이다. 한국상담학회의 집단상담 사례 보고서 양식은 집단상담전문가를 대상으로 실시한 집단상담 슈퍼비전 사례 기록 모형 개발의 축약이라고 볼 수 있다. 이 장에서는 집단상담 슈퍼비전 사례 보고서 모형(권경인, 2010) 및 양 학회에서 제시한 자료를 바탕으로 슈퍼비전 보고서 양식 작성 방법에 대해 통합적으로 안내하고자 한다. 슈퍼비전 보고서 작성에 앞서 필요한 사전 준비 사항에 대해 먼저 살펴보자.

실습 5
집단상담 슈퍼비전에 대해 생각해 보기

1. 개인상담 슈퍼비전과 집단상담 슈퍼비전의 차이점은 무엇이라고 생각되는가?

_____

_____

_____

2. 집단상담 슈퍼비전을 받는다고 생각했을 때 예상되는 어려움은 무엇인가?

_____

_____

_____

_____

3. 집단상담 슈퍼비전 보고서 작성 시 어려운 점은 무엇인가?

_____

_____

_____

_____

4. 집단상담 슈퍼비전을 통해 점검받아야 하는 구체적인 내용은 무엇이 있겠는가?

_____

_____

_____

1) 집단상담 계획서

앞서 사전 계획에서 살펴본 집단상담 접근 방식, 운영 방법 및 형태 등을 포함한 집단 상담 전체 계획서에 프로그램 목적과 필요성, 회기별 프로그램 내용 등을 충실히 적어 두었다면, 집단상담 슈퍼비전 사례 보고서에서 이를 활용하여 집단 및 집단 프로그램 소개 등을 수월하게 작성할 수 있을 것이다.

2) 집단상담 회기 보고서

집단상담의 매 회기가 끝날 때마다 집단에 대한 기록, 회기 진행 과정 등에 대한 회기 기록지 등을 작성한다면 집단 회기별 요약을 작성할 때 유용하게 활용할 수 있다.

◆ **집단상담 회기 기록지(DeLucia-Waack, 2002)**
  • 집단 과정 기록: 날짜, 회기, 집단 리더, 참석 인원, 회기 주제(내용, 과정), 집단에 대한 기록, 집단원에 대한 기록
  • 집단 회기 과정: 집단 회기 진행(의견, 과정, 특정한 집단원, 슈퍼비전 중 논의되어야 할 것) 개입 전략 평가(운영 기능, 의미 부여, 돌봄, 정서적 자극)
  • 치료적 요인에 관련된 결정적 사건
  • 역전이
  • 특정한 사건이나 집단 주제 다루기
  • 축어록

참고 자료: 집단상담 회기 기록지

일자		회기	
리더			
참석 인원	_____ 명 (※사전 통보 후 결석: / ※무단결석:)		
회기 주제	내용		
	과정		

• 집단에 대한 기록

도입	
작업	
종결	

• 집단원에 대한 기록

－집단원 A:

－집단원 B:

－집단원 C:

출처: DeLucia-Waack (2002).

집단 회기 과정(Processing of the Group Session)

• 집단 회기 진행	
의견	
과정	
특정 집단원	
슈퍼비전에서 논의할 것	
• 개입 전략 평가	

−운영 기능(Executive functions):

−의미 부여:

−돌봄:

−정서적 자극:

☞ 위의 4가지 항목에 대해 작업한 것은 무엇인가?

☞ 위의 4가지 항목에 대해 작업하지 않은 것은 무엇인가?

☞ 다음 회기에 무엇을 다르게 작업할 것인가?

• 치료적 요인과 관련된 결정적 사건

☞ 집단에서 이번 주에 일어난 가장 중요한 사건 3가지를 간략하게 묘사해 보기. 그리고 이를 치료적 요인에 근거하여 어떻게 설명할지 적어 보기

• 역전이

☞ 당신이 생각나는 집단원에 대해 느끼는 감정을 간략하게 묘사해 보기

• 특정한 사건이나 집단 주제 다루기

☞ 사건을 간략히 설명하고 나에게 불러일으켜진 감정 설명 등 개인적 반응과 문제 찾기

• 축어록(회기 녹음 자료에서 20분 분량을 선택하여 전사하기)

3) 집단상담 슈퍼비전 사례 보고서 양식(권경인, 2010)

(1) 집단상담 슈퍼비전 사례 보고서 양식(요약형-성인용)

주요 범주	주요 요소
집단 소개	집단상담 접근 방식 집단상담 전략 집단 운영 방법과 형태
집단 프로그램	집단 프로그램 소개 프로그램 목적
집단상담 목표	집단상담 전체의 목표
집단원	집단원에 대한 진술, 집단에서의 모습과 특징 개별 집단원 목표
집단 과정	참석자 회기별 주제 회기 평가 및 개선안 치료적 요인 중대 사건 효과적 개입 회기에서 다루어졌던 주제(내용 쟁점, 과정 쟁점) 집단원의 저항 및 대응 역전이
집단역동	집단상담자-집단원 간 역동을 글로 기술 코리더-집단원 간 역동 집단원 간 역동 회기별 집단 과정 역동의 양상 집단원들의 상호작용
집단상담 평가	집단에 대한 집단상담자의 평가 집단에 대한 집단원들의 평가 개인별 변화(집단원별 사전-사후) 집단상담 성과 개입 전략 평가

슈퍼비전에서 도움을 받고자 하는 것	진행 시 집단상담자가 겪었던 어려움 슈퍼비전을 통해서 얻고자 하는 것
축어록	축어록

(2) 집단상담 슈퍼비전 사례 보고서 양식(아동 · 청소년용)

주요 범주	주요 요소
집단 소개	슈퍼바이저 명, 슈퍼바이지(수련생) 명 집단상담 접근 방식 배경이 되는 집단상담 이론 집단상담 전략 집단 운영 방법과 형태 종합적 기술(이론적 접근 및 프로그램 목표에 따른 과정과 성과 대안에 대한 　종합적 기술)
집단 프로그램	집단 프로그램 소개 프로그램 목적 구조화 집단 시 회기 전체에서 가지는 역할 및 중요도 구조화 활동에 대한 소개
집단상담 목표	집단상담 전체의 목표 집단상담 장기 목표 집단상담 단기 목표 상담 의뢰자, 상담 의뢰처 의뢰자가 제안하는 목표
집단원	부모와의 관계 부모의 부부 친밀도 출생순위 및 형제와의 관계 또래와의 관계 기관이나 학교에서의 적응 상황 집단원에 대한 진술, 집단에서의 모습과 특징 집단 출석률 개별 집단원 목표

	이전 상담 경험
	약물복용
	집단원들의 회기에 따른 변화 과정 기술
집단 과정	참석자
	회기, 일시, 진행 시간
	회기 주제
	회기 평가 및 개선안
	치료적 요인
	중대 사건
	효과적 개입
	회기에서 다루어졌던 주제(내용 쟁점, 과정 쟁점)
	집단원의 저항 및 대응
	역전이
	전환에 대한 상세한 기술(진행 중 전환이라고 할 수 있는 부분에 대한 상세 기술)
집단역동	집단상담자-집단원 간 역동을 글로 기술
	코리더-집단원 간 역동
	집단원 간 역동
	회기별 집단 과정 역동의 양상
	특정 시점을 정하고, 전체 역동에 대해 슈퍼바이지가 궁금한 것
	특정 시점을 정하고, 집단원과 집단상담자와의 상호작용, 역동에서 슈퍼바이지가 궁금한 것
	특정 시점을 정하고, 특정 집단원들 간 상호작용이나 역동에서 슈퍼바이지가 궁금한 것
집단상담 평가	집단에 대한 집단상담자의 평가
	집단에 대한 집단원들의 평가
	개인별 변화(집단원별 사전-사후)
	집단원에 대한 교사의 평가
	집단원에 대한 부모의 평가
	개입 전략 평가
	집단상담 성과
	집단원들이 집단 체험을 통해 학습한 점

슈퍼비전에서 도움을 받고자 하는 것	진행 시 집단상담자가 겪었던 어려움 슈퍼비전을 통해서 얻고자 하는 것
축어록	축어록 집단 비디오 자료(최소 10~20분) 매체 활용 시 사진 자료(미술, 동작, 모래놀이 등)

4) 주요 학회 집단상담 사례 보고서 양식

국내에서는 양대 학회에서 집단상담 사례 보고서 양식을 제시하고 있다. 한국상담학회 내 집단상담학회에서는 권경인(2010)의 연구를 토대로 집단상담 사례 보고서 양식을 제시하였으며 주요 요소들을 정리하면 다음과 같다(집단상담학회, 2015).

(1) 집단상담학회 집단상담 사례 보고서 양식

주요 범주	주요 요소
집단 소개	집단상담 접근 방식 집단 운영 방법과 형태
집단 프로그램	집단 프로그램 소개 프로그램 목적 회기별 주제 및 활동
집단상담 목표	집단상담 전체의 목표 집단상담 장기 목표 집단상담 단기 목표
집단원	집단원의 이해 및 개별 목표 집단 출석률

집단 과정 (회기 보고서)	참석자 및 일시 회기별 주제, 준비물 회기평가 및 개선안 다루어졌던 주제(내용, 과정 쟁점) 집단원의 저항 및 대응 진행 중 전환에 대한 상세한 기술 회기평가
집단역동	집단상담자-집단원간 역동 집단상담자-코리더 역동 집단원간 역동
집단상담 평가	집단원들의 평가 개인별 변화(집단원별 사전-사후)
슈퍼비전에서 도움을 받고자 하는 것	진행 시 어려움 슈퍼비전을 통해서 얻고자 하는 것
축어록	축어록

(2) 집단상담학회 집단상담 공개 사례 보고서 양식

다음으로 한국상담학회 내 집단상담학회에서는 집단상담 공개 사례 보고서 양식 또한 제시하였다. 기존의 사례 보고서 양식과 두드러진 차별점은 집단상담자의 성장 성찰을 작성하도록 한 것이다. 집단상담자가 전문가로 성장하는 데 있어 중요한 전문가적 자질 및 인간적 자질을 스스로 자문해 보는 것은 매우 고무적으로 여겨진다. 집단상담 공개 사례 보고서 양식의 주요 요소들을 정리하면 다음과 같다(집단상담학회, 2023).

주요 범주	주요 요소
집단 정보	집단명 접근 방식 간략한 집단 소개 집단상담 기간 진행 장소
집단상담자 정보	집단원 경험 보조 집단상담자 경험 집단상담자 경험 접근 및 기타 경험
집단원 소개	별칭 별칭 의미 연령(성) 직업(학력) 특징
집단상담 목표	전체 및 장단기 목표 집단원 개인 목표 상담자 목표
집단 과정 (회기 보고서)	회기별 내용(회기별 집단 과정) 집단역동
집단상담 평가	집단 목표 달성 정도 집단원 개인 목표 달성 개입 전략 평가 기타
슈퍼비전 내용	1차: 슈퍼바이저 명, 일시, 내용, 적용 2차: 슈퍼바이저 명, 일시, 내용, 적용
성장 성찰	전문가적 자질 인간적 자질
슈퍼비전에서 다루고 지도받고 싶은 점	슈퍼비전에서 다루고 지도받고 싶은 점
축어록	축어록

(3) 한국상담심리학회 집단상담 사례 보고서 양식

한국상담심리학회에서는 사례 보고서 양식에 집단상담 준비 과정을 기재하도록 되어 있다. 이는 기존의 집단상담 사례 보고서와는 차별화된 점으로 나타난다. 사전 준비 과정은 집단상담 전체 운영 및 역동에 중대한 영향을 미친다. 사전 준비 과정 또한 집단의 전체 맥락에서 매우 중요한 과정이므로 이를 잘 제시하는 것이 필요하다. 한국상담심리학회에서 제시한 집단상담 사례 보고서 양식을 기반으로 주요 요소들을 정리하면 다음과 같다(한국상담심리학회, 2021).

주요 범주	주요 요소
집단상담 준비	집단상담 프로그램 구성 배경 집단상담 준비 과정
집단상담 프로그램 기본 정보	집단상담 유형 집단상담 명칭 집단상담 목표 기대하는 집단상담 성과 집단상담 운영 일정 집단상담 실시 장소 집단 인적 구성 집단 참여자 정보
집단상담 프로그램 구성	회기별 목표 회기별 활동 내용 회기별 활동 소요 시간 준비물
집단상담 회기별 요약	참석자 활동 내용 및 축약 축어록 회기분석 상담자 자기 성찰

집단상담 프로그램 결과	전체 집단상담 과정과 결과에 대한 평가 집단원별 참여 성과에 대한 평가
슈퍼비전에서 다루고 지도받고 싶은 점	슈퍼비전에서 다루고 지도받고 싶은 점

(4) 집단상담 사례 보고서(양 학회 통합본) 작성 요령

집단상담 사례보고서

000 000집단 "------ ----"

슈퍼바이저 : ○○○ 교수님
집단리더 : ○○○ 상담자(별칭)
보 조 리 더 : ○○○ 상담자(별칭)
슈퍼비전 일시 : 201×.××.××.
슈퍼비전 장소 :

I. 집단 소개

1. 집단상담 접근방식
- (비)구조화 집단상담
- 게슈탈트 집단상담 (배경이 되는 집단상담 이론 간단히 작성)

2. 집단운영 방법과 형태
1) 집단운영 방법 : 주 1회 1시간, 10회 (20시간)
2) 형 태 : 폐쇄성/개방
3) 집 단 구 성 : 리더 1명, 코리더 1명, 집단원 ○○명
4) 집단상담 실시기관 :
5) 집단상담 실시기간 :

II. 집단 프로그램

1. 집단프로그램 소개

2. 프로그램 목적

3. 프로그램 구성 배경

4. 집단상담 준비과정

5. 회기별 주제 및 활동

회기	주제 및 회기 목표	전체 프로그램에서 각 회기의 역할과 의미	활동별 소요시간	준비 물
1	주제:			
	활동:			
	목표:			
2	주제:			
	활동:			
	목표:			
~	주제:			
	활동:			
	목표:			
10	주제:			
	활동:			
	목표:			

III. 집단상담 목표

1. 집단상담 전체의 목표

2. 집단상담 장기 목표

3. 집단상담 단기 목표

1. 집단 소개
* 해당 집단상담 접근 방식(구조화, 반구조화, 비구조화 등)과 배경이 되는 집단상담이론(게슈탈트, T-집단 등), 집단 운영 방법과 형태(집단 프로그램의 일시, 장소, 대상자, 집단상담자) 기재

2-1. 집단 프로그램 소개 (1)
* 해당 집단 프로그램의 소개와 주요 목적을 간략히 제시, 운영하게 된 계기, 준비 과정(요구도 조사, 구성 절차, 홍보, 사전 면담 등)

2-2 집단 프로그램 소개 (2)
* 구조화 집단 시, 회기별 활동명, 주요 활동 내용, 회기의 목표, 소요 시간, 준비물 등 기재

3. 집단상담 목표
* 해당 집단 프로그램 전체의 목표, 장기 목표(집단원들이 프로그램 끝날 때 개인적으로 이루어야 할 목표), 단기 목표(장기 목표로 가기 위한 회기 내에서의 목표)를 세분화시켜서 기술

4. 집단원

* 해당 집단 프로그램에 참여하는 집단원에 대한 진술
  (집단원의 별칭, 별칭 이유, 성별, 나이, 학년, 주 호소문제, 사전 면담 내용, 개인 참여 목표, 사전 검사 결과, 집단원의 주요 정서, 행동 특성, 집단원의 출석 사항, 집단원의 개별 목표, 이전 상담 경험 등 기재)

5. 집단 과정

* 해당 집단 프로그램이 진행되면서 중요하게 나타난 주제, 과정 등의 내용 기술
  (참석자, 회기 주제, 회기 목표, 준비물, 회기 평가 및 개선안, 다루어졌던 주제(내용 및 과정에서 나타난 쟁점), 활동 내용, 집단원의 저항 및 대응, 진행 중 전환에 대한 상세한 기술, 회기 평가, 회기 축어록, 상담자 자기 성찰 등)

6. 집단역동

대표적 역동은 집단 전체 역동, 대인 간 역동이 있고, 집단 상담자와 집단원, 집단원과 집단원의 역동을 분리해서 표시할 수도 있음.

－집단상담자－집단원 간 역동을 알아보기 쉽게 표현(예: 동조 지지는 ○, 보통은 △, ×는 불편 등)
－집단원 간 역동은 대인 간 역동에서 전체적으로 두드러지는 갈등 관계, 긍정적인 관계, 융합된 관계, 무관심한 관계 등 다양한 관계 역동의 표시를 통해 표시
－특별히 슈퍼비전을 위해서 지도를 받고 싶은 특정 시점에 대한 중요한 역동이 있다면 그 시점에 대한 역동을 그림과 글로 진술 가능

7. 집단상담 평가(결과)

  1) 전체 집단상담 과정과 결과에 대한 평가

    －집단에 대한 집단상담자의 평가(집단 프로그램의 사전 계획에 기술된 집단상담 프로그램의 시간, 장소, 대상, 목표 회기별 내용 등이 집단상담 결과나 과정 효율성에 비추어 보았을 때 효과적이었는지 여부를 서술)

  2) 집단원들의 평가(피드백 등)

    －만족도 평가나 회기 평가, 평가 소감, 집단원 개인별 평가는 표로 만들어서 집단원별로 사전 모습과 사후 모습을 제시

8. 슈퍼비전에서 도움 받고자 하는 것

  * 해당 집단 프로그램을 진행하면서 집단상담자가 겪었던 어려움과 슈퍼비전을 통해서 얻고자 하는 부분 기술

9. 축어록 및 비디오 자료

  * 집단상담 슈퍼비전을 위해 슈퍼비전 받고 싶은 중요한 부분 20~30분 분량 이상을 축어록으로 제시. 또는 녹화 자료가 있다면 이 부분 역시 슈퍼비전 받고 싶은 부분을 20~30분 분량을 비디오 자료로 제시

참고 자료: 집단상담 슈퍼비전 보고서 샘플

집단상담 사례 보고서
(의사소통 향상 집단상담)

슈퍼바이저: ○○○ 교수님
집단상담자: ○○○ 상담재(에그)
슈퍼비전 일시: 202×.××.××.
슈퍼비전 장소: ○○대학교

I. 집단 소개

1. 집단상담 접근 방식

－(반)구조화 집단상담, 마라톤 집단상담, 의사소통 집단상담

2. 집단 운영 방법과 형태

1) 집단 운영 방법: 2일(7.5시간 × 2일 ＝ 15시간)

2) 형태: 이질 집단, 폐쇄형 집단, 심리교육 집단

3) 집단 구성: 집단상담자 1명, 코리더 1명, 집단원 ○○명

4) 집단상담 실시 기간: 202×. ××. ×× ～ ×× (2일간)

5) 집단상담 실시 기관: ○○대학교 학생상담센터

II. 집단 프로그램

1. 집단 프로그램 소개

대학생의 의사소통 점검 및 의사소통 기술 향상을 위하여 여름방학 중 마라톤 집단으로 운영되었다.

2. 프로그램 목적

1) 자신의 의사소통 특성을 점검한다.

2) 집단 활동을 통하여 대인관계 속에서 진솔하게 관계하기 위한 효과적인 의사소통
   기술을 습득한다.

3. 프로그램 구성 배경

소속 상담 기관의 여름방학 집단상담 프로그램 사업의 일환으로 대학생들의 주요 고
민인 의사소통 관련 집단을 운영하게 되었다.

4. 집단상담 준비 과정

대학 내 집단상담 프로그램 요구도 조사를 통해 주제가 선정되었으며, 프로그램 구성
을 위해 집단상담자와 상담소장이 의논하여 대학생 의사소통 향상 집단상담 프로그램
논문 등을 참고하여 회기를 구성하였다. 집단상담 홍보는 게시판, 문자, 온라인 게시판,
개인상담 내담자들을 대상으로 진행하였으며, 상담소 사정상 상담자의 사전 면담 과정
은 생략되었다. 하지만 인턴 상담자가 신청자에게 개별적으로 연락을 하여, 집단상담에
대한 소개, 유의 사항 등에 대해 안내하였다.

5. 회기별 주제 및 활동

회기	주제 및 회기 목표	전체 프로그램에서 각 회기의 역할과 의의	준비물
1	주제: 친밀감 형성 및 오리엔테이션 시작 활동(Warm-up): 당신의 이웃을 사랑하십니까)/별칭 짓기/짝지어 소개하기 목표: 첫 회기의 긴장감 및 어색함 해소, 신뢰감 형성	–집단 시작의 어색함을 신체 활동을 통해 긴장된 분위기를 전환한다. –프로그램을 안내하고 집단의 운영 과정 및 규칙을 설명한다. –자신의 별칭을 짓고 짝지어 소개함으로써 서로의 이야기에 경청하고 상대를 집단원에게 소개하도록 한다.	활동지, 서약서, 명찰, 사인펜 외

2	주제: 의사소통 방식 확인하기	-Tele 게임: 주어지는 주제와 상황을 통해 집단원끼리 서로에게 피드백을 제공하는 동시에 집단 내에서 개인 간에 존재하는 역동과 에너지를 느낄 기회를 제공한다. 집단응집력을 촉진한다. -집단 안에서의 나: 자신의 의사소통 패턴을 발견한다. 또한, 집단 안에서의 영향력, 리더십이란 진심으로 상호작용을 하는 것이라는 것을 체험한다.	활동지 필기류 별칭 명찰
	시작 활동(Warm-up): Tele 게임, 의사소통 걸림돌		
	목표: 나의 의사소통 방식을 확인한다.		
3	주제: 나의 의사소통 걸림돌	-의사소통에서 방해를 받는 부분이 무엇인지 탐색하고 수정할 수 있도록 한다.	활동지 필기류
	활동: 의사소통 걸림돌 WORK SHEET 작성		
	목표: 나의 의사소통 걸림돌을 찾는다.		
4	주제: 경청 & 공감	-말을 듣고 전하는 과정을 통해 구체적이고 정확하게 듣고 이해해야 됨을 느낀다. -의사소통에서 생기는 오류와 그 오류로 인해 오해가 생길 수도 있다는 점을 알게 된다. -자신의 틀에 맞추어 상대방의 말을 받아들이고 있음을 깨닫게 된다.	도화지 색채 도구 활동지
	활동: 방과 방 사이/공감 연습		
	목표: 경청의 중요성을 확인하고 공감의 방식을 실천한다.		
5	주제: I-message	-집단의 장 안에서 자신의 현재 상태에 주의를 기울이도록 하여 현재 감정을 표현하는 형용사로 이야기하도록 한다. -〈'나-전달법'〉을 WORK SHEET를 활용하여 배운 후 숙지하도록 한다. -관계에서 일어날 수 있는 상황을 설정하고 나-메시지와 느낌 보고를 롤 플레이 하도록 한다.	활동지 필기류
	활동: 현재 나의 감정 표현하기/나-전달법 활용 역할극		
	목표: 건강한 의사소통 방식인 나-전달법에 대해 배우고, 역할극을 활용하여 연습해 본다.		
6	주제: 종결	-활동을 통해 모든 집단원이 주인공이 되도록 하고 난 후에, 전체 과정을 통해서 자신에 대해 느낀 점이나 깨달은 점에 대해 경험을 나눈다.	
	활동: 피드백/마무리		
	목표: 집단상담을 통해 배운 의사소통 방식을 정리하고, 서로에게 피드백한다.		

III. 집단상담 목표

1. 집단상담 전체의 목표

−집단원 간의 소통의 문제점을 발견하고, 건강한 의사소통 기술을 연습하도록 한다.

−집단에서 의사소통과 관련된 자신의 문제를 이야기하고 집단원의 피드백을 들으며 나의 의사소통의 특성과 문제점을 타인의 시각을 통해 객관적으로 본다.

2. 집단상담 장기 목표

−감정표현을 통해 자신의 마음을 전달하도록 한다.

−타인의 감정에 공감하는 연습을 하도록 한다.

−타인에게 상처 주지 않고 자신의 마음을 전달할 수 있도록 한다.

3. 집단상담 단기 목표

−나의 의사소통 유형 점검하기

−나의 의사소통 걸림돌 알기

−건강한 의사소통 방식 실천하기

IV. 집단원

1. 집단원의 이해 및 개별 목표

별칭	별칭 의미	집단원 이해 및 개인별 목표
지혜 (여, 21)	의사소통의 지혜를 배우고 싶어서	목표: 의사소통에 대한 자신감을 기르고 싶다. 사람들 앞에서 상처 주지 않고 말하는 연습을 하고 싶다.
		참여 동기: 최근에 친했던 친구와 다툰 경험, 친구가 나의 말에 상처를 많이 받는다고 하였다.
		사전 면담 내용: −
		사전 검사 결과: −
		가족: 엄마, 나

		인상: 씩씩한, 잘 웃지 않는 특성: 매 회기 시작 10분 전에 와서 같은 자리에 앉음. 주요 정서: 씩씩함, 단호함, 시니컬한
벌벌 (남, 23)	어리버리해서 사람들 앞에서 불안이 높아서	목표: 사람들 앞에서 떨지 않고 말하고 싶다.
		참여 동기: 개인상담을 받는 중, 의사소통 관련 집단을 소개받았다. 사람들을 만나고 싶어 대학교에 입학하자마자, 다른 집단상담(발표 불안, 스트레스 해소) 집단에도 참여하였다.
		사전 면담 내용: –
		사전 검사 결과: –
		가족: 부모님, 여동생 2명
		인상: 왜소한 체격, 굵은 뿔테 안경을 씀. 여성스러움. 특성: 다른 사람에게 먼저 말을 걸려고 노력함. 불안과 우울로 인해 약물 복용 중임. 주요 정서: 긴장한, 신중한, 수줍은
짱돌 (남, 23)	주변 사람들이 확고하고 단단해 보인다고 지어 준 별명	목표: 과대표, 동아리 회장 등을 하고 있어서 적당한 리더십을 기르고 싶다.
		참여 동기: 대표로 있을 때가 많아 내가 나대는지, 카리스마 있게 잘하는 건지 헷갈릴 때가 많다. 의사소통을 잘하는 집단상담자가 되고 싶다.
		사전 면담 내용: –
		사전 검사 결과: –
		가족: 부모님, 나
		인상: 연예인 같은 외모, 인사를 깍듯이 함. 호탕하게 웃음. 특성: 다른 사람이 힘든 이야기할 때, 비웃는 듯한 미소를 보임. 주요 정서: 자신만만한, 냉소적인, 단호한
들꽃 (여, 45)	들꽃처럼 편안하게 살고 싶어서	목표: 가족, 친구들과 편안한 의사소통을 하고 싶다.
		참여 동기: 아이들을 다 키워 놓고 뒤늦게 대학생이 되었는데 다양한 프로그램에 참여하고 싶다.
		사전 면담 내용: –
		사전 검사 결과: –

		가족: 남편, 딸 2명, 시어머니
		인상: 피곤한, 나서는, 가르치는 특성: 다른 집단원에게 조언이나 충고를 많이 함. 주요 정서: 완벽한, 정확한, 깐깐한
소리 (여, 25)	목소리 높여 내 의견을 말해 보고 싶어서	목표: 대인관계에서 내 의견을 당당하게 말하고 싶다.
		참여 동기: 주로 타인의 생각대로 행동하고 움직이는 편이다. 내 의견을 말하지 못하는 데서 오는 답답함 때문에 신청했다.
		사전 면담 내용:-
		사전 검사 결과:-
		가족: 아빠, 언니, 오빠
		인상: 단발머리, 잔잔한 미소를 짓고 목소리가 작은. 또래에 비해 어린 느낌 특성: 들꽃을 잘 따르는 모습을 보임. 주요 정서: 억압, 남들의 평가에 민감, 조심스러움
툴툴 (남, 27)	말을 툭툭 내뱉는 편이어서	목표: 다른 사람의 말을 잘 경청하고 싶다.
		참여 동기: 사람들에게 관심이 많고 의사소통 방법에 관심이 많다.
		사전 면담 내용: -
		사전 검사 결과:-
		가족: 부모님, 동생
		인상: 근육질인, 사람들 앞에서 위축되지 않는, 모든 활동에 적극적으로 참여하는 특성: 모든 집단원에게 관심을 보임. 말을 많이 함. 주요 정서: 수다스러움, 활기찬, 적극적인, 즐거운

2. 집단 출석률(총 6명 중 6명 수료)

회기 \ 집단원	지혜	벌벌	짱돌	들꽃	소리	툴툴	출석
1	O	O	O	O	O	O	6/6
2	O	O	O	O	O	O	6/6
3	O	O	O	O	x	O	5/6
4	O	O	O	O	O	O	6/6
5	O	O	O	O	O	O	6/6
6	O	O	O	O	O	O	6/6

V. 집단 과정

1. 회기 보고서

1회기	일시: 2023. 6. 30. 시간: 10:00~12:30(150분)
참석자	지혜, 벌벌, 짱돌, 들꽃, 소리, 툴툴, 에그(집단상담자)
회기 주제	신체 활동을 통한 친밀감 형성, 프로그램 안내 및 별칭 짓기, 짝지어 소개하기
준비물	채색 도구, 명찰, A4용지, 볼펜
회기 평가 및 개선안	▶ 자기소개 시간에 툴툴의 강렬한 자기 개방에 대해 집단상담자가 범위를 지어 제안하였는데, 이것이 집단 참여의 자유로움을 방해했는지 점검
다루어졌던 주제 (내용, 과정 쟁점)	▶ 별칭 소개를 통해 자신의 주요한 의사소통 방식 및 감정 특성에 대해 인식함. ▶ 집단에서 나타나는 자신의 상호작용 패턴에 대해 알아보고 개인별 목표 및 집단 목표를 다루면서 친밀감을 형성함.
집단원의 저항 및 대응	▶ (들꽃 → 집단상담자) 집단상담자가 너무 젊은데 집단상담 경험이 있는지 질문함. 1회기 내내 집단상담자를 관찰하는 듯 참여를 보임.

진행 중 전환에 대한 상세한 기술 (활동 내용 및 축약 축어록)	▶ 사전 검사 10시 시작인데 지혜, 짱돌, 들꽃만 옴. 집단원들이 오는 순서대로 사전 검사를 하고, 늦게 시작되는 것에 양해를 구함. ▶ '당신은 당신의 이웃을 사랑하십니까?' 아이스 브레이킹 처음에는 민망한 눈빛으로 서로 쳐다보았으나 서로 웃고 다가가는 등 분위기가 좋아짐. 툴툴이 가장 즐거워하면서 참여함. 짱돌은 처음에는 쭈뼛하더니 게임을 할 때나 상담자가 이야기할 때 가장 많이 웃음. ▶ 집단 오리엔테이션(집단상담자 소개/프로그램 소개) ▶ 별칭 짓기 후 짝지어 소개하기 옆에 앉은 사람과 짝지어 자신의 상태, 별칭, 집단 참여 목표 등에 대해 이야기하도록 함. 처음에는 서로 어색해하였으나 곧잘 이야기를 나눔. 이를 통해 어색함을 해소하고, 다시 전체에게 서로에 대해 소개를 하도록 함으로써 자기 개방의 불안감을 낮춤. ▶ 소감 나누기
회기 평가	−집단 참여의 두려움, 부담감을 편하게 이야기하도록 하여 편안한 분위기가 형성되었으나, 짝지어 소개하기를 통해 벌써 하위 집단이 생긴 듯함. −짱돌은 항상 마지막에 자신의 이야기를 하였음. 위에서 아우르는 듯 다른 이들을 바라보며 나이 든 사람, 나이가 어린 사람은 서로 생각 차이가 크다고 이야기함. 스물일곱 살도 나이가 많게 느껴진다고 함. 특히, 짱돌은 들꽃에게 거부감을 가지는 듯하였고, 벌벌은 소리에게 호감을 가지는 모습을 관찰함.
상담자 자기 성찰	−늦게 시작되면서 우왕좌왕한 듯하였으나, 첫 회기를 잘 마무리한듯하여 기분이 좋았음. 단, 짱돌과 들꽃의 태도가 신경이 쓰이고 실수하면 안 될 것 같은 마음이 듦.

⋮

VI. 집단역동

1. 집단역동 분석

1) 집단상담자-집단원 간 역동(○: 동조 · 지지, △: 보통, ×: 불편)

−	지혜	벌벌	짱돌	들꽃	소리	툴툴
집단상담자(에그)	△	○	×	×	○	○

2) 집단상담자-코리더의 역동(둘의 역동이 있었다면)
　-없음

3) 집단원 간 역동(집단상담자 및 코리더 제외)

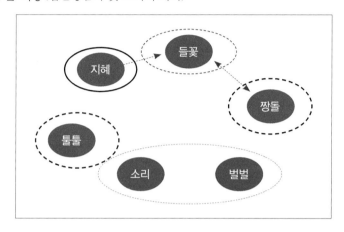

(점선 굵은 타원)	**툴툴, 짱돌** 적절한 자기 공개와 소통을 하지만 감정이나 느낌을 표현하기 어려워하는 집단
(가는 점선 타원)	**들꽃** 전체를 관망하는 집단. 자연스럽게 집단이 흘러가길 바람
(굵은 실선 타원)	**지혜** 집단원들에게 촉진적 질문이나 탐색적 질문을 많이 함. 집단원의 깊은 곳을 탐색하려고 함
(가는 실선 타원)	**소리-벌벌** 서로에게 힘을 실어 주고 싶어 함
(점선 화살표)	**들꽃 → 짱돌** 탐색적 질문, 직면

VII. 집단상담 평가(집단상담 결과)

1. 집단상담 프로그램 결과

- 다양한 의사소통 유형(비난형, 회유형, 초이성형 등)을 지닌 집단원 간의 상호작용으로 집단원들이 자신의 의사소통 유형을 파악하고, 집단원의 피드백을 통해 개선하려고 노력하였다.
- 갈등이나 집단상담자에 대한 공격이 있을 때 이를 의연하게 대처하기 어려워하여 전체 집단역동에 부정적 영향을 끼쳤다.

2. 집단원들의 평가(집단원이 작성한 피드백)

- 여러 사람들 앞에서 이야기해 보는 경험이 좋았다. 자신감 없는 모습이지만 다른 사람의 공감과 지지를 통해 용기를 얻게 되었다.
- 다양한 의사소통 연습을 해 볼 수 있어 좋았다. 매주 장기적으로 있다면 계속 연습해 보고 싶다.
- 실제 연습을 다양하게 해 보고 싶다.
- 의사소통 유형을 알게 되어 신기하고 좋았다.

3. 개인별 변화(집단원별 사전 사후)

사전	별칭	목표	사후
집단 시작 시 다리를 꼬고 있는 등 타인에게 공격적인 모습을 보임	지혜	의사소통에 대한 자신감을 기르고 싶다. 사람들 앞에서 상처 주지 않고 말하는 연습을 하고 싶다.	집단이 진행될수록 다른 사람의 이야기에 귀 기울이고 관심을 보이며 질문함. 판단하는 초이성형의 자신의 의사소통 유형을 알고, 타인의 마음을 고려하여 이야기하려고 함.
자신감이 없는 듯한 모습으로 잘 웃지 않음	벌벌	사람들 앞에서 떨지 않고 말하고 싶다.	처음에는 사람들 앞에서 이야기하는 걸 어려워하였으나 차츰 자신의 생각을 이야기함. 특히, 자신을 무시하는 듯한 짱돌의 태도에 대해 자신의 솔직한 감정을 적절히 표현해 봄.

| 거만한 태도로 앉아 다른 사람을 평가하듯 이야기함. 항상 마지막에 이야기함으로써 자신이 회기를 전체 정리하고자 함. | 쨍돌 | 과대표, 동아리 회장 등을 하고 있어서 적당한 리더십을 기르고 싶다. | −세 살 정도 차이나도 세대 차이가 느껴진다고 하면서 초기에는 나이가 많은 들꽃, 툴툴과 이야기를 안 하려고 하였으나 이내 타인의 의견을 받아들임.
−벌벌에 대해 무시하는 듯한 태도로 말을 잘 하지 않았으나 회기가 끝날 때쯤 진중한 마음으로 사과함. |
| ⋮ | ⋮ | ⋮ | ⋮ |

VIII. 슈퍼비전에서 도움 받고자 하는 것

1. 진행 시 어려움

−사전 선별을 하지 못해 집단원 파악을 미리 할 수 없어 어려움

−나이 차이가 많이 나는 들꽃을 어떻게 대학생 집단에 어우르게 할지 어려움

−다양한 역할극을 시도해 보고 싶었으나 시간 조정의 어려움

2. 슈퍼비전을 통해서 얻고자 하는 것

−집단원들이 늦게 오고, 주제를 가지고 구조화된 상담을 꾸리다 보니 이야기를 나눌 시간이 조금 부족한 것 같습니다. '의사소통'이라는 주제를 구조화를 하려다 보니 해야 할 게 많다고 느껴졌는데 어떻게 하면 더욱 효율적으로 의사소통 집단상담을 꾸려 나갈 수 있었을까요? 비구조화 집단을 사실 해 보고 싶었습니다.

축어록

벌벌 1: 코로나가 풀리면서 동아리 회식할 때, 선배나 후배가 말을 걸면 어떻게 해야 할지 몰라서 침묵……을 좀 침묵을 했던 적이 있었어요. 어떻게 말을 해야 할지 몰라서. 어떻게 말해야 되지? 이거? 어떻게 말해야지 내가 잘 말했다고 할 수 있지? 말을 할 때 너무 긴장되는데 말했다가 놀림당하면 어떻게 하지? 고등학교 때처럼…….

짱돌 1: 한숨 쉼.

벌벌 2: 사람들이 말을 걸 때 마다 그냥 긴장돼요.

짱돌 2: 말하는 게 왜 뭐가 어려워요?

에그 1(집단상담자): 벌벌님은 사람들과 말을 해야 할 때 긴장이 된다고 이야기했어요. 그 이야기에 짱돌님은 한숨과 함께 말하는 게 왜 어려울까 의문이 생기나 봐요.

벌벌 3: 그러니까. 그게…… 제가 그냥 긴장되나 봐요. 그런 상황이 되면…….

에그 2(집단상담자): 짱돌님. 지금도 긴장이 되나요?

벌벌 4: 지금도 조금 긴장이 되긴 하는데…… 그래도 몇 번 만났다고 편해지긴 해서…….

들풀 1: 그래도 저희랑은 좀 편해졌다고 해서 다행인 것 같아요. 제가 생각해도 짱돌님이 전보다 좀 편해져 보여요.

에그 3(집단상담자): 들풀님이 벌벌님을 지지하는 것 같아요. 그 마음이 참 고맙네요. 혹시 다른 분들은 이렇게 사람들 사이에서 말을 해야 할 때 긴장된다고 하는 벌벌님에게 어떤 이야기를 하고 싶나요?

소리 1: 저는 조금 이해가 돼요. 저도 처음에 이야기했듯이 무언가를 말하는 게 쉽지 않거든요. 그래서 지금 벌벌님이 얼마나 긴장될지 공감도 되고, 또 어떻게 도움을 드릴 수 있을까? …… 그냥 같이 고민하고 있었어요. 그리고 짱돌님의 당당함이 좀 부럽기도 하고요.

짱돌 3: 하하하. 제가 그렇게 당당한가요? 전 그냥 하고 싶은 말을 하는 편이긴 한데. 흠. 좀 어떤 게 어렵나 생각해 보긴 해야겠네요.

벌벌 5: 아, 그러네요. 제가 어떤 것 때문에 힘든지는 이야기 안 했네요.

에그 4(집단상담자): 모두들 한 마음으로 벌벌님을 돕고 싶어 하는 것 같아요. 벌벌님 특별히 어렵고 힘든 자리가 있을까요?

벌벌 6: 아 농담이요. 농담에 어떻게 반응을 해야 할지…… 농담인데 거기에서 정색을 하고 그러면 분위기가 확 다운될 테고, 장난으로 받아쳐야 하는데 저는 솔직히 기분이 좀 별로이기도 하고. (짓궂은 농담으로 힘든 이야기를 함)

에그 5(집단상담자): (주변을 살펴보며) 음…… 툴툴님이 계속 이야기를 들으시면서 표정이 심각해지기도 하고 그랬는데 어떤 마음이 들었어요?

소리 1: 저도 사람들하고 잘 지내도 장난을 심하게 치진 않는데…… 전, 솔직히 누가 저한테 장난치는 걸 대개 싫어하거든요. 저도 재미없다는 소리 대개 많이 들어서. 전 그 자리에선 그냥 정색하기 뭣하니까 이야기하지 않고, 표정이 안 좋아지는 것 같아요. 지금처럼…….

짱돌 4: 아니 그런데 사회생활을 할 때 어느 정도 장난은 필요하지 않나요? 군대 가면 더 할 텐데…… 흠.

소리 2: 그러면 짱돌님은 그럴 때 어떻게 하시나요? 장난이 기분 나쁠 수도 있잖아요.

(후략)

집단상담 시작
활동(Warm-up) 모음

활동 모음 1. 「자기소개를 통한 친밀감 및 신뢰감 형성」

1.「성인 및 전 연령」활동

> 활동 1: 별칭 짓고 별칭에 얽힌 사연 말하기

• 적용 대상: 중·고등학생, 대학생, 성인

• 참여 인원: 6~12명

• 소요 시간: 30분

• 준비물: 이름표, 사인펜, 옷핀 등

• 진행

　① 집단원 모두가 잘 보이도록 원을 만들어서 자리에 앉는다.

　② 불리고 싶은 별칭을 정한 후, 별칭을 지은 이유를 설명하도록 한다. 먼저 이야기하려는 사람이 없을 때는 집단상담자가 먼저 소개한다.

　③ 집단원의 비언어를 잘 관찰하여 몸이 앞으로 나오거나, 입을 조금씩 움직이는 사람을 참여하도록 격려한다. 망설이거나 집단에 집중하지 못하는 사람을 끌어들여도 좋다.

　④ 별칭 소개가 끝나면 서로에 대해 궁금한 점을 묻거나, 이야기를 듣고 마음에 남는 이야기에 대해 피드백할 수 있도록 한다. 이때, 지금 자신의 심정과 소개자로부터 새롭게 발견한 것 등 집단 내부에 초점을 두고 이야기할 수 있도록 한다.

• 기대 효과

　① 긴장감이 해소되고 자유로워진다.

　② 참가자들의 각자 개성을 발견하게 되며, 자기와 타인의 지각을 이해할 수 있다.

② 집단원 서로에 대한 친밀감 형성 및 인간 이해와 수용이 증진된다.

③ 집단의 분위기를 친밀한 상태로 발전시킨다.

• 유의 사항

① 집단원 스스로 별칭을 정할 수 있도록, 별칭을 암시하거나 지워 주는 행동은 삼 간다.

② 집단상담 기간 동안 모두 별칭을 사용할 수 있도록 주지한다.

③ 별칭을 짓는데 너무 오랜 시간이 걸리지 않도록 살핀다.

TIP 변형된 작업으로 내가 집단을 통해 얻고 싶은 것, 버리고 싶은 것을 3가지 형용사로 표현하는 등의 활동을 추가할 수 있다.

활동 2: 공통점 찾아 소개하기

• 적용 대상: 중 · 고등학생, 대학생, 성인
• 참여 인원: 6~12명(중, 대집단도 가능)
• 소요 시간: 30~50분
• 준비물: 없음

• 진행

① 집단원들이 둥글게 앉는다.

② 집단상담자가 앞으로 나와 짝짓기 게임을 몇 번 하다가 2~3명씩 짝을 지으라고 한다.

③ 짝을 지은 사람들끼리 공통점을 찾아보라고 한다. 이때 공통점은 눈에 보이지 않는 것을 찾게 하면 집단원들끼리 상호작용이 더 많아질 수 있다.

④ 짝 지은 사람들은 자신들의 공통점을 전체 집단에게 소개한다.

• 기대 효과

① 게임을 통해 집단의 긴장을 완화한다.

② 공통점을 찾도록 함으로써 상호작용하게 하고 서로에 대해 알게 한다.

③ 짝지은 사람들은 자신들의 공통점을 전체 집단에게 소개한다.

• 유의 사항

① 이 활동은 어디까지나 자기소개를 간략하게 하기 위한 것이다. 짧은 시간 동안에 많은 사람들을 소개할 수는 있지만 심층적인 소개는 어렵다는 점에 유의한다.

활동 3: Good/Bad 소개하기

• 적용 대상: 중 · 고등학생, 대학생, 성인

• 참여 인원: 6~10명

• 소요 시간: 50분

• 준비물: 빈 의자 2개

• 진행

① 각자 자신의 좋은 면과 나쁜 면을 2가지 이상 마음속으로 생각한다.

② 앞에 놓인 빈 의자를 하나는 좋은 의자, 하나는 나쁜 의자라고 정하고 좋은 의자에 앉으면 자신의 좋은 면을 이야기하고, 나쁜 의자에 앉으면 자신이 말하기 꺼려 하는 자신의 모습에 대해서 이야기한다.

③ 전체가 한 번씩 '좋은 의자'와 '나쁜 의자'에 앉아서 자기소개를 하고 느낌을 나눈다.

• 기대 효과

① 자신을 타인에게 소개하고 친밀감을 형성하기 위한 방법이다.

② 자신의 장점과 단점을 이야기함으로써 자신을 통합적으로 소개할 수 있고 집단의 목표 설정 시 도움을 줄 수 있다.

• 유의 사항

　① 초기에 너무 심각한 부정적인 이야기가 나오지 않도록 조절하는 것이 필요하다.

　② 단점으로만 자신을 기술하는 집단원의 경우 장점을 부각시켜 주고 장점만을 부가하는 경우 단점에 대해서도 이야기할 수 있도록 격려한다.

출처: 권경인(2008).

2.「아동·청소년」중심 활용

활동 4: 나 닮은 것 찾기

• 적용 대상: 중·고등학생

• 참여 인원: 6~12명

• 소요 시간: 30분

• 준비물: A4용지, 볼펜이나 사인펜, 사진 자료

• 진행

① 집단상담자는 임의로 준비한, 다양한 속성을 가진 사진(예: 달력, 의자, 색연필, 로봇, 가면, 지갑, 휴대전화, 개)을 보여 준다. 사진은 집단원의 수 또는 그 이상을 준비한다.

② 참여자들에게 제시된 사진 중에서 가장 자신을 잘 나타내는 사진 1장을 선택하도록 한다.

③ 이후, A4용지에 다음 2가지 질문에 대한 생각을 적는 시간을 갖는다.

　－'나 자신과 사진의 특성이 서로 닮은 점은 무엇인가요?'

　－'나 자신과 사진의 특성이 다른 점은 무엇인가요?'

④ 집단상담자는 참여자들이 서로의 의견을 나눌 시간을 갖게 한다. 즉, 자신이 어떤 사진을 선택했는지, 그 사진의 특성이 사진과 어떤 점에서 닮았는지, 그리고 어떤 점이 다른지에 대해서 설명하도록 한다.

⑤ 이때, 집단상담자는 다음과 같은 질문을 할 수 있다.

　－왜 이 사진을 선택했나요?

　－이 사진의 특성은 무엇인가요?

　－사진 속의 대상이 자신에게 말을 한다면 어떤 말을 할까요?

　－그 말에 대해 자신이 대답을 해 본다면 어떤 말을 할 수 있을까요?

• 기대 효과

　① 자신을 투사한 사물의 속성으로부터 자기를 이해하고 발견할 수 있다.

　② 사실 정보를 넘어 개인의 특성에 대한 깊이 있는 이해를 할 수 있다.

• 유의 사항

　① 제시된 사진에 자신과 닮은 것이 없으면, 원하는 사물을 선택하도록 한다.

　② 같은 사진을 선택한 집단원 간에 공통점과 차이에 관해 이야기함으로써 집단원

　　간의 이해와 상호작용을 촉진할 수 있다.

　TIP　변형된 작업으로 자신의 과거, 현재, 미래의 이미지/상황을 잘 드러내는 사진을 1장씩 선정하고,

　선택된 사진에 대해 돌아가면서 설명하는 활동을 고려할 수 있다.

활동 5: 퀴즈, 내가 누구게?

• 적용 대상: 아동 · 청소년

• 참여 인원: 6~12명

• 소요 시간: 30분

• 준비물: A4용지, 볼펜이나 사인펜 등 필기류, 바구니 또는 상자

• 진행

　① 배부된 A4용지에 나에 대한 이야기를 다섯 가지 작성하도록 한다.

　　(질문의 예: 나의 별명은? 나의 습관은? 나의 장단점은? 내가 좋아하는 것은? 나

　　의 소망은? 나를 표현할 수 있는 단어는? 등)

　② 활동지를 접은 후 상자나 바구니에 넣도록 한다.

　③ 차례대로 집단원 한 사람씩 나와 종이를 뽑은 후, 작성된 내용을 읽도록 한다.

　④ 해당되는 주인공이 누구인지 알아맞히도록 한다. 주인공으로 지목된 집단원은

　　일어나서 자신이 맞는지, 아닌지 밝히도록 한다.

　⑤ 주인공이 밝혀지면 주인공이 나와서 쓴 내용에 대해 자신을 좀 더 자세히 설명

한다.

⑥ 만약 주인공이 다르게 지목되었다면 그렇게 생각한 이유에 대해 물어본다.

• 기대 효과

① 퀴즈 형식으로 집단원에게 흥미를 유발할 수 있다.

② 자신에 대해 중요한 것을 생각해 볼 수 있다.

• 유의 사항

① 게임 형식으로 간략히 끝내는 것이 아니라, 주인공이 밝혀진 후 다른 집단원들의 질문을 통해 주인공에 대해 세밀하게 소개하고 서로에 대한 궁금증을 해소하는 시간을 갖는다.

② 집단상담자가 다양한 질문이 담긴 활동지를 제작하여 배부할 수 있다.

활동 6: 초상화 그리기

• 적용 대상: 아동 · 청소년
• 참여 인원: 6~12명
• 소요 시간: 30분
• 준비물: A4용지, 색연필 외 필기류

• 진행

① A4 종이를 반으로 접는다.

② 내 얼굴의 생김새에 대해 설명하는 글을 반으로 접은 종이 왼쪽 편에 적는다.

③ 설명을 다 적고 나면 집단상담자는 종이를 모두 걷어서 잘 섞은 후 집단원에게 골고루 한 장씩 나누어 준다.

④ 받은 종이의 설명을 보고 적힌 내용에 대해 충실하게 그림을 그린다.

⑤ 모두 함께 그린 그림을 보며 누구인지 맞혀 보고, 설명을 읽은 후 주인을 찾아 준다.

• 기대 효과

　① 집단원 서로를 관찰함으로써 친밀감을 형성할 수 있다.

• 유의 사항

　① 그림을 못 그린다고 말하는 집단원이 있을 경우, 그림 실력을 보고자 함이 아님
　　을 설명한다.

활동 7: 누가 누가 닮았나

• 적용 대상: 아동 · 청소년
• 참여 인원: 6~12명
• 소요 시간: 30분
• 준비물: 활동지, 필기류

• 진행

　① 활동지를 배부한 후, 질문에 대한 답을 작성하도록 한다.

　② 자유롭게 돌아다니며 자신과 닮은 사람을 찾아 나선다.

　③ 서로 인사한 후, 한 번에 한 가지씩 질문한 후, 이야기를 나눈 후 해당 칸에 서명
　　을 받도록 한다.

　④ 정해진 시간이 끝나면 모두 제자리에 앉고 서명을 받지 못한 내용이 어떤 것이
　　있는지 이야기 한다.

　⑤ 서명을 많이 받은 사람에게 시상할 수 있다.

• 기대 효과

　① 집단원 간의 긴장감을 해소하고 자연스러운 분위기를 조성할 수 있다.

　② 자기 개방의 기회가 된다.

• 유의 사항

① 만남의 시작에는 반드시 상대방과 하이파이브를 한다.

② 빈칸에는 상대방이 직접 서명하도록 한다.

③ 질문의 경우, 대상에 맞게 각색해서 활용할 수 있다.

④ 한 번에 한 가지 질문만 할 수 있게 하되, 해당 사항이 없는 경우 바로 헤어져야
한다.

⑤ 만약, 다른 집단원을 만나고 난 후 다시 집단원을 만나 질문하는 것은 허용한다.

〈**활동지(예시)**〉

누가 누가 닮았나?

	나는	서명 받기							
좋아하는 음식									
좋아하는 노래 장르									
장래희망									
취미									
발 크기									
즐겨보는 TV 프로그램 제목									
태어난 달									
좋아하는 운동									
혈액형									
좋아하는 색깔									
좋아하는 숫자									
좋아하는 계절									
연애 경험 횟수									
좋아하는 음료									
정말 자신 없는 일									

활동 8: 첫인상

• 적용 대상: 아동 · 청소년

• 참여 인원: 6~12명

• 소요 시간: 60분

• 준비물: 빈 의자

• 진행

　① 빈 의자에 한 집단원씩 나오도록 한다.

　② 빈 의자에 앉은 집단원의 첫인상에 대해 집단원들이 한 마디씩 이야기하도록 한다.

　③ 전체 다 돌아가면서 참여한 후 소감을 발표한다.

• 기대 효과

　① 집단원들 간에 신뢰감을 조성할 수 있다.

　② 다른 사람들에게 비춰진 자신의 모습에 대해 생각해 볼 수 있다.

• 유의 사항

　① 너무 부정적인 언급을 하지 않도록 분위기를 조성한다.

출처: 전국재, 우영숙(2009).

활동 모음 2. 「자기 개방을 통한 친밀감 및 신뢰감 형성」

1. 「성인 및 전 연령」 활동

> ### 활동 1: 가면작업

- 적용 대상: 중·고등학생, 대학생, 성인 집단
- 참여 인원: 8~12명
- 소요 시간: 약 90분 정도
- 준비물: 가면(집단원 수 × 2개), 크레파스, 사인펜, 빈 의자 4개, 싱잉볼(선택)

- 진행

① 하나의 가면 위에 '남들이 생각하는 나', '타인에게 보여 주고 싶은 나' 등 외면적인 나를 표현하고, 다른 하나의 가면 위에는 '진짜 내가 아는 나', '숨기고 싶은 나', '남들이 모르는 나' 등 내적인 나를 표현한다.

② 각각의 가면 이미지에 해당되는 소리나 문장 등 떠오르는 것들을 적어 본다.

③ 2개의 작업 가면 중 하나를 골라 쓰고, 4명이 한 팀을 형성하여 무대 앞에 배치된 의자에 앉는다. 나머지 집단원들은 그들의 관객이 된다.

④ 사회자가 신호를 주면(싱잉볼로 시작 신호, 작업 시간 5분~10분), 무대에 오른 4명이 그 가면에 해당하는 소리나 이야기 등을 반복적으로 자유롭게 소리 낸다.

⑤ 소리를 낼 때 의자에 앉아서 몸의 움직임을 자유롭게 할 수 있고, 같이 작업을 하는 사람과 대화극을 하는 것은 아니지만 자유롭게 서로 주고받으며 소리를 낼 수 있다.

⑥ 사회자의 종결 신호가 주어지면 움직임을 멈추고, 일어난 느낌에 대해 이야기한다.

⑦ 관객들도 관찰한 것들에 대한 피드백을 돌려준다.

• 기대 효과

　① 언어 · 비언어를 통해 자기에 대해 다양한 방식으로 개방할 수 있다.

　② 자기표현과 자발성, 그리고 집단원 간의 교감을 활성화함으로써 집단에 대한 흥미와 몰입을 높일 수 있다.

• 유의 사항

　① 자발성이 높고 자기표현이 자유로운 대상에게 적합할 수 있다.

　② 필요시, 무대에 오르기를 원하는 집단원을 중심으로 활동을 선택할 수 있도록 한다.

　③ 관객으로 참여한 집단원 역시 무대에 오르거나, 활동 후 논의를 통해 자기를 개방할 수 있는 기회를 갖도록 한다.

　④ 진지하게 활동에 참여할 수 있도록 분위기를 조성한다.

출처: 김정규(2015).

활동 2: 나의 정서 뿌리 찾기

• 적용 대상: 초등학교 고학년, 중 · 고등학생, 대학생, 성인 집단

• 참여 인원: 6~12명

• 소요 시간: 30분

• 준비물: A4용지, 필기도구

• 진행

　① A4용지에 다음과 같은 질문에 답하도록 한다.

　　–나를 슬프게 하는 것은 ＿＿＿＿＿＿＿＿＿＿＿＿

　　–나를 화나게 하는 것은 ＿＿＿＿＿＿＿＿＿＿＿＿

　　–나를 괴롭게 하는 것은 ＿＿＿＿＿＿＿＿＿＿＿＿

－나를 두렵게 하는 것은 ＿＿＿＿＿＿＿ ＿＿＿＿＿＿＿

② 각 상황에 대해 간단히 설명하고, 자신의 심정을 중심으로 발표한다.

③ 앞의 부정적 감정에 대한 질문이 끝나면 다음과 같은 긍정적 감정에 대해서도 생각한 후 발표하게 한다.

　　　－나를 기쁘게 하는 것은 ＿＿＿＿＿＿＿＿＿＿＿＿

　　　－나를 즐겁게 하는 것은 ＿＿＿＿＿＿＿＿＿＿＿＿

　　　－나를 신나게 하는 것은 ＿＿＿＿＿＿＿＿＿＿＿＿

　　　－나를 보람 있게 하는 것은 ＿＿＿＿＿＿＿＿＿＿＿＿

• 기대 효과

① 자신의 경험을 개방하고 신뢰감을 쌓는다.

② 사람들이 각각의 감정을 느끼는 상황이 서로 다름을 이해한다.

• 유의 사항

① 반드시 부정적 감정을 먼저 다루고 긍정적 감정에 대한 토의로 마친다.

② 활동의 일차적 목적은 자기 개방이므로 인지상담의 원리를 지나치게 강요하지 않도록 한다. 집단원 중 '상황보다 개인의 생각에 따라 감정이 좌우될 수 있는 것 같다'는 이야기가 나오면 간단히 동의하거나, 인지상담의 원리를 간략히 설명하고 본 활동을 재개한다.

③ Warm-up 활동으로 활용 시 2~3가지 질문으로 간략하게 사용한다.

출처: 권경인(2008).

활동 3: 두 가지 사실과 하나의 거짓말

• 적용 대상: 중 · 고등학생, 대학생, 성인 집단
• 참여 인원: 6~10명
• 소요 시간: 15~30분

- 준비물: 개방된 공간

- 진행: 포인트 획득을 표시할 수 있는 물건(예: 종이, 공)

  ① 집단상담자는 게임의 규칙을 설명한다.

  ② 한 사람씩 돌아가면서 자신에 대한 참말과 거짓말을 하고, 다른 집단원들이 맞힌다.

  ③ 거짓말을 맞힌 사람에게 주인공 집단원은 포인트를 준다.

  ④ 포인트를 가장 많이 획득한 사람을 결정한 후 그 사람에게 박수치고 마무리한다.

☞ **지시 사항(예시)**

지금부터 두 가지 진실과 하나의 거짓말이라는 게임을 같이 해 보겠습니다. 각자 돌아가면서 자기 자신에 관해 두 개의 진실과 하나의 거짓말을 하고 나머지 집단원들이 무엇이 거짓말인지를 맞히는 것입니다. 당신의 목표는 다른 집단원들이 어떤 것이 거짓말인지를 최대한 알지 못하도록 하는 것입니다. 예를 들어서, 제가 "저는 5개의 나라를 가 보았고, 기타를 칠 줄 알고, 팽순이라는 이름의 앵무새가 있습니다."라고 말을 하면 나머지 집단원들은 어떤 것이 거짓말인지를 맞히는 것입니다. 거짓말을 맞힌 사람은 포인트를 얻게 되고, 가장 많은 포인트를 얻은 사람이 최후 승자가 되는 것입니다. 자신의 진실과 거짓말을 만들 때는 창의적이고 재미있는 것을 만들도록 노력해 보십시오. 또한, 다른 사람들이 나의 거짓말을 맞추는 것을 최대한 어렵게 해야 합니다.

☞ **응용: 주제 제시**

시작 활동(warm-up)의 진행 방식을 주제를 주고 그 주제 안에서 참말과 거짓말을 만드는 방식으로 변형할 수 있다. 가령, '사랑', '여행', '음식', '습관' 등의 주제를 제시하는 방식으로 의미 있는 개인적인 정보 나눔을 촉진할 수 있다.

- 기대 효과

  ① 집단원들이 어색함을 깨고 서로 편안하게 느낄 수 있는 분위기를 만든다.

  ② 집단원끼리 재미있는 개인적인 정보를 서로 공유함으로써 응집력을 높인다.

③ 창의적인 방법으로 자신의 응답을 만드는 과정을 통해 상상력과 개방성을 촉진한다.

• 유의 사항

① 활동의 목적이 경쟁이 아니라 서로에 대해 잘 알고 친해지는 것에 있음을 말해 준다.

② 주제를 제시할 때는 집단원들의 특성을 고려하여 지나치게 민감해질 수 있는 주제는 피한다.

③ 집단원들 중에서 이미 서로 알고 있는 사람들이 있는 경우에는 이러한 관계가 집단역동에 영향을 미칠 수 있다.

활동 4: 나의 안전지대(Safe Zone)

• 적용 대상: 중·고등학생, 대학생, 성인 집단

• 참여 인원: 5~10명

• 소요 시간: 30~40분

• 준비물: 도화지, 색연필 또는 크레파스

• 진행: 도화지에 안전지대를 그려 보고 서로 나눈다.

① 집단상담자는 활동에 대해 설명하고, 좋아하는 것을 떠올려 보게 한다.

② 집단원들에게 안전한 장소를 떠올리라고 한다.

③ 집단원들은 도화지와 크레파스로 자신의 안전지대를 그림으로 표현한다.

④ 집단원들은 돌아가면서 자신의 안전지대를 소개하고, 다른 사람들은 안전지대에 대한 느낌과 궁금한 점을 묻는다.

⑤ 활동에 대한 소감을 나눈다.

⑥ 집단상담자는 집단원들에게 참여에 대한 감사의 마음을 표현하고, 감정적으로 힘들 때면 언제든지 내 마음속에 안전지대를 떠올리도록 격려한다.

☞ **지시 사항(예시):**

오늘은 내 마음의 안전지대를 방문해 보겠습니다. 안전지대를 그려 보기 전에 먼저 여러분들이 좋아하는 것들을 떠올려 보는 것으로 시작하겠습니다. 좋아하는 색깔을 생각해 보세요. 어떤 색깔인가요? 좋아요. 가장 좋아하는 동물을 생각해 보세요. 어떤 동물인가요? 가장 좋아하는 TV 프로그램을 떠올려 보세요. 어떤 TV 프로그램인가요? 훌륭해요. 이제 가장 좋아하는 계절을 생각해 보세요. 어떤 계절인가요? 이제 하루 중에서 가장 좋아하는 시간을 생각해 보세요. 어떤 시간인가요? 좋아하는 사람을 한 명 떠올려 보세요. 아는 분이거나 유명인도 될 수 있습니다. 그 사람을 상상해 보세요. 좋아요! 그리고 만약 원한다면, 가장 좋아하는 기분 좋은 노래를 생각해 보세요. 노래의 멜로디와 가사를 기억해 보려고 해 보세요.

이제, 나에게 안전한 장소를 떠올려 보세요. 내가 정말 안전하다고 느끼고 내 마음을 진정시켜 주는 장소를 상상해 보세요. 그것은 해변일 수도 있고, 산, 도시에서의 산책, 내가 가장 좋아하는 방, 또는 공원 등이 될 수 있습니다. 그것은 현실에 존재하는 곳일 수도 아니면 상상 속의 공간일 수도 있습니다. 이제 나의 안전지대를 한번 그려 주세요.

나의 그림에서 어떤 냄새가 나나요? 온도는 어떤가요? 어떤 소리가 들리나요?

- 기대 효과

  ① 안전의 의미를 생각해 보게 함으로써 자기 자각을 높인다.

  ② 안전한 장소에 대한 인식을 통해 정서 조절, 대처 기술을 향상시킨다.

  ③ 안전감과 관련된 이야기를 나눔으로써 집단원들 간의 유대감을 높인다.

  ④ 그림을 통해 안전지대를 표현해 보고 안전감과 관련된 감각 인식을 통해 자유로운 자기표현을 촉진한다.

- 유의 사항

  ① 그림을 잘 그리고 못 그리는 것이 중요하지 않음을 알려 준다.

  ② 안전감을 촉진하기 위한 활동을 하는 과정에서 과거 트라우마 경험이 촉발될 수 있다는 것을 인지한다. 그러한 경우에는 차분한 태도를 유지하면서 집단원의 감

정을 타당화하고, 공감한다. 상황에 따라 그라운딩 기법을 통해 현재 순간에 집
중할 수 있게 돕는다.

③ 안전지대를 떠올리지 못하는 사람에게는 지난 일주일 동안 가장 편안했던 순간
을 떠올리고 그려 보게 한다.

④ 집단 초기 시작 활동(Warm-up)으로 활용할 경우, 깊이 있는 작업이나 탐색보다
안전지대를 서로 이야기 나눌 수 있는 정도로 제한한다.

활동 5: 이야기 연결해서 만들기

• 적용 대상: 중 · 고등학생, 대학생, 성인 집단
• 참여 인원: 5~10명
• 소요 시간: 30분
• 준비물: 없음

• 진행
① 편안한 분위기 속에서 집단상담자는 활동 방법을 소개한다.
② 집단상담자는 흥미로운 이야기의 주제, 주인공을 선정하고 집단원 중 한 명에게
한두 문장으로 이야기를 시작하게 한다.
③ 시계 방향으로 돌아가면서 다음 집단원은 첫 문장에 이어 다음 문장을 한두 개를
만들어 이야기를 이어 간다.
④ 이야기 마무리는 사전에 정해진 횟수(가령, 전체적으로 세 바퀴 돈다.)에 따라 혹은
집단원들의 동의를 통해 진행한다. 이야기가 진행되는 동안 집단상담자는 이야
기를 적고, 다 끝날 때 시간이 남으면 전체적으로 한번 읽어 준다.
⑤ 활동에 대한 소감을 나누며 마무리한다.

☞ **이야기 만들 때, 고려 사항**

• 주인공의 행동에 대한 설명, 상황, 대화 등 어떤 형식이든 상관없음

• 가능하면 새로운 등장인물, 사건, 반전 등을 포함 시켜 이야기를 만들어 볼 것

• 이전 문장과 논리적으로 자연스럽게 연결되도록 만들 것

• 기대 효과

① 창의적으로 이야기를 만드는 과정을 통해 집단원들의 자유로운 자기표현을 촉진한다.

② 모두가 함께 이야기를 만드는 과정을 통해 집단 유대감을 향상 시킨다.

• 유의 사항

① 이야기의 어떤 주제에 대해 불편감을 느끼는 집단원이 있을 수 있음에 유의한다.

② 소수가 이야기를 주도적으로 이끌기보다 모든 사람이 동등하게 이야기 만들기에 기여할 수 있도록 돕는다.

③ 다른 사람들의 생각을 있는 그대로 존중하고 이야기의 좋고 나쁨에 대해 평가하지 않도록 유의한다.

활동 6: 감정 알아맞히기

• 적용 대상: 중 · 고등학생, 대학생, 성인

• 참여 인원: 6~12명

• 소요 시간: 20~30분

• 준비물: 없음

• 진행: 편안한 자세에서 눈을 감고 집단상담자의 가이드를 따라 마음챙김 호흡을 실시한다.

① 집단상담자는 다양한 감정들을 별도의 카드나 종이에 적어 둔다.

② 그룹을 두 팀으로 나눈다.

③ 팀별로 한 사람이 나와 말을 사용하지 않고 종이에 써진 해당 감정을 표현하면 같은 팀의 나머지 집단원들이 그 감정이 무엇인지 추측한다.

④ 더 많이 맞춘 팀에게 박수를 쳐 준다.

⑤ 활동에 대한 소감을 나눈다.

감정 예시

기쁨, 분노, 슬픔, 두려움, 흥분, 사랑, 혼란, 만족, 부끄러움, 우울, 불안, 신뢰, 감사, 짜증, 즐거움, 혐오, 자신감, 놀람

• 기대 효과

① 다양한 감정을 몸으로 표현해 봄으로써 감정에 대한 인식을 높이고 자유로운 감정 표현을 촉진한다.

② 감정을 맞추기 위해 서로 협력하는 과정에서 집단의 응집력을 높인다.

③ 즐거운 분위기를 통해 편안한 집단 분위기를 형성한다.

• 유의 사항

① 다른 사람들 앞에서 감정을 표현하는 것에 대한 불편감이 있는 집단원들이 있을 수 있다. 이들의 감정을 존중하고 자발적 표현을 격려한다.

② 감정에 대한 인식과 자유로운 표현, 즐거움의 경험을 강조하고 경쟁적인 분위기로 흐르지 않도록 유의한다.

③ 감정을 표현하는 과정에서 감정적으로 영향을 받은 집단원이 있을 수 있다. 그러한 경우에는 쉬는 시간에 집단원의 안부를 묻고 심리적 지지를 제공한다.

활동 7: 당신의 느낌을 표현하면

• 적용 대상: 중 · 고등학생, 대학생, 성인 집단
• 참여 인원: 6~12명
• 소요 시간: 약 20~30분
• 준비물: 열린 5관과 마음

• 진행
　① 집단원을 두 사람씩 짝지어 마주 보도록 한다.
　② 두 사람은 앞 사람의 전체 자세가 한눈에 들어올 수 있도록 어느 정도 거리를 유지하여 앉는다.
　③ 어느 정도 관찰할 수 있는 시간을 준다.
　④ 서로에게 받은 인상, 어떤 점에서 자신이 그런 느낌을 받았는지 서로 나눈다.
　⑤ 두 사람의 서로에 대한 인상 교환이 끝났으면 아주 맘에 들거나 바로 맞혔다고 생각되는 혹은 의외의 반응을 집단 전체에게 발표하도록 한다.

• 기대 효과
　① 집단의 과제에 몰두하며 '지금-현재'에 집중하는 시간을 갖도록 한다.
　② 집단 활동을 통해 상대방에게 받았던 인상을 구체화하고 그 느낌을 나눔으로써 집단의 응집력을 기른다.
　③ 스스로에 대해 가지고 있던 모습을 집단원의 피드백을 통해 교정하기도 하고 자신이 몰랐던 부분도 알 수 있도록 하는 효과를 갖는다.
　④ 한 구성원에 대한 다양한 시각을 보게 됨으로써 자신에 대해서도 다양한 시각이 존재하고 다양한 영역이 있음을 알게 된다.

• 부수 효과
　① 자신이 스스로를 어떻게 보고 있는가에 대해 알려 줄 수 있다.

② 타인이 자신에 대해 어떻게 지각하고 있다고 생각하는지를 알려 줄 수 있다. 즉, 집단원 자신의 투사 과정을 알 수 있다.

• 유의 사항

① 집단상담 초기 시작 활동(Warm-up)에서는 서로에 대한 인상, 투사에 초점을 맞춘다면, 중반부에 사용 시에는 집단 내 실제 상호작용을 통한 인상에 초점을 맞출 수 있다.

② 상대방에 대한 판단보다 상대방에 대한 자신의 느낌에 초점을 맞추도록 한다.

③ '내가 아는 나'와 남들에게 '보이는 나'가 누구나 다를 수 있음을 알려 주고 피드백 교환 과정에서 느껴지는 경험에 주목하도록 격려한다.

출처: 권경인(2008).

활동 8: 당신과 닮은 사물을 찾는다면

• 적용 대상: 중 · 고등학생, 대학생, 성인 집단
• 참여 인원: 6~12명
• 소요 시간: 약 30~40분
• 준비물: 열린 5관과 마음, 종이와 연필

• 진행

① 집단원에 대한 피드백을 나누는데 집단에서 받은 느낌이나 역할 등을 구체화하여 집단원을 닮은 사물로 표현하도록 한다.

② 한 명씩 돌아가면서 무대(hot seat)로 올라가게 되는데 이때 다른 구성원은 그를 닮은 사물을 말하고 자신이 왜 그런 생각을 하게 되었는지 설명한다. 다른 구성원들도 사물과 느낌을 나누도록 한다.

③ 한 사람에 대한 피드백이 끝나면 무대에 오른 집단원이 자신에 대한 피드백을 들으면서 떠오른 생각이나 느낌 등을 나누도록 한다. 이때 자신이 가장 맘에 드는

사물이나 맘에 들지 않은 사물, 자신이 생각해도 자신과 닮은 사물이나 의외의 사물에 대한 생각도 나눈다.

④ 다른 집단원이 자발적으로 무대에 오른다.

⑤ 전체적으로 순서가 끝난 후 이번 시간에 대한 느낌이나 생각들을 나눈다.

• 기대 효과

① 집단의 과제에 몰두하며 '지금-현재'에 집중하는 시간을 갖도록 한다.

② 집단 활동을 통해 상대방에게 받았던 인상을 구체화하고 그 느낌을 나눔으로써 집단의 응집력을 기른다.

③ 자신이 다른 사람들에게 어떻게 지각되는지에 대한 이해를 통해 집단원들의 자기 이해를 높이고 자기 성장에 대한 동기를 제공한다.

④ 피드백을 주고받는 과정을 직접 경험하고 관찰하면서 효과적인 피드백 교환 기술을 익힌다.

• 부수 효과

① 긍정적인 피드백을 통해 집단의 분위기가 좋아질 수 있다.

② 사물은 느낌뿐만 아니라 역할과도 관계가 되므로 집단에 대한 역할, 가족이나 대인관계에서 갖게 되는 역할에 대한 집단의 피드백도 얻을 수 있다.

• 유의 사항

① 집단 초기 시작 활동(Warm-up)으로 사용될 때는 첫인상이나 피드백을 주는 사람에 대한 정보를 얻을 수 있다면, 중반부에 사용될 때는 해당 집단원의 집단 내 행동을 토대로 한 피드백, 집단원들의 상호작용에 대한 정보를 제공할 수 있다.

② 피드백은 긍정적인 것과 건설적인 피드백이 적절하게 조화되도록 하고, 피드백이 지나치게 부정적이거나 자칫 해로울 수 있는 경우, 집단원이 지나치게 방어적으로 반응하는 경우에는 집단상담자가 개입하여 효과적인 방식으로 피드백할 수 있도록 돕는다.

출처: 권경인(2008).

2.「아동·청소년」중심 활용

> ### 활동 9: 이게 정말 나일까?

- 적용 대상: 청소년
- 참여 인원: 6~12명
- 소요 시간: 약 40분 정도
- 준비물: A4용지, 필기도구

- 진행

  ① 참가자들에게 A4용지를 나누어 주고, 삼등분으로 접도록 한다.

  ② 집단상담자는 삼등분한 종이의 바깥 표면에는 '외면의 나', 그리고 안쪽에는 '내면의 나'에 대해서 표현할 것임을 설명한다.

  ③ 참여자들은 삼등분 한 종이의 바깥 표면에는 먼저, '외면의 나'에 대해서 세 영역(예: 학생으로서의 나, 가족 구성원으로서의 나, 친구로서의 나)으로 나누어 표현한다. 표현은 사진을 붙이거나 그림을 그리거나, 색깔을 칠하거나, 단어로 표현할 수 있다.

활동 TIP   '외면의 나'는 다음과 같다.

'외면의 나'는 남들이 보는 나, 주로 밖에서 보여지는 내 모습을 말한다. 예를 들어, '학생으로서의 나'는 공부 열심히 하는 모범생이면, 한 면에도 '모범생'이라는 글이나 이미지를 그릴 수 있다. '친구로서의 나'는 재미있고, 친절하다면 '재미있는', '친절한'이라는 단어를 쓸 수도 있고, 코미디언이라는 단어를 쓸 수도 있다.

---

  ④ 참여자들은 삼등분한 종이의 안쪽에 '내면의 나'의 세 영역(예: 학생으로서의 나, 가족 구성원으로서의 나, 친구로서의 나)으로 나누어 표현한다. 표현은 '외면의 나'처럼, 사진을 붙이기, 혹은 그림 그리기, 색칠하기, 단어 등으로 표현할 수 있다.

> **활동 TIP**　'내면의 나'는 다음과 같다.
>
> '내면의 나'는 내가 보는 나의 모습을 말한다. 이 모습은 외면의 나와는 달리 남들이 잘 모르는 나일 수도 있고, 어쩌면 외면의 나와 같을 수도 있다.
>
> 예를 들어, '학교에서의 나'는 성적을 잘 받아야 하는 불안이 많다면, 'A', '불안' 등 이러한 단어나 이미지를 그릴 수 있다. '친구로서의 나'가 속마음을 털어놓고 싶다면, '정직' 혹은 '진솔함'이라는 단어를 쓸 수 있다.

⑤ 집단원들은 '외면의 나'와 '내면의 나'를 간단히 소개하고, 그림을 그리고 나서의 느낀 점에 대해서 이야기를 나눈다. 이때 진행자는 다음과 같이 질문할 수 있다.

　－'외면의 나'와 '내면의 나'는 차이가 있는가?

　－차이가 있다면 어떤 영역에서 차이가 있는가? 어떤 부분이 다른가?

　－차이가 있는 부분이 있다면, 그 부분을 통합시킬 수 있는가?

• 기대 효과

　① 자기 개방을 통해 친밀감을 높인다.

　② 숨겨진 자기의 모습을 공개함으로써 자유로움을 경험한다.

　③ 집단 안에서 있는 그대로 수용되는 경험을 한다.

• 유의 사항

　① 여러 면의 나와 집단원의 모습을 수용할 수 있도록 한다.

　② '외면의 나'와 '내면의 나'의 차이에 대한 평가나 판단, 자책 등을 자제하도록 한다.

활동 10: 사진 속 나에 대한 이야기

• 적용 대상: 아동 · 청소년

• 참여 인원: 6~12명

• 소요 시간: 30분

• 준비물: 휴대전화

• 진행

① 둘씩 짝을 지어 앉는다.

② 집단원들에게 자신의 휴대전화에 담긴 사진 중에서 자신을 가장 잘 나타내는 것, 또는 최근의 일상(예: '이 사진 속에서 나는 무얼 하고 있나요?', '이 사진을 찍은 이유는 무엇인가요?', '사진과 자신의 닮은 점은 무엇인가요?', '사진과 자신의 다른 점은 무엇인가요?', '사진을 고른 이유는 무엇인가요?' 등)에 대해 짝과 이야기하도록 한다.

③ 둘씩 이야기를 나눈 후에 전체 모여 앉는다.

④ 돌아가면서 상대방의 사진 속 이야기를 통해 알게 된 짝에 대해 전체 집단원에게 소개한다.

⑤ 그 외에 집단원 및 집단상담자는 사진에 대한 설명을 들은 후 궁금한 점을 질문하도록 한다.

• 기대 효과

① 집단원들의 일상을 소통함으로 친밀감을 높일 수 있다.

② 아이들에게 익숙한 휴대전화로 자신에 대한 이야기를 나누도록 함으로 방어나 저항감을 낮춘다.

• 유의 사항

① 집단원 중 사진에서 고를 게 없다고 반응한다면 최근 자신의 일상 중 가장 기억에 남는 일을 이야기하도록 한다.

② '그냥요', '잘 모르겠어요'라고 표현하는 집단원의 반응도 수용해 주되, 최대한 질문에 답할 수 있도록 돕는다.

활동 11: 스티커 이미지 게임

- 적용 대상: 아동 · 청소년
- 참여 인원: 10~12명
- 소요 시간: 30분
- 준비물: A4용지, 하트 모양의 스티커

- 진행

① 집단원에게 스티커 이미지 게임에 대해 설명한다.

> "이 활동은 우리 서로에게 작용하는 당기거나 밀쳐내는 힘인 텔레를 표현하는 활동이에요.
> "나에게 ……였으면 하는 사람', '같이 …… 싶은 사람', '…… 느낌을 주는 사람' 등을 주제로
> 얼굴에 스티커를 붙이도록 하는 활동으로 질문에 대해 떠오르는 친구를 살펴보며 얼굴에 스
> 티커를 붙이도록 해요."

② 집단원을 전체적으로 둘러본 후, 어떤 이미지(예: 친구가 많을 것 같은 친구, 우리 중
에 자주 울 것 같은 친구 등)를 제시하도록 한다.

③ 이미지에 해당하는 집단원에게 스티커를 얼굴에 붙이도록 한다.

④ 각 집단원이 돌아가면서 주제를 제시하도록 한다.

- 기대 효과

① 집단응집력 형성이나 긍정적 감정 형성에 도움이 된다.

② 스티커를 얼굴에 붙이는 과정을 통해 서로의 얼굴을 익힐 수 있다.

③ 간접적인 스킨십을 통해 친밀감이 형성될 수 있다.

④ 집단원 개개인에 대한 인상이나 느낌 등에 대해 게임 형식으로 스티커 및 피드백
을 제공함으로써 흥미를 일으킬 수 있다.

• 유의 사항

① 활동에 모두 참여할 수 있도록 스티커가 남는 경우 벌칙을 받을 수 있다고 언급한다.

② 자유롭게 돌아다니고 움직일 수 있도록 촉진한다.

③ 소외되는 집단원이 있다면 집단상담자가 같이 개입해 주도록 한다.

활동 모음 3. 「신체 활동을 통한 친밀감 및 신뢰감 형성」

1. 「성인 및 전 연령」 활동

> ### 활동 1: 인간 매듭 풀기

- 적용 대상: 중 · 고등학생, 대학생, 성인 집단
- 참여 인원: 6~12명
- 소요 시간: 30분
- 준비물: 없음

- 진행: 집단원들은 서로의 손을 놓지 않고 인간 묶음에서 풀어낸다.

① 모든 집단원을 원형으로 모으고 어깨를 서로 붙인다. 각 집단원들은 오른손을 원의 중앙으로 내밀어 다른 집단원의 오른손을 잡는다. 바로 옆에 서 있는 사람의 손은 잡지 않도록 주의한다.

② 집단원들에게 왼손을 원의 중앙으로 내밀어 다른 집단원의 왼손을 잡도록 지시한다. 오른손과는 다른 사람의 손을 잡도록 한다. 이제 집단원들은 인간 묶음에 얽혀 있을 것이다. 손을 놓지 않고 풀고 나오는 것이 목표다.

③ 집단은 함께 협력하여 묶음을 해제하도록 한다. 서로의 손을 놓지 않고 묶음을 풀 수 있도록 해야 한다. 집단원들은 서로의 팔 밑으로 넘거나 머리 위로 넘어가며 몸을 돌려가며 묶음을 해제하는 방법을 찾아본다.

④ 인간 묶음이 성공적으로 풀리면, 집단원들과 함께 활동에 대해 돌아보고 토론한다. 어떤 전략을 사용했는지, 소통의 중요성, 그리고 직면한 도전들에 대해 이야기한다.

☞ **격려 사항**

• 집단원들이 효과적으로 소통하고 서로의 아이디어를 공유하며 협력하는 것을 장려한다.

• 묶음을 풀기 위해 '정답'은 없고, 창의성과 유연성이 중요하다는 것을 상기시킨다.

• 기대 효과

 ① 집단원들은 효과적인 소통 방법과 상대방의 의견을 경청하는 방법을 배운다.

 ② 팀워크의 중요성과 공통 목표를 위해 함께 협력하는 것을 배운다.

 ③ 집단원들은 창의적인 문제를 해결하는 방법을 연습한다.

 ④ 집단원들이 서로에게 의존하고 그룹 내에서 신뢰를 구축하는 데 도움을 준다.

• 주의 사항

 ① 집단원들이 물리적으로 편안하고 무리하지 않도록 주의한다.

 ② 집단원들에게 개인적인 경계를 존중하고 서로의 손을 너무 세게 끌거나 당기지 않도록 지시한다.

 ③ 다른 사람들과 가까운 거리에서 놀기를 불편하게 느끼는 집단원들이 있다면 대안적인 활동을 제공한다.

활동 2: 마음챙김 호흡(mindful breathing)

• 적용 대상: 중 · 고등학생, 대학생, 성인

• 참여 인원: 6~12명

• 소요 시간: 15~30분

• 준비물: 없음

• 진행: 편안한 자세에서 눈을 감고 집단상담자의 가이드를 따라 마음챙김 호흡을 실시한다.

① 집단원들에게 편안한 자세와 마음으로 앉도록 요구한다. 눈을 감아도 좋고 불편하면 눈을 뜬 채로 실시해도 무방하다.

② 집단상담자의 가이드를 따라 처음에는 코로 깊은 들숨을 쉬고, 입으로 깊은 날숨을 쉬는 호흡을 한다.

③ 자신의 자연스러운 호흡으로 돌아오고 몸의 감각에 집중해 본다.

④ 호흡을 마치고 소감을 나눈다.

☞ **지시 사항(예시)**

이번 회기는 마음챙김 호흡으로 시작해 보겠습니다. 각자 편안한 자세로 앉아 주세요. 눈을 감는 것이 편하다면 눈을 감으셔도 좋고 아니면 그냥 편안하게 아래를 응시하셔도 괜찮습니다. 깊고 천천히 호흡을 해 보겠습니다. 들이쉴 때는 코로 숨을 들이마시고, 내쉴 때는 입을 열어 숨을 내보냅니다. 내 몸과 마음에 긴장이나 걱정이 있다면 긴장이나 걱정을 내려놓고 지금 이 순간 나의 호흡에 온전히 집중해 보십시오.

(집단상담자의 지시를 따라 몇 번의 호흡을 한다.)

자 이제, 자신의 자연스러운 호흡으로 돌아오시기 바랍니다. 나의 의식을, 내 몸에 들어오고 나오는 감각에 집중해 보십시오. 숨을 들이쉬고 내쉴 때, 내 몸으로 들어오고 나가는 공기를 느껴 보십시오. 지금 이 순간 숨을 들이쉬고 내쉴 때 내 몸의 미세한 변화를 알아차려 보십시오.

(2~3분 정도 호흡에 집중해 보는 시간을 갖는다.)

내 마음에 어떤 생각이 떠오른다면 혹은 내가 어떤 생각 가운데 머물러 있는 것을 발견한다면 어떠한 판단과 평가도 하지 않고, 그러한 생각을 하고 있는 것을 알아차렸다는 것을 반가워하며 부드럽게 나의 의식을 다시 나의 호흡으로 가져오시기 바랍니다.

(2~3분 정도 멈춤)

이제 마음챙김 호흡을 마무리하겠습니다. 지금 이 순간 내 기분을 알아차려 보십시오. 깊게 숨을 들이쉬고, 깊게 숨을 내쉽니다. 숨을 내쉴 때 천천히 눈을 뜨십시오.

• 기대 효과

① 집단원들이 심리적 · 신체적으로 이완할 수 있다.

② 현재의 순간에 대한 알아차림을 높인다.

③ 감정 조절하는 방법을 배우고 경험한다.

• 주의사항

① 깊은 호흡을 쉬는 동안 불편하거나 어지러움을 느낀다면, 평소의 자연스러운 호흡으로 돌아오도록 격려하고 필요하다면 편안한 곳에서 쉴 수 있도록 한다.

② 과거의 트라우마나 불안으로 인해 호흡에 집중하는 것이 어려울 수 있다. 불안 수준이 높아진 집단원이 있다면 차분하게 다른 방향으로 집중하도록 안내하거나 심리적 지지를 제공한다.

③ 집단원들의 정서적 요구와 경계에 민감성을 갖는다.

2. 「아동 · 청소년」 중심 활용

활동 3: 공 주고받기

• 적용 대상: 청소년

• 참여 인원: 6~12명

• 소요 시간: 30분

• 준비물: 공, 공을 주고받을 수 있는 공간(공 대신 털실을 활용할 수 있음)

• 진행

　① 집단원 전체가 하나의 큰 원으로 선다.

　② 집단상담자가 공을 들고 다음과 같이 안내한다.

> **집단상담자:** 제가 지금 공을 하나 가지고 있습니다. 지금부터는 공을 가진 사람이 이야기를 하는 것이 우리의 규칙입니다. 지금 제 손에 공이 있으니 저는 말을 할 수 있고, 여러분은 할 수 없습니다. 공을 가진 사람은 공을 받을 사람을 정하고 그 사람에게 질문을 하고, 공을 줍니다. 공을 받은 사람은 질문에 답을 합니다.

　③ 공은 던져서 주어도 되고, 다가가 정중하게 건네주어도 된다.

　④ 공을 가진 집단원은 다음과 같은 질문을 할 수 있다.

　　－당신은 어떤 분인지 자기소개를 해 주세요.

　　－만약 당신이 꽃(또는 동물)이라면 어떤 것이었으면 좋겠습니까? 그 이유는요?

　　－무슨 색을 좋아하나요?

　　－최근 가장 화났던 일은 무엇인가요?

　⑤ 집단상담자는 이 과정에서 다음과 같은 촉진 질문을 활용할 수 있다.

　　－집단원 중 저 사람에 대해 정말 알고 싶은 것을 떠올려 보세요.

　　－무엇을 물어보면 저 사람을 더 알 수 있을까요?

-집단원에 대해 당신이 궁금한 것은 무엇일까요.

• 기대 효과

① 전체 집단원의 참여를 촉진한다.

② 집단원 개인별로 연결(link)시킴으로써 응집력을 높인다.

• 유의 사항

① 집단상담자가 질문을 편하게 할 수 있도록 돕는다. 이를 위해 집단상담자가 먼저 질문을 하며 모델링할 수 있다.

② 두 사람끼리 질문과 답변이 너무 길어 둘만의 상호작용이 되지 않도록 적절히 조율한다. 이 경우, 다른 집단원이 이에 참여하도록 하거나, 적절히 시간을 제한하여 집단의 다수가 참여하도록 한다.

③ 털실을 활용하여 진행한다면 털실로 얽히고설킨 시각적 효과를 우리의 인연을 표현하는 것이라고 설명해 줄 수 있다.

출처: 권경인(2008).

활동 4: 춤추는 세탁기

• 적용 대상: 아동 · 청소년

• 참여 인원: 6~12명

• 소요 시간: 30분

• 준비물: 음악

• 진행

① 전체로 둥글게 서서 양쪽 옆 사람의 손을 잡는다(오른손 손바닥은 위로, 왼손 손바닥은 아래로 한 후, 오른쪽 팔이 반대팔 위로 가도록 크로스하여 옆 사람과 손을 잡는다.).

② 오른쪽 손을 잡은 친구, 왼쪽 손을 잡은 친구의 얼굴 기억하고 인사 나눈다.

③ 손을 놓고 눈을 감는다.

④ 노래를 부르며 세탁기가 돌아가면 빨래가 엉키듯, 자기 어깨를 빙글빙글 돌리며 이리저리 빨리 돌아다닌다.

⑤ 집단상담자가 '그만' 하도록 멈추고 눈을 뜨도록 한다.

⑥ 손을 내밀어 처음 오른손, 왼쪽 손을 잡은 사람을 찾고 손을 다시 잡는다.

⑦ 얽힌 손을 푼다.

• 기대 효과

① 집단원 간 친밀감을 형성할 수 있다.

② 복잡하게 엉킨 세탁물들이 다 풀리는 것처럼 인간관계 속 얽힌 갈등 관계도 노력하면 풀 수 있다고 언급하며 갈등 해결의 희망을 고취한다.

• 유의 사항

① 너무 꼬여서 힘들 경우 약간 자세를 낮추어 손을 든 사람 중심으로 움직이도록 집단상담자가 힌트를 준다.

활동 5: 과일바구니

• 적용 대상: 아동 · 청소년

• 참여 인원: 10~12명

• 소요 시간: 60분

• 준비물: 없음

• 진행

① 전체로 둥글게 앉는다.

② 한 사람씩 돌아가며 1, 2, 3까지 번호를 매긴다.

③ 번호가 1번인 집단원들이 손을 들도록 한다. 1번 팀은 딸기라고 알려 준다.

④ 번호가 2번인 집단원들이 손을 들도록 한다. 2번 팀은 포도라고 알려 준다.

⑤ 번호가 3번인 집단원들이 손을 들도록 한다. 3번 팀은 수박이라고 알려 준다.

⑥ 술래 한 명을 정한다.

⑦ 술래가 과일을 선택하면 해당 과일 집단원들은 자리를 바꾸어 앉는다.

⑧ 이때, 술래는 빈 자리를 찾아 재빨리 앉는다.

⑨ 집단 전체를 바꾸고 싶다면 '과일 바구니가 쏟아졌다' 또는 '떨이요'를 외치도록 한다.

• 기대 효과

① 집단원 간 친밀감을 형성할 수 있다.

② 신체 활동을 통해 긴장감을 해소한다.

• 유의 사항

① 다 같이 참여할 수 있도록 촉진한다.

② 집단원의 수가 많아질수록 과일의 수를 늘리도록 한다.

③ 집단상담자도 과일을 정해 함께 활동에 참여한다.

출처: 이지연, 김주현(2023).

활동 6: 줄을 서시오

• 적용 대상: 아동 · 청소년

• 참여 인원: 6∼12명

• 소요 시간: 30분

• 준비물: 없음

• 진행

① 바닥에 0점부터 10점까지 가상의 선이 있음을 알려 준다.

② 집단상담자가 점수를 제시한다.

[예: 오늘 나의 컨디션 점수는? 손이 큰 순서대로 줄서기, 머리카락 긴(짧은) 순서대로 줄
서기, 같은 집에 함께 사는 가족 수가 많은(적은) 기준으로 줄서기, 나의 생일은? 등]

③ 자신이 점수대로 선 위로 이동하도록 한다.

④ 집단원들에게 선택한 점수와 이유에 대해 이야기하도록 한다.

⑤ 어느 정도 분위기가 무르익으면 집단원들이 창의적인 질문을 제시하도록 한다.

⑥ 전체 소감으로 마무리한다.

• 기대 효과

① 집단원 간 친밀감을 형성할 수 있다.

② 신체 활동을 통해 긴장감을 해소한다.

③ 집단 초기, 집단원에 대해 서로 알아갈 수 있다.

• 유의 사항

① 다 같이 참여할 수 있도록 촉진한다.

출처: 초등상담나무(2018).

활동 7: 도전! 다리 만들기

• 적용 대상: 아동 · 청소년

• 참여 인원: 10~12명

• 소요 시간: 30분

• 준비물: 없음

• 진행

① 혼자서 무릎을 세워 앉은 채로 일어나도록 한다. 이때, 손으로 바닥을 짚지 않도
록 한다.

② 같은 자세로 옆에 앉은 집단원과 둘이서 마주 앉은 채 '하나, 둘, 셋' 구호에 맞춰 일어나도록 한다. 이때, 서로의 손을 잡고, 서로의 발끝을 붙이도록 한다.

③ 모둠별로 원을 만들어 앞에서 제시한 방법과 같은 방법으로 일어난다.

④ 혼자 일어날 때와 함께 일어날 때 차이점을 이야기해 보도록 한다.

• 기대 효과

① 집단원 간 친밀감을 형성할 수 있다.

② 협동 활동을 통해 집단의 응집력을 향상시킬 수 있다.

• 유의 사항

① 다치지 않도록 주변을 정돈한다.

② 유독 혼자 일어나는 것을 힘들어하는 친구가 있다면 협동 시 모습을 잘 관찰하여 피드백하도록 한다.

출처: 초등상담나무(2018).

활동 8: 발전 프로젝트(알에서 나비까지)

• 적용 대상: 아동 · 청소년

• 참여 인원: 10~12명

• 소요 시간: 30분

• 준비물: 없음

• 진행

① 알, 애벌레, 번데기, 나비 동작을 미리 약속한 후 활동을 시작한다(예: 알: 머리 위 주먹, 애벌레: 손을 머리 위에 대고 주먹을 쥐고 두 번째 손가락만 펴서 꿈틀꿈틀 대기, 번데기: 어깨 감싸기, 나비: 두 팔을 벌려 날갯짓하기).

② 집단원 모두 알 단계에서 시작한다.

③ 집단상담 장을 자유롭게 이동하면서 만나는 사람과 가위바위보를 한다. 이때, 가위바위보는 같은 단계인 사람들끼리만 가위바위보를 할 수 있다.

④ 가위바위보에서 이기면 애벌레 → 번데기 → 나비가 된다. 만약 가위바위보에서 지면 한 단계씩 퇴화한다.

⑤ 나비가 된 사람들은 붙임 딱지(또는 사탕)를 받고 다시 알이 된다.

⑥ 끝까지 발전하지 못한 사람에게 심정을 묻고, 처음 나비가 된 사람에게 '진행 중인 사람들을 본 소감'을 묻는다.

- 기대 효과

① 집단상담 활동에 흥미를 유발할 수 있다.

② 꿈을 이루기까지 성장하는 과정에 대해 생각해 볼 수 있다.

③ 초기 집단의 과정과 앞으로 성장하게 될 자신에 대해 생각해 볼 수 있다.

- 유의 사항

① 다치지 않도록 주변을 정돈한다.

② 모든 집단원이 적극적으로 활동할 수 있도록 집단상담자가 주도한다.

활동 9: 온몸으로 인사해요

- 적용 대상: 아동 · 청소년
- 참여 인원: 6~12명
- 소요 시간: 30분
- 준비물: 없음

- 진행

① 집단상담자의 신체로 인사할 것임을 안내한다.

> "우리가 처음 만나서 서로 인사를 나누려고 하는데 인사를 색다르게 할 거예요. 제가 '머리 여섯'이라고 외치면 여러분은 주위 사람들에게 다가가서 서로 머리를 맞대는 거예요. 그리고 숫자는 여섯 사람을 뜻하므로 여섯 사람들과 머리를 맞대며 인사를 나누도록 해요."

  ② 서로 노래를 부르며 자리를 돌도록 한다(예: 둥글게둥글게 등).
  ③ 집단상담자는 다양한 지시문을 활용한다(예: 코 다섯, 무릎 넷, 같은 색깔의 양말 넷 등).

• 기대 효과
  ① 긴장을 풀 수 있도록 돕는다.

• 유의 사항
  ① 한번 만난 사람들과는 연이어 만나지 않도록 한다.

강신호(2009). 집단상담자의 발달 특성 분석: 박사과정에 있는 상담자를 중심으로. 광운대학교 대학원 석사학위논문.

강진령(2011). **집단상담의 실제(2판)**. 서울: 학지사.

강진령(2019a). **집단상담의 실제(개정판)**. 서울: 학지사.

강진령(2019b). **집단상담과 치료: 이론과 실제(개정판)**. 서울: 학지사.

고향자, 김소라(2008). 집단상담에서의 비밀보장과 다중관계 윤리에 대한 고찰. **아시아교육연구**, 9(1), 49-72.

권경인(2001). 상담성과에 영향을 미치는 집단상담자의 요인: 집단상담자 경력을 중심으로. **학생연구**, 35(1), 96-111. 서울대학교 대학생활문화원.

권경인(2001). 집단상담 활동의 유형화 연구: 치료적 요인을 중심으로. 서울대학교 대학원 석사학위논문.

권경인(2007). 한국 집단상담 대가의 발달과정 분석. 서울대학교 대학원 박사학위논문.

권경인(2008). (집단발달 및 이론별 촉진요인으로 구분한) 집단상담 활동. 서울: 교육과학사.

권경인(2010). 집단상담 수퍼비전 사례기록 모형 개발. **상담학연구**, 11(1), 153-169.

권경인(2011). 집단상담에서 집단역동의 이해와 활용. **가족과 상담**, 1(1), 89-114.

권경인, 김지연, 계은경(2016). 집단상담 강의 운영에 대한 교수자의 인식 탐색. **상담학연구**, 17(4), 159-184.

권경인, 김지영, 엄현정(2020). 초심집단상담자 교육프로그램 요소에 대한 탐색적 연구: 초심집단상담자의 요구를 중심으로. **인간이해**, 41(1), 67-90.

권경인, 김창대(2007). 한국 집단상담 대가의 특성 분석. **상담학연구**, 8(3), 979-1010.

권경인, 성윤희, 조수연, 양정연(2017). 집단상담에서 어려운 집단원과 딜레마에 대한 효과적 대처. (사)한국상담학회 집단상담학회 자료집.

권경인, 지희수, 강신호, 김미옥(2012). 집단상담자 발달 모형: 전문성 발달의 단계, 주요 주제 및 특성을 중심으로. 인간이해, 33(1), 73-102.

김계현, 문수정(2000). 상담 수퍼비전 교육내용 요구분석: 상담자의 경력수준을 중심으로. 한국심리학회지: 상담 및 심리치료, 12(1), 1-18.

김길문(2003). 초보 상담자가 상담회기 내에 경험하는 어려움과 대처과정: 질적 분석. 가톨릭대학교 대학원 석사학위논문.

김미옥(2008). 초심 집단상담자의 발달 특성 분석. 광운대학교 대학원 석사학위논문.

김미지(2009). 초보상담자가 상담에서 경험하는 어려움: 문항개발. 가톨릭대학교 대학원 석사학위논문.

김영경(2018). 초심 상담자들이 궁금해지는 집단상담. 서울: 학지사.

김용태(2014). 슈퍼비전을 위한 상담사례보고서: 이론과 실제의 통합적 관점에서 본 해설과 개념화. 서울: 학지사.

김은수, 권경인(2017). 구조화 집단상담에서 초심집단상담자의 어려움 인식 연구. 교육치료연구, 9, 207-232.

김은하, 백지연(2019). 집단상담 실습수업에서의 리더경험에 관한 현상학적 연구. 상담학연구, 20(3), 165-189.

김정규(2015). 게슈탈트 심리치료. 서울: 학지사.

김지연, 한나리, 이동귀(2009). 초심상담자와 상담전문가가 겪는 어려움과 극복방안에 대한 개념도 연구. 상담학연구, 10(2), 769-792.

김창대, 김형수, 신을진, 이상희, 최한나(2011). 상담 및 심리교육 프로그램 개발과 평가. 서울: 학지사.

김현령, 김창대(2013). 집단상담자 경력에 따른 자기대화 차이 분석: 집단원의 대화독점 문제상황을 중심으로. 상담학연구, 14(4), 2125-2141.

노안영(2011). 집단상담: 이론과 실제. 서울: 학지사.

방기연(2004). 집단상담에서의 상담 윤리강령. 미래교육학연구, 17, 99-111.

방기연(2016). 상담 수퍼비전의 이론과 실제. 경기: 양서원.

상담학 사전(2023). https://terms.naver.com/entry.naver?docId=5675976&cid=62841&categoryId=62841

손은정, 이혜성(2002). 상담자 발달수준별 사례 개념화의 차이: 개념도를 통한 인지구조를 중심으로. 한국심리학회지: 상담 및 심리치료, 14(4), 829-843.

손진희(2002). 상담자 경력별 알아차림 방해요소 지각 정도. 한국심리학회지: 상담 및 심리치료, 14(3), 563-580.

심혜원(2005). 상담자 발달 및 불안 수준에 따른 자기 대화 내용의 차이 분석. 이화여자대학교 대학원 석사학위논문.

심흥섭(1998). 상담자 발달수준 척도 개발 연구. 숙명여자대학교 대학원 박사학위논문.

오정희(2007). 초보 상담자들의 첫 상담 경험에 대한 질적 분석. 이화여자대학교 대학원 석사학위논문.

윤소민(2015). 집단상담의 치료적 요인 탐색 및 척도개발. 경희대학교 대학원 박사학위논문.

이미선, 권경인(2009). 집단상담자 경력에 따른 집단상담 수퍼비전 교육내용 요구분석. 상담학연구, 10(2), 911-931.

이상훈(2010). 집단치료에서 빈의자 기법의 활용에 관한 연구-사이코드라마와 게슈탈트 치료를 중심으로. 한국사이코드라마학회지, 13(1), 57-69.

이영순(2010). 초보 상담자들의 어려움과 역전이 관리능력 및 상담성과 간의 관계. 상담학연구, 11(3), 1021-1035.

이장호, 강숙정(2016). 집단지도자와 집단상담 경험자를 위한 집단상담의 기초: 원리와 실제(2판). 서울: 박영스토리.

이정숙(2011). 게슈탈트 심리 상담에서 빈의자 작업에 대한 내담자의 경험. 상담학연구, 12(6), 2105-2121.

이지연, 김주현(2023). 사례로 읽는 사이코드라마. 서울: 피아이메이트.

이형득, 김성회, 설기문, 김창대, 김정희(2002). 집단상담. 서울: 중앙적성출판사.

임한나(2009). 초심집단상담자의 발달 특성: 합의적 질적 분석. 광운대학교 대학원 석사학위논문.

전국재, 우영숙(2009). 집단상담의 놀이와 프로그램. 서울: 시그마프레스.

정남운(1998). 상담과정에서의 대인관계적 상보성과 상담성과. 서울대학교 대학원 박사학위논문.

정성란, 고기홍, 김정희, 권경인, 이윤주, 이지연, 천성문(2013). 집단상담. 서울: 학지사.

정원철, 이명희, 박선희, 전예숙, 고영희, 김하영, 박소현, 이혜영, 곽연희, 하나연, 전미숙(2019). 이론과 대상별 알기 쉬운 집단상담. 서울: 학지사.

조수연(2017). 집단상담 수퍼비전에 의한 초심 집단상담자의 자기대화와 지식구조 변화. 서울대학교 대학원 박사학위논문.

집단상담학회(2015). 집단상담학회 집단상담 보고서 샘플.

집단상담학회(2017). 윤리 강령. http://www.counselors.or.kr/A03/

천성문, 함경애, 박명숙, 김미옥(2019). 집단상담: 이론과 실제. 서울: 학지사.

초등상담나무(2018). 놀며 자라는 놀이집단상담. 서울: 학지사.

최헌진(2010). 사이코드라마 이론과 실제. 서울: 학지사.

한국상담심리학회(2018). 상담심리사 윤리강령. https://krcpa.or.kr/member/sub01_5.asp

한국상담심리학회(2020). 자격관리 규정. https://krcpa.or.kr/member/sub01_5.asp

한국상담심리학회(2021). 집단상담 사례보고서 양식.

한국상담학회(2016). 윤리강령.

한국상담학회(2020). 자격취득절차.

Agazarian, Y. (1987). The difficult patient, the difficult group. *Group, 11*(4), 205–216.

Altfeld, D. A., & Bernard, H. S. (1997). *An experiential group model for group psychotherapy supervision.*

American Counseling Association. (2005). Code of ethics. Alexandria, VA: Author.

Anderson, R. D., & Price, G. E. (2001). Experiential groups in counselor education: Student attitudes and instructor participation. *Counselor Education and Supervision, 41*(2), 111–119.

Association for Specialist in Group Work (2000). ASGW profesional standards for the training of group workers. *Journal for Specialist in Group Work, 25*, 327–342.

Association for Specialists in Group Work (2008). *Best Practice guidelines. Journal of specialists in Group Work, 33*(2), 111–117. Retrieved from http://www.asgw.org (under heading: ASGW Standards and Practices)

Bahrick, A. S., Russell, R. K., & Salmi, S. W. (1991). The effects of role induction on trainees' perceptions of supervision. *Journal of Counseling & Development, 69*(5), 434–438.

Baker, S. B., Daniels, T. G., & Greeley, A. T. (1990). Systematic training of graduate-level counselors: Narrative and meta-analytic reviews of three major programs. *The counseling psychologist, 18*(3), 355–421.

Barnett, J. E., & Yutrzenka, B. A. (2002). Non-sexual dual relationships in professional practice, with special applications to rural & military communities. In A. A. Lazarus & O. Zur (Eds.), *Dual relationship & psychotherapy* (pp. 273-286). New York: Springer Publishing Co.

Bernard, J. M., & Goodyear, R. K. (1992 & 2004). *Fundamentals of clinical supervision*. London: Pearson.

Boyd-Franklin, N., & Bry, B. H. (2001). *Reaching out in family therapy: Home-based school, & community interventions*. New York: Guilford Press. doi:10.1037/e325572004-003.

Brown, N. W. (2010). Group leadership teaching and training: Methods and issues. *The Oxford handbook of group counseling*, 346-369.

Brown, R. (1988). *Group Processes: Dynamics within and between groups*. Oxford: Blackwell.

Capuzzi, D., & Gross, D. R. (2006). Group counseling: Elements of effective leadership. In D. Capuzzi, D. R. Gross, & M. D. Staffer (Eds.), *Introduction to group counseling* (pp. 57-88). Denver, CO: LOVE.

Congress, E. (2001). Dual relationships in social work education. *Journal of Social Work Education, 37*(2), 255-266.

Conyne, R. K. (1997). Educating students in preventive counseling. *Counselor Education and Supervision, 36*(4), 259.

Corey, G. (2000). *Theory and practice of group counseling* (5th ed.). Pacific Grove, CA: Brooks/Cole.

Corey, G. (2017). *Theory and Practice of Counseling and Psychotherapy*. Cengage Learning.

Corey, G., Corey, M. S., & Callanan, P. (1993). *Issues and ethics in the helping professions*. Pacific Grove, CA: Brooks/Cole.

Corey, G., Corey, M. S., & Haynes, R. (2012). 집단상담의 실제: 진행과 도전 [*Groups in Action: Evolution and Challenges DVD/Workbook*]. (이은경, 이지연 공역). Cengage Learning. (원전은 2006년에 출판).

Corey, G., Corey, M. S., Callanan, P. S., & Russell, J. M. (2004). 집단상담기법(3판)[*Group Techniques*, 3th Edition]. (김춘경, 최웅용 공역). 서울: CENGAGE Learning. (원전은 2003년에 출판).

Corey, G., Williams, G. T., & Moline, M. E. (1995). Ethical and legal issues in group counseling. *Ethics & Behavior, 5*(2), 161-183.

Corey, M. S., Corey, G., & Corey, C. (2019). 집단상담 과정과 실제(10판) [*Groups: Process and Practice*, 10th Edition]. (김진숙 외 공역). 서울: CENGAGE Learning. (원전은 2018년에 출판).

Craig, J. D. (1991). Preventing dual relationships in pastoral counseling. *Counseling and Values, 36*(1), 49-54. doi:10.1002/j.2161-007X.1991.tb00778.x

Dagley, J., Gazda, G., & Pistone, C. (1986). Groups. Groups. *An introduction to the counseling profession.* Itasca, IL: F. E. Peacock.

Davenport, D. S. (2004). Ethical issues in the teaching of group counseling. *The Journal for Specialists in Group Work, 29*(1), 43-49.

DeLucia-Waack, J. L. (2002). A written guide for planning and processing group sessions in anticipation of supervision. *Journal for specialists in group work, 27*(4), 341-357.

Dinkmeyer, D. C., & Muro, J. J. (1979). *Group counseling: Theory & practice* (2nd ed.). Itasca, IL: F. E. Peacock.

Dossick, J., & Shea, E. (1988). *Creative therapy: 52 exercises for groups.* Sarasota, Florida: Professional Resource Exchange.

Dub, F. S. (1997). The pivotal group member: A study of treatment-destructive resistance in group therapy. *International journal of group psychotherapy, 47*(3), 333-353.

Earley, J. (2004). 상호작용 중심의 집단상담: 대인관계적, 행동지향적, 정신역동적 접근의 통합 [*Interactive group therapy: Integrating, interpersonal, action-oriented, and psychodynamic approaches*]. (김창대 외 9인 공역). 서울: 시그마프레스. (원전은 2000년에 출판).

Fernando, D. M., & Herlihy, B. R. (2010). Supervision of group work: Infusing the spirit of social justice. *The Journal for Specialists in Group Work, 35*(3), 281-289.

Forester-Miller, H., & Duncan, J. A. (1990). The ethics of dual relationships in the training of group counselors. *Journal for Specialists in Group Work, 15*(2), 88-93.

Gans, J. S., & Alonso, A. (1998). Difficult patients: Their construction in group therapy. *International Journal of Group Psychotherapy, 48*(3), 311-326.

Gans, J. S., & Counselman, E. F. (2000). Silence in group psychotherapy: A powerful communication. *International Journal of Group Psychotherapy, 50*(1), 71-86.

Gazda, G. M. (1971). *A Group Counseling: A developmental approach.* Boston: Allyn and Bacon.

Gladding, S. T. (2008). *Groups: A Counseling Specialty* (5th ed.). New Jersey: Person education, Inc.

Gladding, S. T. (2012). *Groups: A Counseling Specialty.* Upper Saddle River, NJ: Pearson.

Greenland, S. K. (2018). 마음챙김 놀이 [*Sharing Mindfulness and meditation with children, teens, and families*]. (이재석 역). 불광출판사. (원전은 2016년에 출판).

Haney, H., & Leibsohn, J. (2009). 15가지 집단상담기술 [*Basic Counseling Responses in Groups*]. (주은선, 주은지 공역). 서울: 시그마프레스. (원전은 2009년에 출판).

Haney, H., & Leibsohn, J. (2009). 15가지 집단상담기술 [*Basic Counseling Responses in Groups*]. (주은선, 주은지 공역). 서울: 시그마프레스. (원전은 2009년에 출판).

Hansen, J. C., Warner, R. W., & Smith, E. J. (1980). *Group counseling: Theory and process* (2nd ed.). Chicago: Rand Mcnally.

Hartmann-Kottek, L. (2008). *Gestalttherapie.* Berlin: Springer.

Harvill, R., West, J., Jacobs, E. E., & Masson, R. L. (1985). Systematic group leader training: Evaluating the effectiveness of the approach. *Journal for Specialists in Group Work, 10*(1), 2-13.

Heppner, P. P., & Roehlke, H. J. (1984). Differences among supervisees at different levels of training: Implications for a developmental model of supervision. *Journal of Counseling Psychology, 31*(1), 76.

Hill, A. L. (1999). *Counselor educators' perceptions and practices related to ethics education in counselor education: A survey.* Kent State University.

Hill, C. E., Charles, C., & Reed, K. G. (1981). A longitudinal analysis of changes in counseling skills during doctoral training in counseling psychology. *Journal of Counseling Psychology, 28*(5), 428.

Hill, M. R., & Mamalakis, P. M. (2001). Family therapists and religious communities: Negotiating dual relationships. *Family Relations, 50*(3), 199-208. doi:10.1111/j.1741-3729.2001.00199.x.

Hogan, R. A. (1964). Issues and approaches in supervision. *Psychotherapy: Theory, Research*

& Practice, 1(3), 139.

Jacobs, E. D., Harvill, R. L., & Masson, R. L. (1994). *Group counseling: Strategies and skills* (2nd ed.). Pacific Grove, CA: Brooks/Cole.

Jacobs, E. E., Schimmel, C. J., Masson, R. L., & Harvill, R. L. (2016). 집단상담: 전략과 기술(8판) [*Group Counseling: Strategies and Skills*, Eighth Edition]. (김춘경 역). 서울: CENGAGE Learning. (원전은 2015년에 출판).

Kagle, J. D., & Giebelhausen, P. N. (1994). Dual relationships and professional boundaries. *Social Work, 39*(2), 213-220.

Kitchener, K. S. (1986). Teaching applied ethics in counselor education: An integration of psychological processes and philosophical analysis. *Journal of Counseling & Development, 64,* 306-310.

Kottler, J. A. (1992). *Compassionate therapy: Working with difficult clients.* Jossey-Bass.

Kottler, J. A. (1994). Working with difficult group members. *Journal for Specialists in Group Work, 19*(1), 3-10.

Lasky, G. B., & Riva, M. T. (2006). Confidentiality and privileged communication in group psychotherapy. *International Journal of Group Psychotherapy, 56*(4), 455-476.

Lazarus, A. A. (1994). How certain boundaries and ethics diminish therapeutic effectiveness. *Ethics & Behavior, 4*(3), 255-261. doi:10.1207/s15327019eb0403_10

Lewin, K. (1948). *Resolving social conflicts: Selected papers on group dynamics.* New York: Harper.

Marmarosh, C. L., & Van Horn, S. M. (2010). Cohesion in counseling and psychotherapy groups. *The Oxford handbook of group counseling,* 137-163.

Morran, D. K., Stockton, R., & Whittingham, M. H. (2004). Effective leader interventions for counseling and psychotherapy groups. *Handbook of group counseling and psychotherapy,* 91-103.

Motherwell, L., & Shay, J. J. (2015). 집단상담의 딜레마 [*Complex dilemmas in group therapy: Pathways to resolution*]. (권경인, 조수연 외 공역). 학지사. (원전은 2005년에 출판).

Munich, R. L. (1993). Varieties of learning in an experiential group. *International journal of group psychotherapy, 43*(3), 345-361.

Munich, R. L., & Astrachan, B. (1983). Group dynamics. In H. I. Kaplan & B. J. Sadock (Eds.), *Comprehensive group psychotheraphy* (2nd ed.). Baltimore: Williams & Wilkins.

Nickel, M. B. (2004). Professional Boundaries: The dilemma of dual & multiple relationships in rural clinical practice. *Counseling & Clinical Psychology Journal, 1*(1), 17-22.

Pope, K. S. (1991). Dual relationships in psychotherapy. *Ethics & Behavior, 1*(1), 21-34.

Reamer, F. G. (2003). Boundary issues in social work: Managing dual relationships. *Social Work, 48*(1), 121-133. doi:10.1093/sw/48.1.121

Reising, G. N., & Daniels, M. H. (1983). A study of Hogan's model of counselor development and supervision. *Journal of Counseling Psychology, 30*(2), 235.

Rutan, J. S., Stone, W. N., & Shay, J. J. (2014). *Psychodynamic group psychotherapy*. Guilford Publications.

Schlachet, P. J. (1998). Discussion of "Difficult Patients". *International Journal of Group Psychotherapy, 48*(3), 327-333.

Shertzer, B., & Stone, S. C. (1966). Fundamentals of guidance. *American Psychologist, 12*, 183-190.

Skovholt, T. M., & Rønnestad, M. H. (1995). *The evolving professional self: Stages and themes in therapist and counselor development*. New York: John Wiley & Sons.

Skovholt, T. M., & Rønnestad, M. H. (2003). Struggles of the novice counselor and therapist. *Journal of Career Development, 30*(1), 45-58.

Soo, E. S. (1991). Strategies for success for the beginning group therapist with child and adolescent groups. *Journal of Child and Adolescent Group Therapy, 1*(2), 95-106.

Staemmler, F. M. (1995). *Der leere Stuhl: ein Beitrag zur Technik der Gestalttherapie*. Klett-Cotta.

Staemmler, F. M. (2002). *Splitting and the empty chair: A little Festschrift for Gary Yontef*. International Gestalt Journal.

Stoltenberg, C. D., & Delworth, U. (1987). *Supervising counselors and therapists: A developmental approach*. Jossey-Bass.

Welfel, E. R. (2015). *Ethics in counseling & psychotherapy* (6th ed.). Cengage Learning.

Wheeler, A. M., & Bertram, B. (2019). *The counselor and the law: A guide to legal and ethical practice.* John Wiley & Sons.

Yalom, I. D. (1995). *The Theory and Practice of Group Psychotherapy* (4th ed.). New York: Basic Books.

Yalom, I. D. (2005). *The theory and practice of group psychotherapy* (5th ed.). New York: Basic Books.

Zur, O., & Lazarus, A. A. (2002). Six arguments against dual relationships & their rebuttals. *Dual relationships & Psychotherapy* (pp. 3–19). New York: Springer Publishing Co.

🌱 찾아보기

인명

ㄱ

강진령 239, 243, 244, 274, 304
김영경 46, 134, 277

ㅊ

천성문 148, 272

Ⓐ

Agazarian, Y. 229
Alonso, A. 227

Ⓒ

Corey, G. 278, 311

Ⓓ

Davenport, D. S. 313
DeLucia-Waack, J. L. 331, 332

Ⓔ

Earley, J. 231

Ⓖ

Gans, J. S. 227

Ⓚ

Kitchner, K. S. 317
Kottler, J. A. 226

Ⓡ

Reamer, F. G. 313

Ⓢ

Schlachet, P. J. 229

Ⓨ

Yalom, I. D. 38, 120, 225, 248

내용

top-dog(상전) 199
under-dog(하인)–억압된 인격 199

ㄱ

개인 내적 역동 162
공격 259
공평성 316
관찰 99, 102

ㄷ

다중관계 311, 314
대인 간 역동 162
두 의자 기법 199

ㅁ

미국상담학회(ACA) 303

ㅂ

반–집단 역할 165

비밀보장 302, 304, 305
비해악성 316
빈 의자 기법 181

ㅅ

사전 동의 315
사전 오리엔테이션 50
사회적 관계 302
상담 수혜자의 복지 303
상담관계 303, 311
선의성 316
소극적 참여(침묵) 236
소극적 참여–침묵하는 집단원 253
스크리닝 303
습관적 불평 248, 257

ㅇ

어려운 집단원 225, 261
연결하기 147, 149

윤리 301
의존적인 집단원 255
이중(다중)관계 313

ㅈ

자기 개방 151
자율성 316
전문성 309
전문적 태도 302
종결 265
즉시성 138
지금-여기 상호작용 138, 140
질문 103, 105
집단 프로그램 34
집단상담 슈퍼비전 328
집단상담학회 326
집단역동 161
집단원 보호 304
집단원 선발 46

집단원 선발 면담 49
집단의 구성 38

ㅊ

참여 유도하기 133, 136
초심 집단상담자 22
초점 맞추기 107, 111
충실성 317
침묵 237

ㅌ

텔레 게임 174

ㅍ

피드백 115, 117

ㅎ

해석 112, 114

저자 소개

권경인(Kwon, Kyoung In)

서울대학교 교육학과 교육상담 박사(교육상담 전공)

현) 광운대학교 상담복지정책대학원 원장, 산업심리학과 교수

〈저서 및 논문〉

대가에게 배우는 집단상담(학지사, 2008)

관계의 힘을 키우는 부모 심리수업(라이프앤페이지, 2023)

Expertise in counseling & psychotherapy(Oxford University Press, 2016)

김지영(Kim, Ji Young)

광운대학교 산업심리학과 심리학 박사(상담심리 전공)

현) 광운대학교 상담복지정책대학원 겸임교수, 가톨릭대학교 심리학과 대학원 출강

　　경기도 중학교 전문상담교사

〈저서 및 논문〉

지랄발광 사춘기 흔들리는 사십춘기(교육과 실천, 2022)

집단상담자 발달 척도 개발 및 타당화(박사학위 논문, 2022)

청소년 비자살적 자해 위기상담 경험에 관한 현상학 연구: 상담자 경험을 중심으로(2019)

김민향(Kim, Min Hyang)

광운대학교 산업심리학과 상담심리 전공 박사 수료

현) 광운상담연구소 연구원

〈논문〉

키워드 네트워크 분석을 통한 집단상담 연구 동향(2013~2022)(2024)

학교상담자 역할에 대한 Wee 클래스 상담자의 인식분석(2015)

학생상담지원센터(Wee센터) 운영 내실화를 위한 직무기준 및 평가체제 구축 방안 연구(2015)

초심 상담실무자를 위한

집단상담의 실제
Group Counseling Practice for Beginner Counselors

2024년 6월 20일 1판 1쇄 인쇄
2024년 6월 28일 1판 1쇄 발행

지은이 • 권경인 · 김지영 · 김민향
펴낸곳 • ㈜ 학지사

　　　　　04031 서울특별시 마포구 양화로 15길 20 마인드월드빌딩
대표전화 • 02-330-5114　　팩스 • 02-324-2345
등록번호 • 제313-2006-000265호

홈페이지 • http://www.hakjisa.co.kr
인스타그램 • https://www.instagram.com/hakjisabook

ISBN 978-89-997-3134-1　93180

정가 27,000원

출판미디어기업 **학지사**

간호보건의학출판 **학지사메디컬** www.hakjisamd.co.kr
심리검사연구소 **인싸이트** www.inpsyt.co.kr
학술논문서비스 **뉴논문** www.newnonmun.com
교육연수원 **카운피아** www.counpia.com
대학교재전자책플랫폼 **캠퍼스북** www.campusbook.co.kr